Sabine Sayler

Universelle Manipulationsstrategien für die industrielle Montage

Universelle Manipulationsstrategien für die industrielle Montage

von
Sabine Sayler

Dissertation, Karlsruher Institut für Technologie
Fakultät für Informatik
Tag der mündlichen Prüfung: 01.02.2011

Impressum

Karlsruher Institut für Technologie (KIT)
KIT Scientific Publishing
Straße am Forum 2
D-76131 Karlsruhe
www.ksp.kit.edu

KIT – Universität des Landes Baden-Württemberg und nationales
Forschungszentrum in der Helmholtz-Gemeinschaft

KIT Scientific Publishing 2011
Print on Demand

ISBN 978-3-86644-662-5

Universelle Manipulationsstrategien

für die industrielle Montage

Zur Erlangung des akademischen Grades eines

Doktors der Ingenieurwissenschaften

der Fakultät für Informatik

des Karlsruher Instituts für Technologie (KIT)

genehmigte

Dissertation

von

Sabine Sayler

aus Kriwoj Rog

Tag der mündlichen Prüfung:	01.02.2011
Erster Gutachter:	Prof. Dr.-Ing. Rüdiger Dillmann
Zweiter Gutachter:	Prof. Dr.-Ing. Heinz Wörn

Kurzfassung

Der Trend zu kleineren Losgrößen und kürzeren Produktlebenszyklen erfordert flexiblere Automatisierungslösungen. Heutige Robotersysteme arbeiten insbesondere durch eine angepasste Mechanik und genau definierte Aufnahme- und Ablagepositionen sehr effizient. Bei häufig wechselnden Aufgaben und ungenauen Randbedingungen werden sie jedoch zunehmend unwirtschaftlich, da durch die erforderliche definierte Bereitstellung von Werkstücken und Paletten ein hoher technischer Aufwand entsteht. Vor allem bei Ungenauigkeiten in der Teilebereitstellung, in der Objektlage im Greifer oder in Ablagepositionen kommen die gängigen Robotersysteme an ihre Grenzen.

Ziel der Arbeit ist die Entwicklung eines Greifsystems, das mit minimalem Aufwand an wechselnde Handhabungsaufgaben anpassbar ist. Die Flexibilität des Greifsystems soll durch eine werkstückunabhängige Mechanik, integrierte Sensorik und flexible Greif- und Fügestrategien realisiert werden. Dazu wurde im Vorfeld ein industrieller Greifer mit drei Fingern und einem zentralen Antrieb entwickelt. An jedem Finger wurden Dehnungsmessstreifen appliziert, um jeweils Kräfte in drei Dimensionen zu messen. Aus diesen werden weiterhin die global auf den Greifer wirkenden Kräfte und Momente bestimmt. Der Beitrag dieser Arbeit liegt insbesondere in der Entwicklung universeller, kontaktbasierter Manipulationsstrategien, die modellfrei, objektunabhängig und durch den Einsatz von erfahrungsbasiertem Lernen taktzeitoptimiert sind. Sie lösen industrielle Greif- und Fügeaufgaben, die zur Palettierung, Verpackung und Maschinenbestückung notwendig sind. Die Strategien sind robust gegenüber Ungenauigkeiten in den Objekt- und Nest-Positionen, d. h. Unterschieden zwischen den gemessenen und den tatsächlichen Werten, von bis zu 5mm und 5°. Gleichzeitig meistern sie die für industrielle Anwendungen üblichen Lagetoleranzen, d. h. das Spiel zwischen Objekt und Ablagenest, von unter 1mm. Durch den Ausgleich der Ungenauigkeiten werden Manipulationsaufgaben mit ungenauen Randbedingungen fehlerfrei ausgeführt und Stillstandszeiten reduziert.

Typische industrielle Manipulationsaufgaben beinhalten das Greifen eines Objektes vom Förderband, aus einer Palette oder einer Werkzeugmaschine, d. h. in einer bestimmten Anordnung, und das Ablegen oder Fügen des Objektes in eine andere Anordnung. Während Werkzeugmaschinen typischerweise nur Toleranzen im Bereich von unter 1mm zulassen, erlauben Paletten und Kisten Objektverschiebungen von mehreren Millimetern. Auf Förderbändern hingegen sind die Objekte häufig ungeordnet und müssen zunächst mit geeigneten Sensoren lokalisiert werden. Bei den Manipulationsaufgaben werden unterschiedliche Problemklassen definiert, abhängig von der Objektanordnung und der Differenz von Lagetoleranzen und Ungenauigkeiten. Strategien zur Lösung der Manipulationsaufgaben werden aus Teilstrategien zusammengesetzt, um die Universalität und Wiederverwendbarkeit bei neuen Aufgaben zu garantieren. Jede Teilstrategie löst eine primitive Aufgabe und gleicht Ungenauigkeiten in einer bestimmten Menge von Dimensionen aus. Teilstrategien haben eine intuitive Struktur, sodass sie vom Benutzer leicht erstellt und modifiziert werden können. Die so definierten Manipulationsstrategien sind universell, da sie ohne objekt- und nestspezifisches Wissen auskommen.

Um die Ausführung zu beschleunigen, werden die Strategien durch unüberwachtes, erfahrungsbasiertes Lernen an jede spezielle Aufgabe angepasst. Dies wird als fallbasiertes Schließen (engl.: case-based reasoning) umgesetzt, bei dem das gewonnene Wissen in Form von Fällen, bestehend aus einem Problem und der zugehörigen Lösung, in einer Fallbasis gespeichert wird. Für jede Teilstrategie wird so die gesammelte Erfahrung aus gelösten Aufgaben in der Fallbasis abgelegt.

Die Universalität der Manipulationsstrategien und das Einsparpotential bezüglich der Ausführungsdauer wurden experimentell an typischen industriellen Aufgaben gezeigt. Der entwickelte Greifer wurde dazu an einem 6-Achs-Industrieroboter montiert. Verschiedene Manipulationsaufgaben zu verschiedenen Objektanordnungen, Lagetoleranzen und Ungenauigkeiten wurden durchgeführt und zeigen die universelle Anwendbarkeit der Strategien und eine Einsparung von bis zu 65% der Ausführungsdauer durch den Einsatz von erfahrungsbasiertem Lernen.

Danksagung

Die vorliegende Arbeit entstand während meiner Industriepromotion in der Forschung und Vorausentwicklung der Robert Bosch GmbH in Kooperation mit dem Institut für Anthropomatik am Karlsruher Institut für Technologie (KIT).

An erster Stelle möchte ich meinem Doktorvater Prof. Dr.-Ing. Rüdiger Dillmann für die Betreuung dieser Arbeit, das entgegengebrachte Interesse und die Anregungen bei den Gesprächen und den Klausurtagungen danken.

Prof. Dr.-Ing. Heinz Wörn danke ich für die freundliche Übernahme des Korreferates, sowie Prof. Dr.-Ing. Jürgen Beyerer und Prof. Dr.-Ing. Rainer Stiefelhagen für die sehr angenehme und faire Prüfung. Weiterhin bedanke ich mich bei Prof. Dr.-Ing. J. Marius Zöllner, Prof. Walter F. Tichy und den bereits genannten Professoren für die genommene Zeit, die ehrlichen Meinungen und die vielen Anregungen zu meiner Arbeit im Rahmen der Professorenrunde.

Meinem Betreuer bei Bosch, Dr. Peter Schlaich, möchte ich für die vielen wichtigen Anregungen, das kritische Hinterfragen der Ergebnisse und die Aufmunterung in Krisenzeiten danken. Allen meinen Kollegen, insbesondere Andreas Rüb, Manuel Glas, Jan Eckhoff und Volker Henrichs, danke ich für viele fachliche Diskussionen, die Hilfsbereitschaft und das angenehme Arbeitsklima, das zum Gelingen dieser Arbeit erheblich beigetragen hat. Meinen beiden Praktikanten/Diplomanden Frank Domrös und Alexander Matheis danke ich für die Unterstützung und die freundschaftliche Zusammenarbeit.

Meiner Familie danke ich für das Interesse und die Begeisterung an meiner Arbeit und auch für die Unterstützung in Form von Schokolade, die mir und meinen Kollegen die Arbeitszeit versüßt hat.

Mein größter Dank gilt Rainer Jäkel, für die vielen Diskussionen, die interessanten Ideen, die hilfreichen Korrekturen und die schöne Ablenkung, ohne die diese Arbeit nicht so geworden wäre, wie sie ist. In der Vorfreude, bald auch seine Dissertation in den Händen halten zu können, widme ich diese Arbeit ihm.

Karlsruhe, 15. Mai 2011 *Sabine Sayler*

Inhaltsverzeichnis

1. Einleitung

Manipulation bezeichnete im 18. Jahrhundert im Französischen die Behandlung mit einer Handvoll Kräutern oder Substanzen. Der Begriff stammt von dem Lateinischen *manipulus* ab, das aus *manus* – Hand und *plere* – füllen gebildet ist.

Heute wird in der Psychologie und der Soziologie unter Manipulation die bewusste und gezielte Einflussnahme auf Menschen ohne deren Wissen und oft gegen deren Willen, aber auch die absichtliche Verfälschung von Informationen durch Auswahl, Zusätze oder Auslassungen verstanden. In der Technik hingegen steht Manipulation für Handhabung oder Bearbeitung.

In der Handhabung ist der Mensch mit seinen Fähigkeiten ein unerreichtes Vorbild für alle automatischen Systeme. Die Hand des Menschen hat sich im Laufe der Evolution zu einem mächtigen Werkzeug entwickelt. Im Gegensatz zu anderen Säugetieren, deren Extremitäten stark auf den jeweiligen Lebensraum spezialisiert sind, hat die menschliche Hand ihre Flexibilität behalten und ermöglicht so eine Vielzahl verschiedener Griffe und insbesondere die Manipulation und Bearbeitung verschiedener Objekte. Die Haut und das darunterliegende Gewebe der Hand bieten beim Greifen Nachgiebigkeit und einen flächigen Kontakt, sodass ein Abrutschen verhindert wird. Zusätzlich besitzt die Hand als Sinnesorgan unzählige Rezeptoren, die Druck, Bewegungen, Vibrationen und Temperatur wahrnehmen.

Schon seit dem Mittelalter motivieren Amputationen nach Kriegsverletzungen und Arbeitsunfällen viele Ärzte und Wissenschaftler dazu, Prothesen zu entwickeln, die zumindest die wichtigsten Funktionen der menschlichen Hand nachbilden. Die auf dem Markt verfügbaren Prothesen haben jedoch meist nur einen Freiheitsgrad und sind zudem sehr teuer. Gleichzeitig wird in der Entwicklung humanoider Roboter versucht, eine menschenähnliche künstliche Intelligenz zu erschaffen, eine nie ermüdende multifunktionale Arbeitsmaschine. Was einen Roboter vor allem menschenähnlich macht, ist das zweibeinige Laufen und die Fähigkeit, Objekte zu greifen und zu manipulieren. Daher ist auch hier die Entwicklung künstlicher Hände ein wichtiges Forschungsgebiet.

In der Industrie werden Maschinen und Anlagen zunehmend automatisiert. Insbesondere der Einsatz von Robotern in Produktions- und Montagelinien steigert den Durchsatz

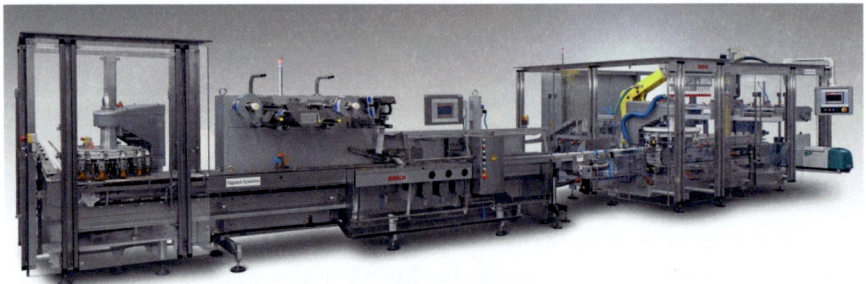

Abb. 1.1.: Vollautomatische Riegelverpackungslinie, Sigpack Systems (2010)

enorm und sichert eine gleich bleibende Produktqualität. Der Mensch wird dabei von schwerer körperlicher oder monotoner Arbeit entlastet und übernimmt die Administration, Planung und Kontrolle. Allerdings gibt es bisher keine Automatisierungslösung, die im Hinblick auf die Flexibilität an die Fähigkeiten des Menschen herankommt.

1.1. Problemstellung

Montage bezeichnet in der industriellen Produktion den Zusammenbau von Bauteilen zu komplexeren Erzeugnissen. Demontage ist dabei der umgekehrte Prozess, bei dem komplexe Erzeugnisse in die einzelnen Bauteile getrennt werden. Im Allgemeinen ist Montage der Oberbegriff für Prozesse wie Fügen, Handhaben, Kontrollieren, Justieren und weitere Sonderoperationen, wie z. B. Reinigen und Ölen.

Die automatische Montage erfordert große Stückzahlen und hohe Investitionen, während sie auf eine Aufgabe spezialisiert ist und daher kaum Flexibilität bietet. Als Beispiel ist in Abb. 1.1 eine vollautomatische Riegel-Verpackungslinie dargestellt, die mehrere sequentielle Arbeitsschritte enthält.

Auf der anderen Seite bietet die manuelle Montage zwar hohe Flexibilität und geringen Investitionsbedarf, ist jedoch für größere Stückzahlen am Hochkostenstandort Deutschland unwirtschaftlich. Abb. 1.2 zeigt als Beispiel dazu einen Handarbeitsplatz, an dem ein Mensch viele unterschiedliche Erzeugnisse bearbeiten kann.

Der aktuelle Trend zu kleineren Losgrößen und kürzeren Produktlebenszyklen erfordert hingegen flexible Automatisierungslösungen. Heutige Robotersysteme sind bei häufig wechselnden Aufgaben und Umgebungen unwirtschaftlich, da durch die erforderliche definierte Bereitstellung von Werkstücken und Paletten ein hoher technischer

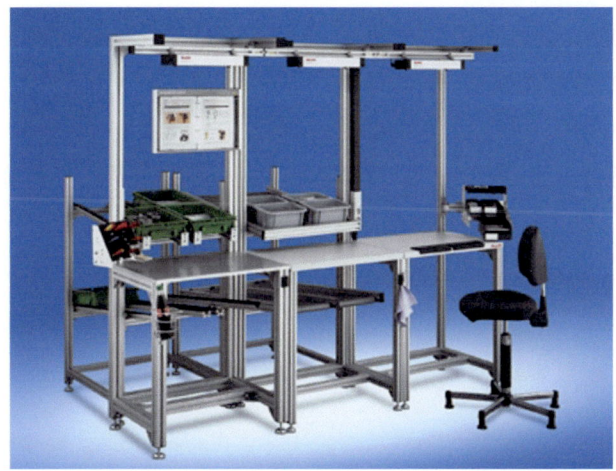

Abb. 1.2.: Handarbeitsplatz, FMS-Technik AG (2010)

Aufwand entsteht. Gleichzeitig führen bereits kleinste Ungenauigkeiten, die durch Lage-
und Form-Abweichungen von Objekten und Nestern entstehen, zu hohen Ausfallzeiten.

Für die typischen industriellen Montageaufgaben wie Palettierung, Verpackung und
Maschinenbestückung soll ein flexibles Greifsystem entwickelt werden, das mit geringem Aufwand an die spezielle Aufgabe angepasst werden kann, und damit sowohl bei
kleinen als auch bei größeren Stückzahlen wirtschaftlich ist. Insbesondere soll auf die
definierte Teile- und Paletten-Bereitstellung verzichtet werden, um den technischen Aufwand gering zu halten.

1.2. Zielsetzung und Beitrag

Ziel dieser Arbeit ist die Entwicklung eines flexiblen Greifsystems zur Lösung industrieller Greif- und Füge-Aufgaben, die zur Palettierung, Verpackung und Maschinenbestückung notwendig sind. Durch eine werkstückunabhängige Mechanik, integrierte
Sensorik und universelle Greif- und Fügestrategien soll es mit minimalem Aufwand
an wechselnde Handhabungsaufgaben in der industriellen Montage anpassbar sein, s.
Abb. 1.3.

Die Mechanik soll dabei die notwendige Flexibilität besitzen, um typische Werk-
stücke aus der Montage greifen und fügen zu können. Weiterhin wird neben der für
den industriellen Dauereinsatz benötigten Robustheit auch eine kompakte und kosten-

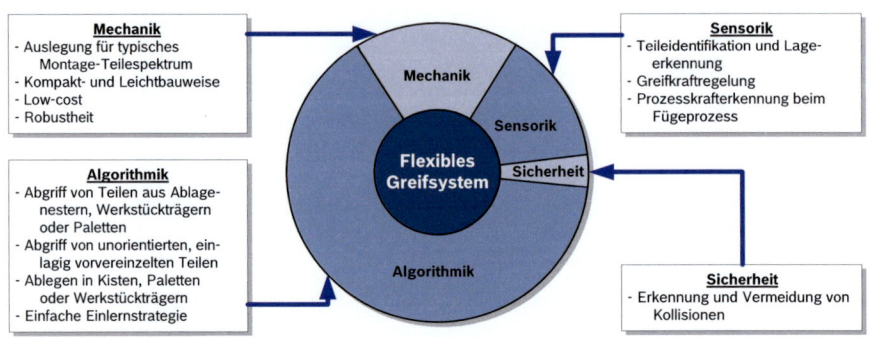

Abb. 1.3.: Zielsetzungen an das flexible Greifsystem

günstige Bauweise gefordert. Das Greifsystem soll die notwendige Sensorik zur Teile-Identifikation und Lageerkennung besitzen, was in dieser Arbeit von einem externen Kamerasystem übernommen wird. Zusätzlich soll es integrierte Sensoren zur Greifkraft-regelung und Prozesskrafterkennung besitzen, um dadurch die Roboterbewegung beim Fügen steuern zu können. Als Sicherheitsfunktion ist die Erkennung und Vermeidung von Kollisionen beim Greif- und Fügeprozess notwendig.

Die Algorithmik soll universelle Greif- und Fügestrategien zur Verfügung stellen und ist die wichtigste Komponente des Greifsystems. Sie soll den Abgriff von orientier-ten und unorientierten, jedoch stets einlagig vorvereinzelten Teilen aus Ablagenestern, Werkstückträgern und Paletten ermöglichen. Beim Ablegen oder Fügen der gegriffenen Teile in Kisten, Paletten oder Werkstückträger soll sie die auftretenden Prozesskräfte be-achten und den Vorgang entsprechend anpassen. Die Einlernstrategie für eine Greif- und Fügeaufgabe soll dabei intuitiv und schnell sein und vom Benutzer möglichst wenige zusätzliche Informationen benötigen.

Die grundlegenden Herausforderungen bei der Entwicklung eines flexiblen Greifsys-tems und insbesondere bei der Erstellung universeller Manipulationsstrategien sind:

- Flexibilität bezüglich Objekten und Nestern,

- Robustheit gegenüber Ungenauigkeiten,

- Minimale Taktzeit,

- Modellfreiheit,

- Unabhängigkeit von Roboter, Greifer und Sensorik.

Der Beitrag dieser Arbeit liegt in der Formalisierung universeller Manipulationsstrategien und deren Taktzeitoptimierung mit erfahrungsbasiertem Lernen. Zur Gewährleistung der Modularität und der Wiederverwendbarkeit werden Manipulationsstrategien aus atomaren Teilstrategien zusammengesetzt, die Ungenauigkeiten in bestimmten Dimensionen ausgleichen. Die formale Struktur der atomaren Teilstrategien erlaubt eine einfache Erstellung und Modifikation. Das Ziel jeder atomaren Teilstrategie ist unabhängig vom Roboter, Greifer und der Sensorik, wodurch die einfache Übertragung auf verschiedene Systeme gewährleistet wird.

Die Kernthesen dieser Arbeit lassen sich damit folgendermaßen formulieren:

1. Der Ausgleich von Ungenauigkeiten durch die Manipulationsstrategien erzeugt robuste, den industriellen Anforderungen gerechte Montagevorgänge.

2. Die Formalisierung der atomaren Teilstrategien, aus denen Manipulationsstrategien zusammengesetzt werden, sichert die Modularität, Wiederverwendbarkeit und Systemunabhängigkeit.

3. Der Einsatz erfahrungsbasierten Lernens reduziert die Ausführungsdauer einer Manipulationsaufgabe und reduziert somit die Taktzeit.

1.3. Aufbau der Arbeit

Die einzelnen Kapitel der vorliegenden Arbeit sind aufeinander aufbauend. Am Ende jedes Kapitels befindet sich eine Zusammenfassung, die die wichtigsten Ergebnisse und Definitionen wiederholt. Die Inhalte der Kapitel werden im Folgenden kurz dargestellt.

Kapitel 2 analysiert das vorliegende Teilespektrum und die möglichen Anordnungen, aus denen Objekte herausgegriffen und in die sie gefügt werden können. Daraus werden die Anforderungen an das Greifsystem und an die Manipulationsstrategien abgeleitet.

Kapitel 3 beschreibt den Stand der Technik zu flexiblen Greifsystemen, universellen Manipulationsstrategien und Optimierungsverfahren. Die vorgestellten Ansätze werden jeweils anhand der aufgestellten Anforderungen bewertet und der eigene Lösungsansatz motiviert.

Kapitel 4 definiert den Aufbau universeller Manipulationsstrategien. Dazu wird zunächst die Manipulationsaufgabe in Teilschritte zerlegt, für die es jeweils unterschiedliche Problemklassen gibt. Universelle Manipulationsstrategien lösen diese Problemklassen und sind aus atomaren Teilstrategien zusammengesetzt, deren formale Struktur Modularität und Systemunabhängigkeit garantiert.

Kapitel 5 beschreibt den erfahrungsbasierten Optimierungsansatz, mit dem die Ausführung der atomaren Teilstrategien beschleunigt wird. Dazu wird während der Ausführung eine Fallbasis aufgebaut, deren Fälle bereits gelöste Probleme und zugehörige Lösungen repräsentieren und beim Auftreten ähnlicher Probleme wiederverwendet werden können.

Kapitel 6 gibt eine Übersicht über das gesamte Montagesystem. Es zeigt die Umsetzung der Manipulationsstrategien und der Fallbasis, sowie die prototypisch umgesetzte grafische Benutzerschnittstelle zur Konfiguration von Manipulationsaufgaben.

Kapitel 7 stellt die verwendeten Experimentiersysteme vor und evaluiert die Manipulationsstrategien im Hinblick auf die Universalität, Systemunabhängigkeit und Taktzeit.

Kapitel 8 fasst die wesentlichen Aspekte der Arbeit zusammen und gibt einen Ausblick auf mögliche Erweiterungen.

2. Analyse der Manipulationsaufgabe

Als Grundlage für diese Arbeit fand im Vorfeld eine detaillierte Analyse des zu handhabenden Teilespektrums und der Ursprungs- und Ziel-Anordnung der Objekte statt.

Aus den untersuchten Objekten wurden 34 Referenzobjekte ausgewählt, die für das gesamte Teilespektrum repräsentativ sind. Die Referenzobjekte und ihre Merkmale werden in Abschnitt 2.1 vorgestellt.

Die Untersuchung der Ursprungs- und Ziel-Objektanordnungen ergab sieben Klassen, in denen Objekte typischerweise angeordnet sind. Diese Anordnungen werden Schüttgut, Einzelteil, Teil an Teil, rechteckige Fächer, Peg in Hole, Hole on Peg und komplexe Negativform genannt und in Abschnitt 2.2 anhand von Beispielszenarien erläutert.

Aus diesen Untersuchungen werden in Abschnitt 2.3 die Anforderungen an den Greifer und in Abschnitt 2.4 die Anforderungen an die Manipulationsstrategien abgeleitet, um die Systeme und Ansätze aus dem Stand der Technik bewerten zu können.

2.1. Teilespektrum

Ausgangspunkt jeder Greifaufgabe ist das Werkstück. Die wesentlichen Unterscheidungsmerkmale, die für die Greifaufgabe von Bedeutung sind, sind nach Wolf und Steinmann (2004) die Werkstückeigenschaften und das Werkstückverhalten.

In dieser Arbeit wird davon ausgegangen, dass sich das zu greifende Werkstück aufgrund seiner Geometrie im stabilen, d. h. standsicheren, Zustand befindet oder durch spezielle Vorrichtungen in einem stabilen Zustand bereitgestellt wird, wie in der industriellen Montage üblich. Das Werkstückverhalten wird daher nicht weiter berücksichtigt. Für das gesamte Teilespektrum aus der Bosch-Montage werden bei den Werkstückeigenschaften verschiedene Klassen definiert, mit denen sich die Eigenschaften eines Objektes als ein Vektor der Form

$$\{ \textit{Form, Ausdehnung, Symmetrie, Max. Dimension, Schwerpunktlage,} \atop \textit{Werkstoff, Steifigkeit, Bruchfestigkeit, Masse, Oberfläche} \} \qquad [2.1]$$

darstellen lassen. Aus dem gesamten Teilespektrum werden nun typische Referenzobjekte ausgewählt, s. Abb. 2.1, die die möglichen Kombinationen der Werkstückeigenschaften gut abdecken. Die definierten Klassen der Werkstückeigenschaften und ihre prozentuale Abdeckung durch die Referenzobjekte ist dabei wie folgt:

$Form \in \{$Zylinder (43%), Quader (21%), Hohlteil (6%),

Pilzteil (9%), unregelmäßig (15%), Wirrgut (6%)$\}$

$Ausdehnung \in \{$kompakt (47%), stabf. (41%), scheibenf. (12%)$\}$

$Symmetrie \in \{$voll (41%), teilweise (18%), keine (41%)$\}$

$Max.\ Dimension \in \{$<10mm (21%), 10-50mm (52%), 50-100mm (18%),

>100mm (9%)$\}$

$Schwerpunkt \in \{$mittig (82%), außermittig (18%)$\}$ [2.2]

$Werkstoff \in \{$Metall (62%), Kunststoff (29%), andere (9%)$\}$

$Steifigkeit \in \{$steif (64%), verbiegbar (36%)$\}$

$Bruchfestigkeit \in \{$unzerbrechlich (67%), zerbrechlich (33%)$\}$

$Masse \in \{$<10g (41%), 10-100g (44%), 100-500g (12%),

>500g (3%)$\}$

$Oberfläche \in \{$eben (62%), uneben (38%)$\}$

Insbesondere fällt auf, dass ein Großteil der Ojekte Zylinder oder Quader aus Metall sind. Fast alle von ihnen sind in allen Dimensionen kleiner als 50mm und wiegen weniger als 100g.

2.2. Objektanordnungen

Handarbeitsplätze in der Montage beinhalten meist einfache Pick&Place-Aufgaben zur Palettierung bzw. Verpackung von Werkstücken oder zur Maschinenbestückung. Die Zuführung der zu greifenden Objekte erfolgt auf Förderbändern, in Paletten, Werkstückträgern oder in Schüttgutbehältern. Die Ablage der Objekte erfolgt dann wiederum orientiert oder unorientiert auf dem Tisch, in Behältern, Paletten oder Werkstückträgern.

Die Untersuchung einer Vielzahl von Produkten aus verschiedenen Bosch-Fertigungsstandorten hat gezeigt, dass ein Großteil der gehandhabten Objekte als Bolzen in Boh-

Abb. 2.1.: Aus dem Bosch-Teilespektrum ausgewählte Referenzobjekte

rung angeordnet sind, da sehr viele Objekte in der Fertigung rotationssymmetrische Zylinder sind. Auch die Anordnung als Schüttgut kommt sehr häufig vor, da sehr viele verarbeitete Objekte klein sind und für die Handmontage in einem großen Behälter bereitgestellt werden. Die Anordnung von Objekten wird daher in verschiedene Klassen unterteilt, deren Häufigkeit in der Montage wie folgt ist:

$$\textit{Anordnung} \in \{\text{Schüttgut (24\%), Einzelteil (2\%), Teil an Teil (6\%),}$$
$$\text{Rechteckige Fächer (10\%), Peg in Hole (44\%),} \quad [2.3]$$
$$\text{Hole on Peg (2\%), Komplexe Negativform (12\%)}\}$$

Abb. 2.2 zeigt Beispielszenarien zu den definierten Klassen der Objektanordnungen, die im Folgenden ausführlich erläutert werden.

Schüttgut

In der industriellen Montage werden kleine und unempfindliche Objekte sehr häufig als Schüttgut bereitgestellt. Diese Objektanordnung ist am Beispiel von Rohrwinkeln in einem Behälter in Abb. 2.2(a) dargestellt. Werden Objekte als Schüttgut bereitgestellt, so

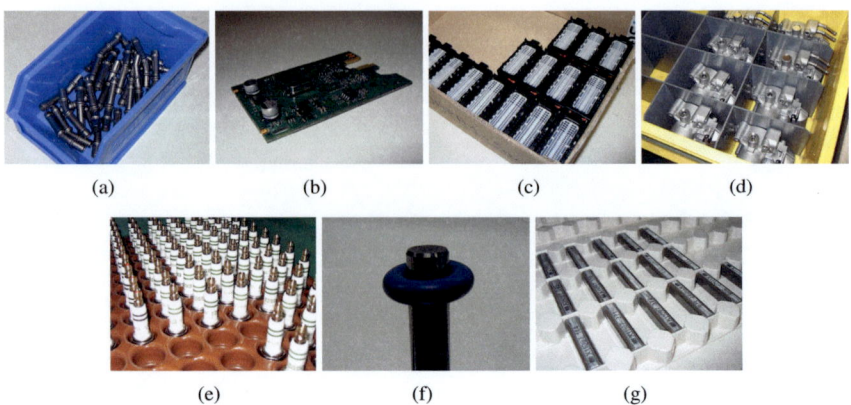

Abb. 2.2.: Objektanordnungen in der Handmontage bei Bosch: (a) Rohrwinkel als Schüttgut im Behälter, (b) Leiterplatte als Einzelteil auf der Arbeitsfläche, (c) Stecker als Teil an Teil im Karton, (d) Pumpengehäuse in einer Palette mit rechteckigen Fächern, (e) Zündkerze als Peg in Hole in einer Palette, (f) O-Ring als Hole on Peg auf einem Metallstift, (g) Piezoaktor in einer Palette mit komplexen Negativformen

wird in dieser Arbeit davon ausgegangen, dass sie zum Greifen einlagig vorvereinzelt werden, beispielweise mit einem Bunkerzuführsystem, und anschließend mit geeigneten Sensoren die genaue Position bestimmt wird. Auf der anderen Seite entspricht das Ablegen eines gegriffenen Objektes als Schüttgut dem einfachen Loslassen des Objektes an einer festen Position oberhalb des Schüttgutbehälters, sodass dieser Fall beim Fügen die einfachste Anordnung, ohne Berücksichtigung von Ungenauigkeiten und Prozessüberwachung darstellt. Beispiele für diese Art von Objektanordnung sind O-Ringe oder Federn.

Einzelteil

Auf Ablageflächen oder Zuführbändern werden Objekte als Einzelteile bereitgestellt. Ein Beispiel für diese Objektanordnung ist eine Leiterplatte auf der Arbeitsfläche in Abb. 2.2(b). Die Bereitstellung als Einzelteil entspricht beim Greifen dem vorvereinzelten Schüttgut, beim Ablegen muss das Objekt allerdings planar und kontaktüberwacht auf der Ablagefläche abgelegt werden, da es sonst zu Bruch gehen kann oder im anschließenden Bearbeitungsprozess Ungenauigkeiten auftreten können. Beispiele für diese Art von Objektanordnung sind zerbrechliche Platinen oder Leiterplatten.

Teil an Teil

Die Objektanordnung Teil an Teil ist am Beispiel von Steckern in einem Karton in Abb. 2.2(c) dargestellt. Dabei werden wenig empfindliche Objekte nebeneinander angeordnet, beispielsweise in Kisten oder Kartons. Hier ist beim Greifen die Nähe der anderen Objekte zu beachten und beim Ablegen diese Nähe herzustellen, sodass die Objekte ihre Ordnung bewahren. Beispiele hierfür sind insbesondere seitenparallele und damit leicht nebeneinander sortierbare Objekte wie Stecker und Gehäuse.

Rechteckige Fächer

Paletten haben häufig Einlagen mit rechteckigen Fächern zur Trennung größerer Objekte. Diese Objektanordnung ist am Beispiel von Pumpengehäusen in einer Palette in Abb. 2.2(d) dargestellt. Diese Anordnung ist besonders bei großen, komplex geformten Objekten zu finden, die voneinander getrennt abgelegt werden. Meist ist hierbei das Spiel sehr groß, da die Trennung der Objekte voneinander und weniger die definierte Lage der Objekte im Vordergrund steht. Beispiele für diese Art von Anordnung sind große, aus mehreren Teilen zusammengesetzte Objekte wie Pumpengehäuse oder Ventile.

Bolzen in Bohrung (engl.: peg in hole)

Am häufigsten in der industriellen Montage ist die Objektanordnung Bolzen in Bohrung anzutreffen. Da der englische Begriff Peg in Hole in der Literatur geläufiger ist, wird dieser im Folgenden verwendet. Diese Anordnung ist am Beispiel von Zündkerzen in einer Palette in Abb. 2.2(e) dargestellt. Ein Großteil der Objekte in der Fertigung besitzt eine rotationssymmetrische, zylinderähnliche Form und wird in Paletten bereitgestellt, in denen sie voneinander getrennt und stabil aufrecht stehen. Da die Paletten häufig wiederverwendet werden, können sie mit der Zeit kleine Ungenauigkeiten aufweisen. Auf der anderen Seite bieten sie in der Regel nur wenig Spiel, da sich die Objekte darin für die anschließende maschinelle Bearbeitung an definierten Positionen befinden müssen. Sowohl beim Greifen als auch beim Fügen müssen daher Ungenauigkeiten und ein geringes Spiel berücksichtigt werden. Beispiele für diese Art von Anordnung sind Zündkerzen aber auch einfache zylindrische Gehäuse und Stifte.

Bohrung auf Bolzen (engl.: hole on peg)

Die Objektanordnung Bohrung auf Bolzen ist am Beispiel eines O-Rings auf einem Metallstift in Abb. 2.2(f) dargestellt. Auch hier wird im Folgenden der englische Begriff Hole on Peg verwendet. Diese Anordnung stellt die Umkehrung der Anordnung Peg in Hole dar, da hier Objekte mit runden Bohrungen auf entsprechenden zylindrischen

Bolzen bereitgestellt werden. Beispiele hierfür sind auf Stiften aufgereihte O-Ringe oder Scheiben.

Komplexe Negativform

Für Objekte, die beispielsweise für eine spätere maschinelle Bearbeitung sehr präzise bereitgestellt werden müssen, werden Nester hergestellt, die zumindest teilweise der Negativform des Objektes entsprechen und nur sehr wenig Spiel aufweisen. Diese Objektanordnung ist am Beispiel von Piezoaktoren in einer Palette in Abb. 2.2(e) dargestellt. Bei dieser Art von Bereitstellung gestaltet sich vor allem das Fügen sehr schwierig, da es speziell auf die Objekt- und Nestform angepasst sein muss.

2.3. Anforderungen an das Greifsystem

Ausgehend vom vorgestellten Teilespektrum und den Objektanordnungen werden Anforderungen an das flexible Greifsystem definiert. Zusätzlich kommen Anforderungen hinzu, die für den industriellen Einsatz notwendig sind.

Kernanforderungen

Anforderungen, die vom Greifsystem vollständig erfüllt sein müssen, werden als Kernanforderungen bezeichnet. Sie beschreiben insbesondere die Fähigkeiten des Greifsystems, die notwendig sind, um das vorgestellte Referenzteilespektrum greifen und manipulieren zu können:

- *Hohe Werkstückflexibilität*: stabile Griffe bei allen 34 Referenzobjekten.

- *Hohes Handhabungsgewicht*: bis max. 2kg, um alle 34 Referenzobjekte sicher greifen und transportieren zu können.

- *Geringes Gewicht*: weniger als 1kg, um auf jedem gängigen Industrieroboter einsetzbar zu sein und zusätzlich ein Werkstück mit bis zu 2kg halten zu können.

- *Geringes Volumen*: um in tiefen Behältern und zwischen mehreren Werkstücken keine Kollisionen zu verursachen.

- *Niedrige Kosten*: bis ca. 2000 € bei größeren Stückzahlen.

Nebenanforderungen

Zusätzliche Punkte, deren Erfüllung wünschenswert ist, werden als Nebenanforderungen bezeichnet. Sie sind dem Greifsystem insbesondere dazu hilfreich, um die vorgestellten Manipulationsaufgaben schnell und sicher ausführen zu können:

- *Keine Störkonturen*: wie z. B. Kabel, um Kollisionen mit der Umwelt zu vermeiden.

- *Hohe Lebensdauer*: im Dauerbetrieb, d. h. insbesondere eine robuste Beschichtung der Greifflächen.

- *Kurze Schließ- und Öffnungszeit*: von max. 0,1s, um im Dauerbetrieb kurze Taktzeiten erreichen zu können.

- *Greifkraftvorgabe*: um je nach Werkstückbeschaffenheit und -gewicht die Greifkraft zu regulieren und Beschädigungen und Verluste zu vermeiden.

- *Prozesskrafterkennung*: um beim Ablege- und Fügevorgang auf Kontakte und Kollisionen reagieren zu können.

2.4. Anforderungen an die Manipulationsstrategien

Für die industrielle Montage werden universelle Manipulationsstrategien für das Greifen und Fügen von Objekten benötigt. Universalität bedeutet dabei Objekt- und Nestunabhängigkeit, Robustheit gegenüber Ungenauigkeiten, Modellfreiheit und Systemunabhängigkeit. Diese Eigenschaften stellen gleichzeitig die Anforderungen an die Manipulationsstrategien dar und werden im Folgenden näher erläutert.

Objekt- und Nest-Unabhängigkeit

Die Strategien sollen auf beliebige Objekte und Ablagenester anwendbar sein, die das zugrunde liegende Roboter-Greifer-System handhaben kann. Dies schließt Objekte aus, die das zulässige Handhabungsgewicht des Greifers oder des Roboters überschreiten, und deren Ausmaße den Greifer oder den Roboter in ihrem Arbeitsraum zu stark einschränken. Auch Wirrgut, wie z. B. Federn, ölige Teile, die zu Haftreibungsverlust führen, und formveränderliche Teile, wie z. B. Schläuche, werden ausgeschlossen, da ihre Handhabung besonders schwierig ist und spezielle Greifsysteme und Strategien fordert.

Robustheit gegenüber Ungenauigkeiten

Die Strategien müssen Ungenauigkeiten in der Objekt- und Nestlage sowohl vor als auch nach dem Greifen und Fügen berücksichtigen und ausgleichen können. Ungenauigkeiten entstehen unter anderem durch eine ungenaue Erkennung der Nester und Objekte mit Sensoren, durch Verschiebungen der Objekte im Greifer und durch Verbiegungen von Objekten und Paletten. Gleichzeitig weisen Nester vor allem bei Werkzeugmaschinen häufig nur geringes Spiel auf, sodass die Ungenauigkeiten das Spiel überschreiten und Strategien benötigt werden, die trotz des geringen Spiels die großen Ungenauigkeiten ausgleichen und das Objekt sicher einfügen. In dieser Arbeit werden Ungenauigkeiten auf maximal ± 5mm bzw. $\pm 5°$ begrenzt, gleichzeitig wird das in der Fertigung übliche Spiel im Bereich von bis zu einem Zehntel-Millimeter zugelassen.

Modellfreiheit

Die Strategien sollen keine genauen Modelle der Objekte oder Nester benötigen. Für eine exakte Planung benötigt man neben geometrischen auch physikalische Modelle, die z. B. Informationen über das dynamische Verhalten und das Material der Objekte und Nester enthalten. Für eigens hergestellte Produkte hat man auf solche Modelle möglicherweise Zugriff, allerdings sind insbesondere Paletten und Verpackungen in der Regel von externen Zulieferern und daher nicht immer verfügbar. Eine weitere Möglichkeit besteht darin, Objekt- und Nestmodelle in einer Einlernphase zu generieren, doch dieser Aufwand ist bei immer kürzer werdenden Produktlebenszyklen selten gerechtfertigt und insbesondere bei großen Paletten sehr aufwändig und nicht immer möglich.

Unabhängigkeit von Roboter, Greifer und Sensorik

Die Strategien sollen mit möglichst geringem Aufwand mit einem beliebigen, für die zugrunde liegende Manipulationsaufgabe geeigneten System ausführbar sein. Für die Manipulation unterschiedlich großer Objekte können beispielsweise unterschiedlich große Roboter eingesetzt werden. Zusätzlich können für die Handhabung bestimmter Objekte speziell dafür optimierte Greifer verwendet werden, die z. B. an die Objektform angepasste Greiffinger besitzen. Weiterhin sollen keine zusätzlichen Sensoren angebracht werden, sondern nach Möglichkeit die bereits vorhandenen Sensoren des Roboters nutzbar sein können. Daher benötigen die Strategien eine formale Struktur, die sie vom Roboter, Greifer und der Sensorik unabhängig macht und die Übertragung auf andere Systeme erleichtert.

2.5. Zusammenfassung

Im Vorfeld dieser Arbeit fand eine detaillierte Analyse des zu handhabenden Teilespektrums und der Ursprungs- und Zielanordnung der Objekte statt. Aus den untersuchten Objekten wurden 34 Referenzobjekte ausgewählt, die für das gesamte Teilespektrum repräsentativ sind und unterschiedliche Merkmalsklassen, wie Form, Ausdehnung, Werkstoff, Masse usw., abdecken.

Weiterhin wurden sieben Klassen von Objektanordnungen definiert, aus denen Objekte herausgegriffen und in die sie gefügt werden können. Am häufigsten sind die beiden Anordnungen Peg in Hole und Schüttgut. Weitere Anordnungen sind Einzelteil, Teil an Teil, Hole on Peg, rechteckige Fächer und komplexe Negativform.

Aus diesen Untersuchungen wurden Anforderungen an den Greifer und an die Manipulationsstrategien abgeleitet. Der Greifer muss alle 34 Referenzobjekte mit einem Gewicht von bis zu 2kg stabil greifen können, bei möglichst geringen Eigengewicht, Volumen und Störkonturen. Weiterhin wünschenswert ist die Wahrnehmung von Kräften beim Greifen und Fügen, um auf Kontakte und Kollisionen reagieren zu können.

Die zu entwickelnden Manipulationsstrategien sollen unabhängig von Objekt- und Nesteigenschaften sein und Objekte aus den definierten Anordnungen greifen und in diese fügen können. In dieser Arbeit werden Lageungenauigkeiten der Objekte und Nester bis zu ± 5mm und $\pm 5°$ toleriert, die durch Fehler in der Erkennung oder Verschiebungen entstehen, die die Strategien erkennen und ausgleichen müssen. Die Strategien sollen dabei keine zusätzlichen geometrischen Modelle der Objekte und Nester benötigen und von den verwendeten Roboter, Greifer und Sensoren unabhängig sein, um auf andere Systeme übertragbar zu sein.

Anhand dieser Anforderungen an den Greifer und an die Manipulationsstrategien werden die im Folgenden vorgestellten Systeme und Ansätze aus dem Stand der Technik bewertet.

3. Stand der Technik

Dieses Kapitel gibt einen Überblick über den aktuellen Stand der Technik von Greifsystemen, Manipulationsstrategien und Ansätzen zur Prozessoptimierung in der Forschung und der industriellen Montage.

Zunächst erläutert dabei Abschnitt 3.1 die wichtigsten Grundlagen zum Aufbau von Greifsystemen. Weiterhin werden ausgewählte Greifsysteme aus der Industrie und der Forschung vorgestellt und anhand der in dieser Arbeit aufgestellten Anforderungen an ein flexibles Greifsystem bewertet. Anschließend wird das eigene, im Vorfeld dieser Arbeit entwickelte Greifsystem vorgestellt und an den Anforderungen gespiegelt.

Die Ansätze aus dem Stand der Technik zum Greifen und Fügen werden in Abschnitt 3.2 vorgestellt. Dabei werden zunächst die Möglichkeiten zur Planung von Greif- und Umgreifstrategien und anschließend die aktuell erforschten Ansätze zum Vormachen von Greifstrategien durch den Menschen vorgestellt. Besonders relevant sind für diese Arbeit die Griffausführung unter Unsicherheiten und die Füge- und Prozessüberwachung, die anhand der definierten Anforderungen an universelle Manipulationsstrategien bewertet werden. Anschließend wird der eigene Ansatz dieser Arbeit motiviert.

Abschnitt 3.3 erläutert den Optimierungsbedarf in der industriellen Montage und stellt die gängigen Methoden und die Forschungsansätze zur Optimierung von Abläufen, Trajektorien und Prozessparametern vor. Anschließend wird der Optimierungsbedarf in dieser Arbeit aufgezeigt und der eigene Ansatz motiviert.

3.1. Flexible Greifsysteme

Ein Greifer ist eine Vorrichtung zum Greifen, zeitweisen Festhalten und Ablegen von Objekten mit Hilfe krafterzeugender oder formschließender Elemente. Der grundlegende Aufbau eines Greifsystems ist in der VDI-Norm 2740, VDI-Gesellschaft für Produkt- und Prozessgestaltung (1995), festgelegt, s. Abb. 3.1, und besteht in der Regel aus den folgenden Komponenten:

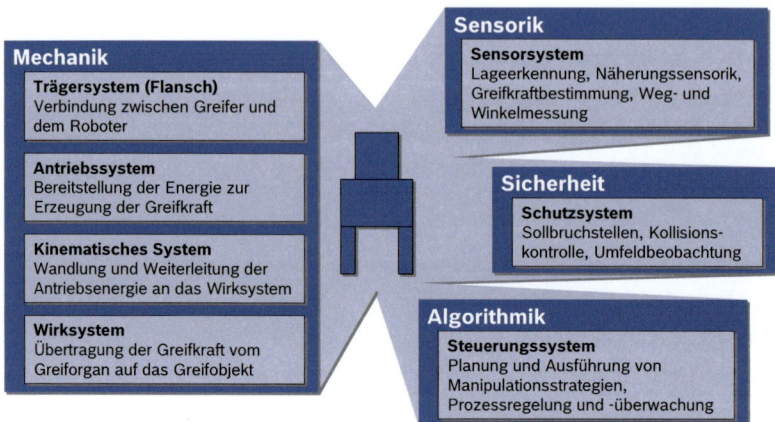

Abb. 3.1.: Komponenten eines Greifsystems, angelehnt an VDI-Gesellschaft für Produkt- und Prozessgestaltung (1995)

- *Antriebssystem*: wandelt die zugeführte, beispielsweise pneumatische, elektrische, hydraulische oder piezoelektrische Energie in eine rotatorische oder translatorische Bewegungsenergie um.

- *Kinematisches System*: wandelt als Getriebe die Antriebsbewegung in Aktionen des Wirksystems, also z. B. Backenbewegungen, um.

- *Wirksystem*: stellt durch die Greiforgane und die daran befestigten, meist an die Werkstückform angepassten Greiferbacken Kontakt zum Werkstück her.

- *Trägersystem*: nimmt alle Bestandteile des Greifers auf und verbindet durch den Flansch den Greifer mit dem Roboter.

- *Sensorsystem*: beinhaltet die in den Greifer eingebauten internen und externen Sensoren, beispielsweise zur Erfassung von Wegen, Winkeln, Kräften, Positionen oder Objektannäherungen.

- *Schutzsystem*: beobachtet das Greiferumfeld und schützt ihn durch Sollbruchstellen oder Algorithmen vor Kollisionen.

- *Steuerungssystem*: führt die Sensorvorverarbeitung und -auswertung durch, gibt Stellwerte für die Greifkraftregelung und die Ausführung von Manipulationsstrategien vor.

Eine allgemeine und eindeutige Gliederung von Greifern ist schwierig und erfolgt daher meist im Hinblick auf einen bestimmten Aspekt wie beispielsweise:

- *Physikalisches Prinzip*: mechanisch, fluidisch, magnetisch, adhäsiv.

- *Art des Zugriffs*: Innen-, Außengreifer.

- *Anzahl der Greifeinheiten*: Einzel-, Doppel-, Mehrfachgreifer.

- *Halteverfahren*: unterstützend, klemmend, haftend, baggernd, verhakend.

Zur Flexibilisierung eines Greifsystems bezüglich der Werkstückeigenschaften gibt es zum einen die Möglichkeit des Greiferwechsels, wobei alternativ der Greifer oder nur die Greiferbacken ausgewechselt oder ausgeschwenkt werden können oder ein Zusatzwerkzeug gegriffen werden kann. Zur Erhöhung der Flexibilität muss hierbei jedoch ein größeres Greifergewicht und -volumen bzw. längere Umrüstzeiten und -wege in Kauf genommen werden. Zum anderen kann die Flexibilisierung durch die Anpassung des Greifers an das Werkstück erfolgen. Die Anpassung kann passiv, beispielsweise über zusätzliche sich passiv anpassende Fingerglieder oder nachgiebige Finger, oder auch aktiv, beispielsweise durch zusätzliche einzeln gesteuerte Fingerglieder oder sensorgestützte Weg- und Kraftregelung, erfolgen. Anpassende Greifsysteme bieten zwar die höchste Flexibilität, bringen jedoch meist hohe Kosten und viel Entwicklungs- und Steuerungsaufwand mit sich und finden daher bisher kaum Einsatz in der industriellen Montage. Im Folgenden werden ausgewählte flexible Greifsysteme, die die relevanten Kategorien in der Industrie und Forschung abdecken, vorgestellt und bewertet.

3.1.1. Industrielle Greifsysteme

In der industriellen Montage sind Greifer in der Regel an die spezielle, sich immer wiederholende Aufgabe und das genau definierte Einsatzgebiet angepasst. Aus Kosten- und Komplexitätsgründen weisen sie nur sehr wenige Freiheitsgrade, eine minimale Anzahl an Sensoren und keine Flexibilität bezüglich variierender Objekte auf.

Nach Hesse (1991) werden in der industriellen Handhabung in 50% pneumatische, in 20% hydraulische, in 5% elektrische, in 25% andere Greifer, wie z. B. magnetische oder adhäsive, eingesetzt. In 70% der Fälle handelt es sich dabei um Zweibackengreifer, in 15% um Dreibackengreifer und in 15% um Greifer mit weniger als zwei oder mehr als drei Greiforganen. Zumindest in der Bosch-Montage haben sich diese Werte in den vergangenen 20 Jahren kaum verändert.

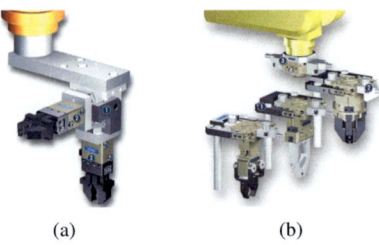

(a)   (b)

Abb. 3.2.: Beispiele flexibler Greifer in industriellen Anwendungen: (a) Schwenkkopf SKE, Schunk GmbH & Co. KG (2010c), (b) Greiferwechselsystem GWS, Schunk GmbH & Co. KG (2010a)

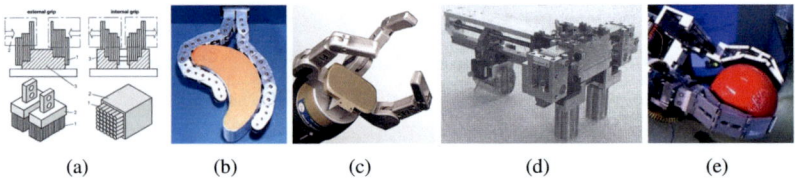

(a)   (b)   (c)   (d)   (e)

Abb. 3.3.: Beispiele flexibler Greifer in der Forschung: (a) Omni-Gripper, Scott (1985), (b) Soft-Gripper, Hirose Fukushima Robotics Lab (1976), (c) Barrett-Hand, Barrett Technology Inc. (2001), (d) Multifunktionsgreifer, Bauer (2002), (e) Finray-Greifer, Wegener (2007)

Zur Erhöhung der Flexibilität werden meist Schwenkgreifer, s. Abb. 3.2(a), oder Greiferwechselsysteme, s. Abb. 3.2(b), verwendet. Während Schwenkgreifer jedoch steigende Baugröße und Gewicht mit sich bringen, erfordern Greiferwechselsysteme höhere Umrüstzeiten und zusätzliche Wege zur Wechselstation.

3.1.2. Greifsysteme in der Forschung

In der Forschung werden Greifer entwickelt, die eine aktive oder passive Anpassung an das Objekt ermöglichen. Einige ausgewählte Beispiele dazu sind in der Abb. 3.3 dargestellt. Solche Greifer sind aufgrund der steigenden Komplexität, der mangelnden Dauerfestigkeit und den relativ zur Flexibilität sehr hohen Kosten meist nicht in industriellen Anwendungen zu finden.

In der Teleoperation und der Servicerobotik sind anthropomorphe, d. h. menschenähnliche Mehrfinger-Greifer von großer Bedeutung. Bei der Teleoperation werden dabei über einen Datenhandschuh die menschlichen Handbewegungen erfasst und an die Ro-

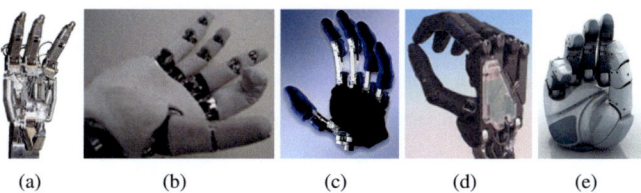

(a) (b) (c) (d) (e)

Abb. 3.4.: Beispiele anthropomorpher Greifer: (a) Aachen-IFAS-Hand, Meuser und Murrenhoff (2003), (b) Robonaut-Hand, Lovchik und Diftler (1999), (c) Fluidische Handprothese, Schulz u. a. (2001), (d) Shadow Dextrous Hand, Shadow Robot Company (2010), (e) DLR-HIT-Hand II, Deutsches Zentrum für Luft- und Raumfahrt (2010)

boterhand übertragen, die, um genau die vom Menschen vorgemachte Bewegung ausführen zu können, auch genauso gebaut sein muss. Der Mensch kann auf diese Weise in gefährlicher Umgebung aus der Ferne arbeiten. Bei Service-Robotern wird versucht, die menschlichen Bewegungen, also auch das Greifen beliebiger Objekte, möglichst natürlich nachzumachen, um durch die Menschenähnlichkeit eine größere Akzeptanz von Robotern im menschlichen Umfeld zu erzielen. Einige ausgewählte Beispiele anthropomorpher Greifer sind in der Abb. 3.4 dargestellt. Die Hauptaufgabe solcher flexibler Greifer liegt neben dem eigentlichen Greifen in der Objektmanipulation, für die sie besonders viele Freiheitsgrade benötigen.

3.1.3. Bewertung der vorgestellten Greifsysteme

Eine ausführliche Bewertung der vorgestellten Greifsysteme anhand der in Abschnitt 2.3 definierten Anforderungen ist in Tab. 3.1 dargestellt.

Deutlich zeigt sich, dass höhere Flexibilität steigende Volumen, Gewicht und insbesondere Kosten mit sich bringt. Bei den adaptiven Greifsystemen ist die Flexibilität für das vorliegende Teilespektrum überflüssig, da die meisten Objekte sehr klein sind und die mehrgliedrigen Finger nicht ausreichend Raum für die Anpassung haben.

Eine hohe Lebensdauer bieten nur die industriell erprobten Greifsysteme. Die adaptiven Greifsysteme aus der Forschung eignen sich nicht ohne Weiteres für den industriellen Dauerbetrieb.

Greifkraftregelung und Prozesskrafterkennung ist bei den vorgestellten Systemen nicht ohne zusätzliche externe Sensorik möglich, die jedoch größeren Bauraum und Verkabelungsaufwand mit sich bringen. Die Möglichkeit der Erkennung von Kontakten und Kräften ist jedoch für den Ausgleich von Ungenauigkeiten unverzichtbar.

Greifsystem		Hohe Flexibilität	Geringes Greifergewicht	Geringes Greifervolumen	Hohes Handhabungsgewicht	Niedrige Kosten	Keine Störkonturen	Hohe Lebensdauer	Kurze Schließ-/Öffnungszeit	Greifkraftvorgabe	Prozesskrafterkennung
Mech. Standardgreifer		−	∘	+	+	+	+	+	+	∘	∘
Schwenkgreifer		∘	−	−	+	∘	−	+	+	∘	∘
Greiferwechselsystem		∘	∘	+	+	∘	+	+	+	∘	∘
Omnigripper		+	∘	∘	+	∘	−	+	+	∘	−
Softgripper		+	+	+	+	∘	+	+	+	−	∘
Barrett-Hand		+	+	+	+	−	+	∘	+	∘	∘
Multifunktionsgreifer		∘	∘	+	+	∘	−	+	+	∘	∘
Finray-Greifer		+	+	+	−	+	+	∘	+	∘	∘
Aachen-IFAS-Hand		+	+	+	+	−	+	∘	+	∘	∘
Robonaut-Hand		+	+	+	+	−	+	∘	+	∘	∘
Fluidische Handprothese		+	+	+	−	−	+	∘	+	+	+
Shadow Dextrous Hand		+	+	+	+	−	+	∘	∘	∘	∘
DLR-HIT-Hand II		+	+	+	+	−	+	∘	∘	+	−

Tab. 3.1.: Vergleich der vorgestellten Greifsysteme: + Anforderung erfüllt, ∘ Anforderung teilweise erfüllt, − Anforderung nicht erfüllt

Abb. 3.5.: 3-Finger-Stern-Greifer

3.1.4. Lösungsansatz

Für das vorliegende Teilespektrum wurde ein geeignetes Greifsystem, der 3-Finger-Stern-Greifer, entwickelt. Dieses Greifsystem wird in der gesamten Arbeit zur Veranschaulichung der entwickelten Manipulationsstrategien herangezogen. Um Prozesskräfte beim Greif- und Fügevorgang wahrnehmen zu können wurde das entwickelte Greifsystem mit taktilen Sensoren in Form von Dehnungsmessstreifen versehen. Im Folgenden wird der 3-Finger-Stern-Greifer und die taktilen Sensoren vorgestellt.

3-Finger-Stern-Greifer

Als Grundlage für diese Arbeit wurde ein Greifsystem, der 3-Finger-Stern-Greifer, s. Abb. 3.5, konstruiert, das alle Objekte und Handhabungsaufgaben aus der Bosch-Montage beherrscht. Im Vergleich zu den vorgestellten flexiblen Greifsystemen bietet der Greifer zwar geringere, jedoch ausreichende Flexibilität, um alle Referenzobjekte greifen zu können, bei einem geringen Eigengewicht und -volumen.

Der 3-Finger-Stern-Greifer hat drei starre Finger, die sternförmig von einem einzigen Motor bewegt werden. Die Kinematik erlaubt durch ein Herausschwenken der Finger einen Hub bis 110mm im Durchmesser bei einer relativ kleinen Greiferbasis von 60mm. Mit einem entsprechenden Motorsteuergerät können die Finger beliebig vorpositioniert werden, um beim eigentlichen Zugreifen nur noch einen möglichst kurzen Weg zurücklegen zu müssen, sodass Schließzeiten von 0,1s erreichbar sind. Weiterhin kann der Strom eingestellt bzw. begrenzt werden, um Objekte mit einer definierten Kraft festhalten zu können, ohne diese durch zu hohe Greifkräfte zu beschädigen. An den Fingern wurden O-Ringe aufgereiht, um durch größere Reibung Objekten im Griff einen sicheren Halt zu geben und minimale Nachgiebigkeit zu erreichen.

Die wichtigsten Eigenschaften des entwickelten 3-Finger-Stern-Greifers sind an dieser Stelle zusammengefasst:

- *Flexibilität*: alle 34 Referenzobjekte greifbar.

- *Öffnungsweite*: 0-110mm einstellbar.

- *Greifrichtung*: Innen- und Außengriff möglich.

- *Schließzeit*: 0,1s nach Vorpositionierung, 1s für vollen Hub.

- *Greifkraft*: über den Motorstrom einstellbar.

- *Handhabungsgewicht*: max. 2kg.

- *Eigengewicht*: 800g.

- *Größe*: 60mm Durchmesser, 250mm Länge.

- *Lebensdauer*: hoch, Fingerbeschichtung leicht auswechselbar.

- *Kosten*: ca. 5000 € für Prototyp.

Der mechanische Aufbau des Greifers ist in Abb. 3.6 dargestellt. Der Antriebsstrang, s. Abb. 3.6(a), besteht aus den drei Wellen für die Greiffinger, verbunden über den Zahnriemen mit der zentralen Riemenscheibe der Getriebebox der Firma Harmonic Drive AG (2010). Die kleine Umlenkrolle rechts vom Getriebe dient zum Spannen des Riemens. Direkt hinter dem Getriebe sitzen ein Motor und ein Encoder der Firma Maxon Motor GmbH (2010). Als Steuerung wurde ein Servoantrieb der Firma Technosoft (2010) gewählt, der eine genaue Regelung von Drehmoment, Geschwindigkeit und Position ermöglicht und Schnittstellen für die gängigen Programmierumgebungen bietet.

Beim Bewegen der Finger legen diese eine kreisförmige Bewegung zurück, s. Abb. 3.6(b). Die Umrechnung von internen Motoreinheiten zu dem tatsächlichen Öffnungs-

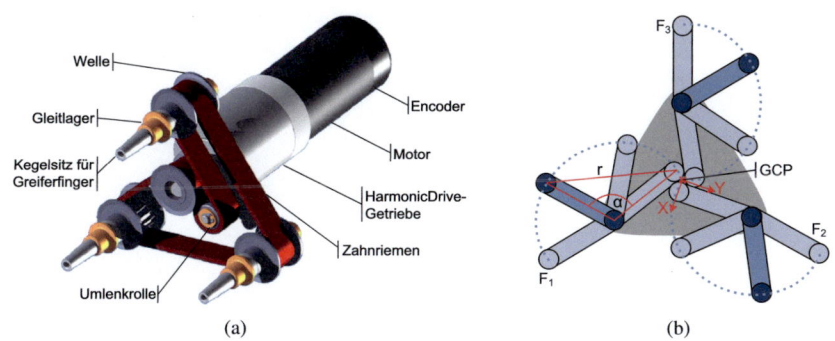

(a)   (b)

Abb. 3.6.: Mechanischer Aufbau des 3-Finger-Stern-Greifers: (a) Antriebsstrang, (b) Finger-
schließbewegung mit GraspCenterPoint *GCP*, Fingeröffnungswinkel α und Öffnungsweite *r*

radius *r*, d. h. dem Radius des durch die Finger aufgespannten Kreises, und dem Finger-
öffnungswinkel α ist folgendermaßen:

$$
\begin{aligned}
\alpha\,[rad] &= motor\_pos\,[IU] \cdot \frac{2\pi}{4 \cdot no\_enc\_lines \cdot tr\_ratio} \\
r\,[m] &= \cos\left(\frac{180 - \alpha}{2}\right) \cdot 2 \cdot base\_length\,[m]
\end{aligned}
\qquad [3.1]
$$

Dabei ist *motor_pos* die Motorposition in vom Hersteller definierten internen Einheiten
(engl.: internal units, IU), *no_enc_lines* die Auflösung des Encoders pro Motordrehung,
tr_ratio die Getriebeübersetzung und *base_length* die Länge des Fingerbasisglieds in
Metern.

Die Stellung der Fingerspitzen F_1, F_2, F_3 bezüglich des GraspCenterPoints (GCP) lässt
sich anhand des Öffnungsradius und des Öffnungswinkels bestimmen. Die Z-Koordinate
ist dabei bezüglich des GCP stets konstant, da die Fingerspitzen in einer Ebene liegen.
Die Verdrehung des ersten Fingers in der Nullstellung bezüglich der Z-Achse beträgt
-30°, wobei $R_Z(\gamma)$ die 3×3-Rotationsmatrix für die Drehung γ um die Z-Achse ist. Der

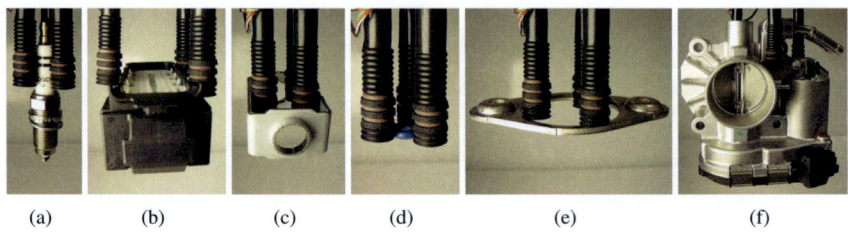

| (a) | (b) | (c) | (d) | (e) | (f) |

Abb. 3.7.: Griffe mit dem 3-Finger-Stern-Greifer: (a) Zündkerze mit Vorformung auf r=10mm und Außengriff mit 600mA, (b) Stecker, r=25mm, Außengriff, 400mA, (c) Metall-gehäuse, r=5mm, Innengriff, 400mA, (d) O-Ring, r=8mm, Außengriff, 350mA, (e) Pumpendeckel, r=10mm, Innengriff, 400mA, (f) Pumpengehäuse, r=35mm, Außen-griff, 950mA

zweite Finger ist um $120°$ bezüglich des ersten und der dritte um $120°$ bezüglich des zweiten Fingers verdreht:

$$
\begin{aligned}
\vec{F_1} &= R_Z(-30°) \cdot \begin{pmatrix} -r \cdot \sin\left(\frac{\alpha}{2}\right) \\ r \cdot \cos\left(\frac{\alpha}{2}\right) \\ 0 \end{pmatrix} \\
\vec{F_2} &= R_Z(120°) \cdot \vec{F_1} \\
\vec{F_3} &= R_Z(120°) \cdot \vec{F_2}
\end{aligned}
\qquad [3.2]
$$

Der 3-Finger-Stern-Greifer bietet die benötigte Flexibilität, um die Objekte aus dem Bosch-Referenzteilespektrum in Abb. 2.1 auf S. 9 greifen zu können. Abb. 3.7 zeigt die Griffe auf ausgewählten Objekten mit unterschiedlichen Öffnungsradien, Greifrichtun-gen und Greifkräften.

Kräftemessung mit Dehnungsmessstreifen

Zur Erkennung von Greif- und Prozesskräften wurde der Greifer mit taktiler Sensorik ausgestattet. Da der Greifer sehr dünne Finger benötigt, um auch in engen Umgebungen eingesetzt werden zu können, wurde insbesondere Wert auf die integrierte Bauweise gelegt. Die Hauptanforderungen an die Sensoren waren dabei:

- *Greifkraftmessung* bei Innen- und Außengriff,

- *Messung der Fügekräfte F_X, F_Y, F_Z,*

- *Integrierbarkeit* in die Finger des 3-Finger-Stern-Greifers mit 8mm Durchmesser und 50mm Länge,

- *Nutzbarkeit der vorhandenen Datenkabel.*

Dehnungsmessstreifen (DMS) stellen eine bewährte Messmethode in der experimentellen Spannungsanalyse und für den Aufnehmerbau zum Erfassen von Druck, Gewicht, Kraft und Drehmoment dar. Es gibt sie in verschiedenen Ausführungen, wie Folien-, Draht- und Halbleiter-DMS, und für unterschiedliche Zwecke. DMS verändern ihren elektrischen Widerstandswert innerhalb ihres Messbereichs proportional zu einer auftretenden Dehnung:

$$\frac{F \cdot l}{W} = E \cdot \varepsilon \qquad [3.3]$$

F ist dabei die beaufschlagte Kraft, l der Hebelarm und W das axiale Widerstandsmoment. E ist der sogenannte Elastizitätsmodul, dessen Betrag umso größer ist, je mehr Widerstand ein Material seiner Verformung entgegensetzt, die Dehnung ε ist eine reine Verhältnisgröße von Längenänderung zu Ausgangslänge und wird oft mit der Einheit μm/m angegeben. Mittels einer Brückenschaltung, der Wheatstone'schen Messbrücke, wird die Widerstandsänderung der DMS in eine Spannungsänderung transformiert und so einer elektrischen Auswertung und Digitalisierung zugänglich gemacht.

Das Problem bei der Verwendung von lediglich zwei DMS in einer Messbrücke, neben dem zusätzlichen Platzbedarf von zwei passiven Widerständen, ist die Abhängigkeit der gemessenen Kraft vom Krafteinleitungspunkt. Da die Dehnung am Biegebalken durch ein Moment ausgelöst wird, ist die Kraft vom Hebelarm abhängig. Da der 3-Finger-Stern-Greifer jedoch unterschiedlich große Objekte greifen soll, ist die Kontaktstelle zwischen Greiferfinger und Werkstück und damit der Einleitungspunkt der Kraft nicht genau definiert. Um eine vom Hebelarm unabhängige Kraftmessung zu erreichen, wird lediglich ein Differenzsignal $\varepsilon_1 - \varepsilon_2$ von zwei DMS gemessen, die in definiertem Abstand zueinander auf dieselbe Seite des Greiferfingers geklebt werden, wodurch sich der bisher unbekannte Hebelarm zu einem konstanten Wert $l_1 - l_2$ ergibt:

$$\frac{F \cdot (l_1 - l_2)}{W} = E \cdot (\varepsilon_1 - \varepsilon_2) \qquad [3.4]$$

Durch den linearen Dehnungsverlauf am Biegebalken bleibt die Differenz zwischen zwei Punkten auf dem Dehnungsverlauf immer gleich. Eine Kalibrierung ermöglicht die Bestimmung der absoluten Kraft. Durch die Verschaltung der beiden einander ge-

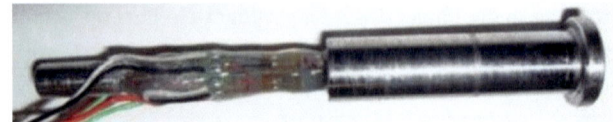

Abb. 3.8.: Dehnungsmessstreifen am Finger des 3-Finger-Stern-Greifers

genüberliegenden DMS-Halbbrücken zu einer Vollbrücke entfallen die passiven Widerstände und es entsteht eine Verdopplung des Messsignals.

An jedem Greiferfinger F_i wurden jeweils zwei Vollbrücken zur Messung der Kräfte F_{X_i} und F_{Y_i}, s. Abb. 3.8, und an jede Fingerbasis eine Vollbrücke zur Messung der Kraft F_{Z_i} angebracht. Insgesamt ergeben sich damit neun Vollbrücken, für die neun Auswerteeinheiten benötigt werden, um die gemessenen Kräfte zu digitalisieren und zusätzlich zu verstärken. Die Miniaturmessaufnehmer DCell der Firma Mantracourt Electronics Ltd (2010) wurden dafür ausgewählt, da sie nur sehr geringen Bauraum benötigen und CAN unterstützen. Damit können die neun DCells an einen CAN-Bus angeschlossen und am Greifkopf angebracht werden, sodass vom Greifer nur die drei für CAN benötigten Leitungen wegführen. Ferner ist es möglich, einen Multiplexer vorzuschalten, um die Anzahl der Auswerteeinheiten auf eine einzige zu reduzieren.

Die an den drei Fingern direkt gemessenen Kräfte in Finger-Koordinaten werden unter Verwendung der aktuellen Greiferöffnung in GCP- und in Nest-Koordinaten umgewandelt, sodass die folgenden Kräfte zur Verfügung stehen:

$$\overrightarrow{F_i^{GCP}} = \begin{pmatrix} F_{X_i}{}^{GCP} \\ F_{Y_i}{}^{GCP} \\ F_{Z_i}{}^{GCP} \end{pmatrix}, \qquad \overrightarrow{F_i^{Nest}} = \begin{pmatrix} F_{X_i}{}^{Nest} \\ F_{Y_i}{}^{Nest} \\ F_{Z_i}{}^{Nest} \end{pmatrix}, \qquad \text{für } i = 1,2,3 \qquad [3.5]$$

Aus diesen Kräften werden zusätzliche Größen berechnet. Die Greifkräfte, d. h. die auf das Objekt wirkenden Kräfte, sind in GCP- und Nest-Koordinaten identisch und werden für die drei Finger folgendermaßen definiert:

$$\begin{aligned} F_{grasp_1} &= +\sqrt{(F_{X_1}{}^{GCP})^2 + (F_{Y_1}{}^{GCP})^2} \\ F_{grasp_2} &= +\sqrt{(F_{X_2}{}^{GCP})^2 + (F_{Y_2}{}^{GCP})^2} \\ F_{grasp_3} &= +\sqrt{(F_{X_3}{}^{GCP})^2 + (F_{Y_3}{}^{GCP})^2} \end{aligned} \qquad [3.6]$$

Die Summenkräfte, d. h. die insgesamt auf den Greifer wirkenden Kräfte in GCP-
bzw. Nest-Koordinaten werden folgendermaßen bestimmt:

$$
\overrightarrow{F^{GCP}} = \begin{pmatrix} F_X{}^{GCP} = \sum_{i=1,2,3} F_{X_i}{}^{GCP} \\ F_Y{}^{GCP} = \sum_{i=1,2,3} F_{Y_i}{}^{GCP} \\ F_Z{}^{GCP} = \sum_{i=1,2,3} F_{Z_i}{}^{GCP} \end{pmatrix}, \quad \overrightarrow{F^{Nest}} = \begin{pmatrix} F_X{}^{Nest} = \sum_{i=1,2,3} F_{X_i}{}^{Nest} \\ F_Y{}^{Nest} = \sum_{i=1,2,3} F_{Y_i}{}^{Nest} \\ F_Z{}^{Nest} = \sum_{i=1,2,3} F_{Z_i}{}^{Nest} \end{pmatrix} \quad [3.7]
$$

Die auf den Greifer wirkenden Drehmomente in GCP- und Nest-Koordinaten ergeben
sich aus den Kreuzprodukten der in Formel 3.2 auf S. 26 definierten Stellungen der
Fingerspitzen und der an den Fingern wirkenden Kräfte:

$$
\overrightarrow{T^{GCP}} = \begin{pmatrix} T_X{}^{GCP} \\ T_Y{}^{GCP} \\ T_Z{}^{GCP} \end{pmatrix} = \sum_{i=1,2,3} \overrightarrow{F_i} \times \overrightarrow{F_i^{GCP}}, \quad \overrightarrow{T^{Nest}} = \begin{pmatrix} T_X{}^{Nest} \\ T_Y{}^{Nest} \\ T_Z{}^{Nest} \end{pmatrix} = \sum_{i=1,2,3} \overrightarrow{F_i} \times \overrightarrow{F_i^{Nest}} \quad [3.8]
$$

Der entwickelte 3-Finger-Stern-Greifer erfüllt die in Abschnitt 2.3 definierten Anforderungen, da er ausreichende Flexibilität aufweist, um die 34 Referenzobjekte bis
maximal 2kg greifen zu können. Mit seinem geringen Gewicht und dem geringen Volumen kann er an den üblichen Industrierobotern angebracht werden. Die Zielkosten
wurden mit dem Prototyp zwar überschritten, in der Serienfertigung sind sie jedoch
erreichbar. Durch die applizierten Dehnungsmessstreifen können Kontakte und Prozesskräfte während des Greif- und des Fügeprozesses an jedem Finger überwacht werden.
Die Fingerbeschichtung mit O-Ringen, die leicht ausgewechselt werden können, bietet
die benötigte Robustheit für eine Vielzahl an Experimenten.

3.2. Universelle Manipulationsstrategien

Manipulation bezeichnet insbesondere in der Technik die Handhabung und gegebenenfalls die Bearbeitung einer Sache. In der Robotik impliziert die Fähigkeit eines Roboters
zur Manipulation das Ergreifen von Objekten in der realen Welt, das Ändern ihrer Anordnung oder die Ausübung eines bestimmten Effektes auf das Objekt.

In dieser Arbeit steht Manipulation für das Greifen von Objekten von Ablagen oder
aus speziellen Zuführungen und das Fügen der gegriffenen Objekte in Nester oder an-

dere Objekte. Gemäß den in Abschnitt 2.2 definierten Objektanordnungen bedeutet Manipulation demnach das Greifen aus einer speziellen Anordnung und das Fügen in eine andere Anordnung. Im Folgenden werden die aktuellen Ansätze zum Greifen und Fügen in der industriellen Montage und in der Forschung vorgestellt.

3.2.1. Greif- und Umgreifstrategien

In der industriellen Montage werden Greifstrategien in der Regel von einem menschlichen Experten geplant. Die Anrücktrajektorie und die Greifposition werden dabei fest einprogrammiert und die benötigten Greifkräfte abhängig von dem Material und dem Gewicht des zu greifenden Objektes eingestellt und eventuell in mehreren Durchläufen angepasst. In den meisten Fällen sind die Objekte und Nester an definierten Positionen mit sehr geringen Abweichungen bereitgestellt und die Greifstrategie wird ohne sensorische Überwachung ausgeführt. Falsch orientierte Objekte werden in der Regel nicht gegriffen, sondern mit zusätzlichen, auf die Objekte spezialisierten Systemen, wie beispielsweise Bunkerzuführ-, Ordnungs- und Entwirrsystemen, umorientiert, s. Hesse (2010). Häufig werden auch visuelle Sensoren eingesetzt, um z. B. bei der Anlieferung der Objekte auf Transportbändern das zu greifende Objekt während der Anrückbewegung auszuwählen und seine genaue Position zu bestimmen. Aufgrund der vorgeschriebenen Platzierung des Roboters in einer abgeschlossenen Sicherheitszelle wird die Szene als deterministisch angenommen und keine dynamischen Hindernisse oder Ungenauigkeiten berücksichtigt. Die erforderliche definierte Teilebereitstellung und der Programmieraufwand machen den Robotereinsatz bei Kleinserien jedoch sehr unwirtschaftlich.

In der Forschung werden Greifstrategien entwickelt, die je nach Situation geeignete Anrücktrajektorien, Greifpunkte und Kräfte bestimmen und eventuellen Hindernissen ausweichen. Die verschiedenen Verfahren lassen sich anhand der folgenden Kriterien unterscheiden:

- *Typ des verwendeten Greifers*, z. B. Parallelbackengreifer, Mehrfingergreifer.

- *Typ des zugrundeliegenden Algorithmus*, z. B. geometrisch, physikalisch, heuristisch, lernend.

- *Modelle der zu greifenden Objekte*, z. B. CAD-Modell, Kontur.

- *Typ der zu manipulierenden Szene*, z. B. deterministisch, nicht deterministisch.

- *Einsatz von Sensorik*, z. B. visuell, taktil.

Im Folgenden werden bezüglich dieser Kriterien ausgewählte Ansätze zur Planung von Greif- und Umgreifstrategien, deren Vormachen durch den Menschen und die Ausführung unter Unsicherheiten vorgestellt.

Planung von Greifstrategien

Die meisten Greifplanungsalgorithmen gehen von vorhandenen geometrischen Modellen der Objekte, des Greifers und der Hindernisse aus. Die Objektmodelle sind häufig planar, da sie in der Regel aus der Erkennung mit einer Kamera entstehen, und werden durch konvexe Polygone approximiert.

Röhrdanz (1998) stellt einen analytischen, modellbasierten Ansatz zur Greifplanung bei einem Zweibackengreifer und bekannten Objekten vor. Dabei werden zunächst in einer Offline-Phase alle Modelldaten aufbereitet und die Griffklassen der Objekte anhand paralleler Seiten bestimmt. In der Online-Phase werden dann die Griffklassen auf die Gültigkeit bezüglich bestimmter Nebenbedingungen, wie z. B. Kollisionsfreiheit und Stabilität, überprüft. Falls notwendig werden Umgreifoperationen bestimmt. Letztendlich wird der Griff mit der kürzesten Umgreifsequenz sowie der besten Güte und Stabilität gewählt.

Viele weitere Ansätze verwenden verschiedene Heuristiken, um eine Auswahl an Griffen zu generieren und den qualitativ besten auszuwählen. Stanley u. a. (1999) bestimmen für einen Parallelbackengreifer zunächst bei der mit einer Kamera aufgenommenen Kontur eines Objektes die Kanten durch Quadtree-Zerlegung. Dabei wird jeder entstandene Knoten im Baum solange zerlegt, bis im entsprechenden Konturabschnitt ein gegenüberliegender Greifpunkt entlang der Konturnormalen gefunden wird. Bei der Auswahl des besten Griffes spielen die Parallelität und die Krümmung der jeweiligen Konturabschnitte und der Abstand zum Objektschwerpunkt eine Rolle.

Boudaba und Casals (2006) generieren für eine Dreifingerhand ebenfalls Griffkandidaten anhand des visuell bestimmten Objektumrisses. Zunächst wird der Umriss so in Ecken und Kanten zerlegt, dass die Kanten als Greifregionen gerade und ausreichend lange Umrissabschnitte bilden, um dort die Finger zu platzieren. Daraufhin werden jeweils drei Greifregionen gewählt und der Kraftschluss anhand der Lage des Schwerpunkts im Schnittpunkt der Reibungskegel überprüft und gegebenenfalls die Qualität bestimmt.

Kamon u. a. (1996) verwenden eine Heuristik für die Griffgenerierung anhand der extrahierten 2D-Umrisse beliebiger Objekte. Dazu wird zunächst eine zufällige Distanz vom Objektschwerpunkt entlang der Objekt-Hauptachse zurückgelegt. Von dort aus geht

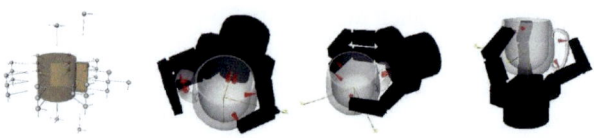

Abb. 3.9.: Generierung von Griffkandidaten basierend auf Formprimitiven nach Miller u. a. (2003)

man senkrecht zur Hauptachse bis zur Kante, wo dann der erste Greifpunkt gesetzt wird. Von diesem aus wird die Orientierung der Kante bestimmt und man geht entlang der internen Normalen in einem zufällig gewählten Winkel bis zur gegenüberliegenden Kante und setzt dort den zweiten Greifpunkt. Aus den so generierten Griffen wird bezüglich der Möglichkeiten des Herausrutschens und der Objektrotation der beste Griff bestimmt.

Nach Borst u. a. (1999) lassen sich verschiedene Griffmöglichkeiten generieren nur mit dem Wissen über die Anzahl der Finger der Roboterhand und dem 3D-Modell des zu greifenden Objektes. Bei vier Fingern z. B. bildet ein beliebiger erreichbarer Punkt auf der Objektoberfläche den ersten Kontaktpunkt. Ausgehend davon wird ein Strahl durch das Objekt geschickt und der zweite Kontaktpunkt am Austrittspunkt definiert. Vom Mittelpunkt dieser beiden Kontaktpunkte werden zwei Strahlen in beliebige, bestimmten Nebenbedingungen unterliegende Richtungen ausgesendet, deren Austrittspunke die beiden noch fehlenden Kontaktpunkte bilden. Aus den so erzeugten formgeschlossenen Griffmöglichkeiten wird anschließend im Hinblick auf die Aufgabe der optimale Griff bestimmt.

Gopalakrishnan und Goldberg (2002) schlagen Griffe bei zweidimensionalen, polygonalen Objekten an konkaven Ecken vor, um selbst mit einem Parallelbackengreifer einen Formschluss zu erzeugen. Solche sogenannten v-Griffe werden aus allen Kombinationen konkaver Ecken bestimmt und ihre Qualität anhand der Rotationsmöglichkeit des Objekts bei unendlich nachgiebigen Backen berechnet. Auf 3D-Objekte wird das gleiche Verfahren auf alle 2D-Projektionen angewendet.

Miller u. a. (2003) generieren Griffkandidaten, indem das zu greifende Objekt durch die Formprimitiven Kugel, Quader, Zylinder und Kegel zusammengesetzt und approximiert wird, s. Abb. 3.9. Für jede Formprimitive sind bestimmte Griffe definiert, die in einer Greifsimulationsumgebung auf das Originalobjekt angewendet und bewertet werden. Als Ergebnis liefert das Programm alle gültigen Griffe sortiert nach der Qualität.

Saxena u. a. (2008) gehen davon aus, dass viele im Alltag verwendeten Objekte an ähnlichen, markanten Stellen, wie z. B. Henkeln, gegriffen werden und verwenden neu-

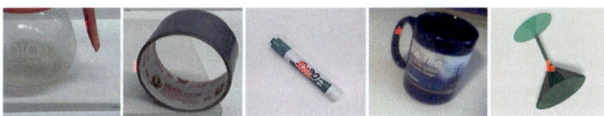

Abb. 3.10.: Lernen von Greifvorgängen an markanten Stellen nach Saxena u. a. (2008)

ronale Netze, um bei unbekannten, mit der Kamera erkannten Objekten Greifpunkte zu bestimmen, s. Abb. 3.10. Für das Training werden synthetische Bilder generiert und deren optimaler Greifpunkt durch den Menschen vorgegeben. Das neuronale Netz kann dann in den Bildern der neuen Objekte den Greifpunkt selbständig vorhersagen.

Planung von Umgreifstrategien

Kann kein gültiger Griff gefunden werden, muss eventuell eine geeignete Umgreifsequenz geplant werden. Für das Umgreifen gibt es je nach den Fähigkeiten des Greifers die folgenden Möglichkeiten:

- *Ablegen und Neugreifen,*

- *Zwei kooperierende Roboter,*

- *Umorientierung innerhalb des Greifers.*

Röhrdanz (1998) nutzt die Möglichkeit, Objekte abzulegen und neu zu greifen. Dazu berechnet er zusätzlich zu den schon beschriebenen Griffklassen Platzierungsklassen, die alle stabilen Lagen des Objektes darstellen. Diese werden in einem Umgreif-Graphen dargestellt und mittels Breitensuche wird die kürzeste Umgreifsequenz von der Ausgangs- zur Zielsituation gesucht.

Ferch und Zhang (2002) verwenden einen zusätzlichen Roboter. Wenn ein Roboter nicht die Möglichkeit hat, das Objekt in die gewünschte Orientierung zu bringen, wird ein zweiter unabhängiger Roboter zur Hilfe genommen, der das Objekt abgreift.

Rapela u. a. (2002) bringen das gegriffene Objekte innerhalb des Greifers in die richtige Orientierung. Da drei Finger für einen stabilen Griff ausreichend sind, benutzen sie einen Greifer mit vier Fingern, um ein Umgreifen innerhalb des Greifers zu ermöglichen. Mit vordefinierten Strategien, bei denen die Finger gezielt nacheinander auf dem Objekt umgesetzt werden, kann ein gegriffenes Objekt dann sowohl rotiert als auch verschoben werden.

Abb. 3.11.: Vormachen von Greifbewegungen mit einem Datenhandschuh nach Jäkel u. a. (2010)

Vormachen von Greifstrategien

Neben der Planung der passenden Greifstrategie anhand bestimmter Objektmerkmale besteht die Möglichkeit, die Greifstrategie durch den Menschen vormachen und vom Roboter erkennen zu lassen. Diese Art des Lernens wird Programmieren durch Vormachen genannt. Der vorgeführte Griff kann dabei mit den folgenden Hilfsmitteln erkannt werden:

- *Datenhandschuh*,

- *Marker*, an der Hand oder am Objekt,

- *Andere visuelle oder taktile Erkennung*.

Jäkel u. a. (2010) benutzen einen Datenhandschuh und ein magnetfeldbasiertes Trackingsystem, um die Fingerstellungen beim Griff und die Handbewegungen des Menschen zu erkennen, s. Abb. 3.11. Durch mehrfaches Vormachen werden Manipulationsbewegungen und aufgabenspezifische Einschränkungen gelernt, z. B. bezüglich der Objekthaltung oder des Zusammenspiels mehrerer Objekte. Damit werden Manipulationen geplant, die die Einschränkungen berücksichtigen und gleichzeitig die Ausnutzung des gesamten Roboterarbeitsraumes erlauben.

Chang u. a. (2007) erkennen einen vorgeführten Griff über Marker, die an der menschlichen Hand angebracht sind, s. Abb. 3.12. Dazu werden in der Lernphase sechs Griffe eingelernt, auf die die vorgeführten Griffe per Matching abgebildet werden. Experimente mit Alltagsgegenständen ergaben die maximale Erkennungsrate von 91,5% bei 31 Markern und bereits 86% bei nur fünf Markern.

Maeda u. a. (2002) verwenden für industrielle Pick&Place-Aufgaben ebenfalls Marker, die jedoch an dem zu greifenden Objekt angebracht sind. Mit Kameras wird die vom Menschen vorgeführte Bewegung und Umorientierung des Objektes getrackt und auf den Roboter abgebildet.

Kry und Pai (2006) verwenden zur Erkennung eines Griffes eine ballähnliche Vorrichtung, genannt Tango, deren Oberfläche mit taktilen Sensoren besetzt ist, die die Position

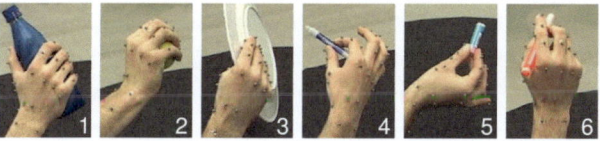

Abb. 3.12.: Erkennung vorgeführter Griffe durch Marker nach Chang u. a. (2007)

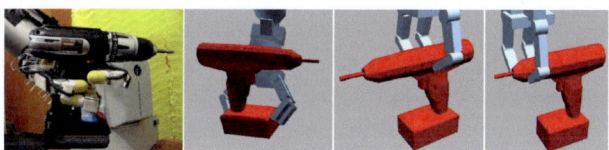

Abb. 3.13.: Korrektur der Objektlage mit POMDPs nach Hsiao u. a. (2009a): Zielgriff (links) und drei Informationen sammelnde Griffe

der Fingerspitzen, die Greifkraft und die Beschleunigung der Hand erkennen. Nach einer vorhergehenden Lernphase können vom Menschen vorgemachte Fingerspitzengriffe und die Handbewegung erkannt und in der Simulation nachgemacht werden.

Griffausführung unter Unsicherheiten

In der Regel sind die Objekt- und Umwelt-Daten mit Unsicherheiten behaftet, die beispielsweise aus einer ungenauen visuellen Lageerkennung resultieren. Während der Ausführung muss daher die Greifstrategie mit geeigneten Sensoren überwacht und die Trajektorie oder die Fingerstellung gegebenenfalls nachgebessert werden, für das es die folgenden Möglichkeiten gibt:

- *Sensorische Erkennung und Ausgleich*, z. B. mit taktilen, visuellen oder Näherungssensoren,

- *Passive, mechanische Nachgiebigkeit.*

Hsiao u. a. (2009a) verwenden taktile Sensoren, um beim Greifvorgang die anfangs durch beispielsweise Kameras grob geschätzte Objektlage zu korrigieren, um so den Zielgriff robust ausführen zu können. Das Greifproblem wird dazu als ein POMDP (partially observable Markov decision process) dargestellt. Während des Greifvorgangs werden iterativ spezielle Roboterbewegungen bzw. Informationen sammelnde Griffe, s. Abb. 3.13, ausgeführt und anhand der gefundenen Kontakte zum Objekt die Lageschätzung verbessert.

Felip und Morales (2009) verwenden ebenfalls taktile Fingersensoren und einen Kraft-Momenten-Sensor im Handgelenk, um trotz Lageungenauigkeiten einen stabilen Griff herzustellen. Das Verfahren gleicht in mehreren Schritten verschiedene Ungenauigkeiten aus. Als erstes wird anhand der Kraftsensorik im Handgelenk die Hand bis zum ersten Kontakt in Richtung des Objektes bewegt und die Orientierung des Handgelenks ausgeglichen. Als Nächstes wird anhand der taktilen Sensoren in den Fingern die Parallelität und Stabilität der Kontaktflächen hergestellt, indem die Finger geöffnet und die Hand versetzt wird. Nachdem ein stabiler Griff hergestellt wurde, wird im nächsten Schritt das Objekt mit den Fingern in die Mitte der Handfläche geschoben und die Finger gestreckt, um die Kontaktflächen und die Symmetrien der Kontaktpositionen und -kräfte zu maximieren. Als letzter Schritt wird anhand der taktilen Sensoren die Greifkraft an jedem Finger gemessen und solange erhöht, bis das vorgegebene Maximum erreicht ist. Zusätzliche sogenannte Sicherheitsreflexe überwachen während des gesamten Vorgangs, ob ein oder mehrere Finger den Kontakt zum Objekt verlieren, und leiten entsprechende Maßnahmen ein. Allerdings wurde dieses Verfahren nur bei symmetrischen, quader- und zylinderförmigen Objekten angewendet.

Gomez u. a. (2006) verwenden rekonfigurierbare neuronale Netze, um die selbständige Anpassungsfähigkeit der fünffingrigen Yokoi-Hand an Veränderungen der Umwelt oder des eigenen Aufbaus, wie beispielsweise Sensorausfall oder stärkere Motoren, zu erhöhen. In der Trainingsphase schließt und öffnet die Hand zufällig und unabhängig voneinander die Finger und misst den Erfolg des Griffes anhand des Objektkontakts der taktilen Sensoren, die in allen Fingergelenken angebracht sind. Ein Lernzyklus bzw. eine Aktualisierung des neuronalen Netzes dauert 0,08s, wobei nach ca. 160 Lernzyklen der Griff eingelernt ist.

Hsiao u. a. (2009b) bauen optische Näherungssensoren in die Fingerspitzen des Greifers ein, um die Geometrie eines Objektes ohne vorherigen Kontakt schätzen und bessere reaktive Griffe ausführen zu können. Ausgehend von einer initialen Greiferstellung werden die Greiferfinger geschlossen und dabei parallel zwei Ausgleichsstrategien ausgeführt. Die Fingerdistanzregelung bewegt jeden Finger einzeln, um die Abstände aller Finger vom Objekt gleich zu halten. Die kinematische Konfigurationsregelung bewegt den Roboterarm, um den Greifer am Objekt zu zentrieren und parallel zur Oberfläche auszurichten. Ungenauigkeiten können so ausgeglichen und ein stabiler Griff gefunden werden, die Qualität der Griffe ist jedoch stark von der initialen Greiferstellung abhängig.

Vahrenkamp u. a. (2009) verwenden Kameras und einen Kraft-Momenten-Sensor, um Greifbewegungen auf einem humanoiden Roboter robust ausführen zu können. Mit den Kameras im Kopf des Roboters wird die Trajektorie des Arms und insbesondere die aktuellen Positionen und Geschwindigkeiten der Armgelenke überwacht und Abweichungen des für die Planung verwendeten Modells von der realen Umgebung ausgeglichen. Mit dem Kraft-Momenten-Sensor werden externe Kontakte überwacht, die durch Kollisionen oder menschliche Korrekturen entstehen. Proportional zum Betrag der gemessenen Kräfte und Momente wird eine Ausweichbewegung ausgeführt.

Dollar und Howe (2008) verzichten auf Sensorik und aufwändige Regelungen und stellen eine Roboterhand vor, die durch ihre Nachgiebigkeit trotz Ungenauigkeiten Objekte sicher greifen kann. Die Hand hat vier Finger mit jeweils zwei viskoelastischen Gelenken, die beim Schließen der Finger mit einem einzigen Aktor um bis zu 20° abweichen können, wodurch sich die Finger passiv an Ungenauigkeiten in der Objektlage anpassen. Um das Objekt jedoch in eine definierte Gleichgewichtslage zu bringen, sind, je größer die Ungenauigkeiten, umso größere Greifkräfte notwendig.

3.2.2. Fügestrategien und Prozessüberwachung

Fügestrategien dienen dazu, gegriffene Objekte gemäß einer bestimmten Anordnung abzulegen oder in ein Nest, eine Palette oder ein anderes Objekt zu fügen. Sie lassen sich nach ähnlichen Kriterien unterscheiden wie Greifstrategien:

- *Typ der Fügeaufgabe*, z. B. Bolzen-Loch-Problem.

- *Typ des zugrundeliegenden Fügealgorithmus*, z. B. gesteuert oder ungesteuert, planend oder vordefiniert, kraftbasiert oder sichtbasiert.

- *Modelle der Objekte und Nester*, z. B. CAD-Modelle, Konturen.

- *Typ der zu manipulierenden Szene*, in der Regel nicht deterministisch.

- *Einsatz von Sensorik*, z. B. visuell, taktil.

Beim Fügen unterscheidet man zunächst zwischen ungesteuerten (auch: passiven) und gesteuerten (auch: aktiven) Fügemechanismen. Ungesteuerte Fügemechanismen, sogenannte Remote Center of Compliance bzw. RCC-Module, die ohne Messsystem, Sensoren und Antrieben auskommen, gleichen kleine Positionsabweichungen mit Elastomergelenken oder Federn aus. Sie stellen die einfachste Methode zum Ausgleich von

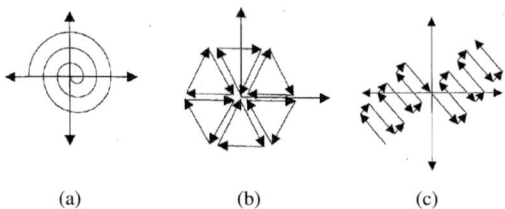

(a)   (b)   (c)

Abb. 3.14.: Suchstrategien beim Fügen nach Rademacher (1993): (a) spiralförmige Bewegung, (b) geschlossenes Umlaufmuster, (c) offener Mäander

Ungenauigkeiten dar, benötigen jedoch Fügehilfsflächen, wie z. B. Einführschrägen. IPR Worldwide (2010) beispielsweise bietet einen Fügemechanismus mit Elastomergelenken an, der einen Winkelversatz von maximal $3°$ ausgleicht.

Gesteuerte Fügemechanismen messen zunächst mit Sensoren die Abweichung zwischen Objekt und Ablagenest und gleichen dann entsprechend die Position durch eine Bewegung der Finger oder des Greifers aus. Je nach Abweichungstoleranz ist es zuerst eventuell notwendig, das Ablagenest zu suchen. Dazu beschreibt Rademacher (1993) unterschiedliche Suchstrategien wie eine spiralförmige Bewegung, geschlossene Umlaufmuster oder offene Mäander, s. Abb. 3.14. Dabei hat sich die spiralförmige Bewegung, insbesondere wenn als Quadrat implementiert, als die effektivste erwiesen. Hat die Kraftüberwachung einen ersten Kontakt zwischen Objekt und Ablagenest festgestellt, wird eine Fügestrategie ausgeführt, die vom Objekt und dem Ablagenest abhängig ist.

Ein Großteil der Forschung konzentriert sich auf das sogenannte Bolzen-Loch-Problem (engl.: peg in hole). Kim u. a. (1999) lösen das zweidimensionale Bolzen-Loch-Problem, indem sie mit einem Kraft-Momenten-Sensor den Zustand des Fügevorgangs bestimmen, s. Abb. 3.15(a), und eine vordefinierte Ausgleichsbewegung ausführen. Ähnliche Verfahren wenden Schweigert (1991) und Caine u. a. (1989) im 3D-Fall an.

Bei komplexen Objekten müssen ebenfalls im Voraus die Kontaktzustände und zugehörige Ausgleichsstrategien definiert werden, die beim Fügevorgang überwacht werden. Dies wenden Kang u. a. (1997) bei T-förmigen und Hovland und McCarragher (1998) bei L-förmigen Objekten an, s. Abb. 3.15(b).

Stemmer u. a. (2006) untersuchen den Fügevorgang bei beliebigen, jedoch planaren Objekten. In einer Offline-Phase wird dabei anhand der Objektgeometrie die Fügestrategie bestimmt. Dazu werden für unterschiedliche Fügerichtungen die hervorstehenden Kontaktpunkte und die Invarianz gegenüber Verdrehungen bestimmt. Die günstigs-

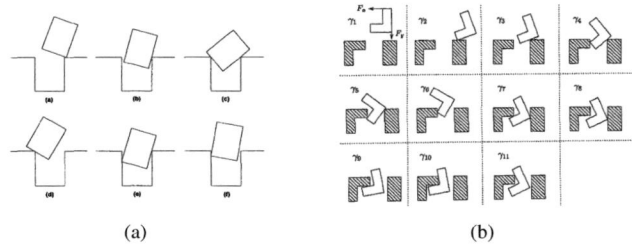

(a)   (b)

Abb. 3.15.: Kontaktzustände beim Fügen: (a) 2D-Peg-in-Hole nach Kim u. a. (1999), L-förmiges Objekt nach Hovland und McCarragher (1998)

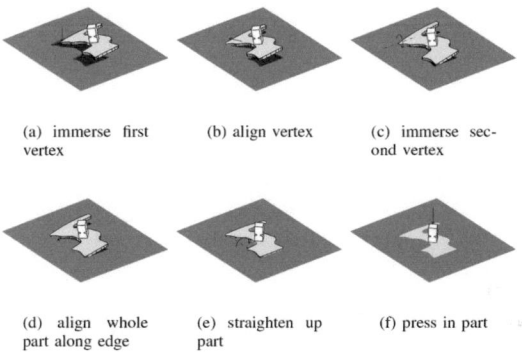

(a) immerse first vertex   (b) align vertex   (c) immerse second vertex

(d) align whole part along edge   (e) straighten up part   (f) press in part

Abb. 3.16.: Fügevorgang bei planaren Objekten nach Stemmer u. a. (2006)

te Strategie wird dann in der Online-Phase ähnlich der menschlichen Vorgehensweise ausgeführt, s. Abb. 3.16. Dazu wird das Objekt im Ablagenest zunächst zum hervorstehenden Kontaktpunkt geschoben und durch weiteren Druck und leichte Nachgiebigkeit automatisch zum zweiten Kontakt ausgerichtet. Nach dem Ausrichten des gesamten Objekts an den zwei Kontaktpunkten wird es in das Ablagenest eingedrückt.

Breitere Verwendungsmöglichkeiten versprechen Verfahren, bei denen eine komplexe Fügeaufgabe in primitive Teilaufgaben zerlegt wird, die durch einfache Fügebewegungen lösbar sind.

Morrow (1997) zerlegt eine Fügeaufgabe in kraft- und bildbasierte sensomotorische Primitive, die durch eine bestimmte Bewegung zweier Objekte relativ zueinander gekennzeichnet sind. Diese Primitive werden zwar aufwändig von Hand entwickelt, können jedoch für mehrere Aufgaben wiederverwendet werden. Sogenannte Fertigkeiten,

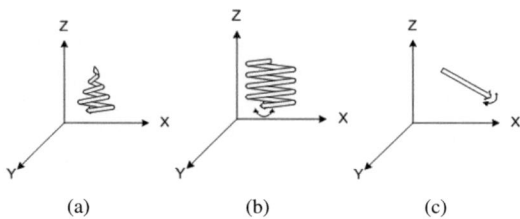

Abb. 3.17.: Primitive Verhaltenstypen für Fügeaufgaben nach Marvel u. a. (2009): (a) Spiralsuche, (b) Radialsuche, (c) lineare Bewegung

die komplexe Fügeaufgaben lösen, werden dann aus mehreren Primitiven zusammengesetzt.

Thomas u. a. (2003) zerlegen komplexe Fügeaufgaben in sensorbasierte elementare Roboterbewegungen, sogenannte Aktionsprimitive, die direkt in der Robotersteuerung implementiert sind. Mit ihnen können bestimmte Dimensionen des Roboters kraft- und momentengeregelt werden, während andere Dimensionen positions- oder geschwindigkeitsgeregelt werden. Jede Aufgabe wird offline als ein Netz aus Aktionsprimitiven programmiert. Zur Laufzeit wird anhand eines CAD-Modells des zusammengesetzten Objektes die Fügereihenfolge geplant und die entsprechenden Fügeaufgaben bestimmt.

Marvel u. a. (2009) verwenden lediglich drei primitive Verhaltenstypen um eine Vielzahl von Fügeaufgaben zu lösen: Spiralsuche, Radialsuche und lineare Bewegung, s. Abb. 3.17. Um die Fügedauer zu reduzieren, werden interne Such- und Abbruchparameter, wie z. B. die Suchkraft in Z oder Rotationswinkel und -geschwindigkeit um die Z-Achste, mit einem evolutionären Algorithmus optimiert.

Corona-Castuera und Lopez-Juarez (2006) lösen Fügeaufgaben mit von Hand programmierten primitiven Reflexen, die Roboterbewegungen im Arbeitsraum abhängig von den gemessenen Werten eines Kraft-Momenten-Sensors darstellen und in der Wissensbasis der sogenannten „gegebenen" Primitive abgelegt sind. Mithilfe von Fuzzy-Regeln werden neue Fügebewegungen generiert, der Bewegungsraum exploriert und der Nutzen dieser Bewegungen vom Menschen bewertet. Konnten die wirkenden Kräfte durch eine Bewegung reduziert werden, wird sie in der Wissensbasis der sogenannten „erworbenen" Primitive gespeichert und von einem neuronalen Netzwerk benutzt, um die aktive Nachgiebigkeit zu lernen und die Anzahl der Ausgleichsbewegungen zu reduzieren.

3.2.3. Bewertung der vorgestellten Manipulationsstrategien

Die am besten geeigneten Greif- und Fügestrategien werden anhand der in Abschnitt 2.4 definierten Anforderungen mit der aktuellen Herangehensweise in der industriellen Montage verglichen, s. Tab. 3.2.

In der industriellen Montage sind Greif- und Fügestrategien vom menschlichen Experten programmiert und müssen bei einer Änderung der Aufgabe oder des Systems umprogrammiert werden. In der Regel werden keine Ungenauigkeiten berücksichtigt, da die Objekte und Nester definiert bereitgestellt werden. Bei kleinen Stückzahlen ist jedoch der technische Aufwand gerade für die definierte Objekt- und Nest-Bereitstellung und für die Programmierung der Trajektorien zum Greifen und Fügen verhältnismäßig hoch.

Ansätze für Greif- und Fügestrategien, die Ungenauigkeiten berücksichtigen, finden in der Industrie aufgrund ihres undefinierten Verhaltens kaum Einsatz. Die meisten von ihnen sind auf spezielle Aufgabentypen, d. h. spezielle Objekte und Nester zugeschnitten und gleichen auch dort nur bestimmte Ungenauigkeiten, z. B. in der Ebene, aus. Häufig sind die Ansätze speziell auf das zugrundeliegende System zugeschnitten und nicht ohne Weiteres auf andere Roboter- oder Greifsysteme übertragbar. Die hierarchische Zerlegung der Strategien in Primitive, die kleine Teilaufgaben erledigen und bestimmte Ungenauigkeiten ausgleichen, hat sich hingegen bei den meisten Ansätzen bewährt und wird auch in dieser Arbeit umgesetzt, wie im Lösungsansatz in Abschnitt 3.2.4 dargestellt.

3.2.4. Lösungsansatz

In dieser Arbeit werden Manipulationsstrategien zum Greifen und Fügen in atomare Teilstrategien zerlegt, die Ungenauigkeiten in bestimmten Dimensionen ausgleichen. Die formale Struktur der atomaren Teilstrategien erlaubt eine einfache Erstellung und Modifikation. Das Ziel jeder atomaren Teilstrategie ist unabhängig vom Roboter, Greifer und der Sensorik, wodurch die einfache Übertragung auf verschiedene Systeme gewährleistet wird.

Aus einem vordefinierten Satz atomarer Teilstrategien werden Manipulationsstrategien für die typischen Greif- und Fügeaufgaben in der industriellen Montage zusammengesetzt, die alle in Abschnitt 2.2 definierten Objektanordnungen abdecken. Der Benutzer konfiguriert eine Manipulationsaufgabe, indem er dialogbasiert die passenden Strategien auswählt und nur wenige aufgabenspezifische Parameter, wie z. B. Positionen, eingibt.

Manipulationsstrategien	Objekt- und Nest-Unabhängigkeit	Robustheit ggü. Ungenauigkeiten	Modellfreiheit	System-Unabhängigkeit
Greif- und Fügestrategien in der industriellen Montage	−	−	+	−
Greifstrategien in der Forschung				
Hsiao u. a. (2009a): Informationen sammelnde Griffe mit taktilen Sensoren	○	+	○	+
Felip und Morales (2009): Dreistufiger Ausgleich von Ungenauigkeiten mit Fingersensoren und KMS	−	+	○	+
Hsiao u. a. (2009b): Ausgleichsstrategien mit optischen Näherungssensoren	○	+	+	+
Dollar und Howe (2008): Nachgiebigkeit durch visko-elastische Fingergelenke	○	○	+	−
Vahrenkamp u. a. (2009): Ausgleich der Trajektorie und externer Kontakte durch Kameras und KMS	○	−	○	+
Fügestrategien in der Forschung				
IPR Worldwide (2010): Passiver Fügemechanismus mit Elastomergelenken	−	○	+	+
Morrow (1997): Kraft- und bildbasierte sensomotorische Primitiven	○	○	○	+
Thomas u. a. (2003): Sensorbasierte elementare Aktionsprimitiven	+	○	○	○
Marvel u. a. (2009): Verhaltenstypen Spiralsuche, Radialsuche und lineare Bewegung	−	○	+	+
Corona-Castuera und Lopez-Juarez (2006): Aktive Nachgiebigkeit durch gegebene und erworbene Primitive	○	+	+	○

Tab. 3.2.: Vergleich der vorgestellten Manipulationsstrategien: + Anforderung erfüllt, ○ Anforderung teilweise erfüllt, − Anforderung nicht erfüllt

Die so definierten Manipulationsstrategien erfüllen die in Abschnitt 2.4 aufgestellten Anforderungen. Die Strategien gleichen während der Ausführung alle Ungenauigkeiten aus und sind unabhängig von Objekten und Nestern, da spezielle Strategien für die typischen Objekte und Nester in der industriellen Montage vordefiniert sind. Sie benötigen keine zusätzlichen geometrischen Modelle, da sie implizites Modellwissen aus der ausgewählten Objektanordnung beziehen. Aufgrund der formalen Struktur der atomaren Teilstrategien sind die Manipulationsstrategien außerdem unabhängig von den verwendeten Roboter-, Greifer- und Sensorsystemen.

3.3. Optimierung in der industriellen Montage

In der industriellen Montage ist die Reduktion der Taktzeit und die daraus resultierende Erhöhung des Durchsatzes ein wichtiges Optimierungsziel. In der Regel werden alle Prozesse vor dem Dauerbetrieb optimiert. Üblicherweise wird dabei auf das Wissen und die Erfahrungen eines menschlichen Experten zurückgegriffen, die er aus dem Auf- und Umbau vorheriger Prozesse erworben hat.

Zur Analyse des Prozesses gibt es in der Regel die Möglichkeiten der Simulation und des Testlaufs. Bei der Simulation wird der Prozess in einer simulierten Umgebung ausgeführt, in der Modifikationen gefahrlos und kostengünstig sind. Beim Testlauf wird der Prozess unter realen Bedingungen in der realen Umgebung ausgeführt, was das Aufdecken von Laufzeitfehlern und Optimierungsmöglichkeiten erlaubt. Optimierung kann dabei unterschiedliche Komponenten des Prozesses betreffen:

- *System*: z. B. Auswahl eines besser geeigneten Roboter- oder Greifersystems.

- *Abläufe*: z. B. Parallelisierung von Greiferöffnung und Roboterbewegung.

- *Trajektorien*: z. B. Verkürzung der Wege durch eine andere Reihenfolge der zu greifenden Objekte.

- *Prozessparameter*: z. B. Verringerung der Greifkräfte oder Erhöhung der Verfahrgeschwindigkeit.

Die Optimierung des Systems erfolgt in der Regel zu Beginn des Optimierungsprozesses in der Simulation. Dabei werden die notwendigen Parameter bestimmt und ein geeignetes Robotersystem, d. h. mit einer ausreichenden Reichweite und einem passenden Greifsystem, ausgewählt. Die Optimierung der Abläufe, Trajektorien und Prozessparameter erfolgt dann ebenfalls in der Simulation oder während der Testphase und wird im Folgenden genauer erläutert.

3.3.1. Optimierung von Abläufen

Die Optimierung von Abläufen unter Berücksichtigung von Zeit, Kosten und Ressourcen wird als Job-Scheduling bezeichnet. Die Netzplantechnik, s. Domschke und Drexl (2005), liefert unterschiedliche Lösungsansätze dazu, indem sie auf der Grundlage der Graphentheorie logische Beziehungen zwischen den Vorgängen und die zeitliche Reihenfolge der Vorgänge plant. Mithilfe beispielsweise der Methode des kritischen Pfades (engl.: critical path method, CPM) oder der Metra-Potential-Methode lassen sich Vorgänge zeitoptimal organisieren und die Ausführung überwachen.

Für die industrielle Montage gibt es für das Scheduling von Abläufen und Ressourcen eine Vielzahl von Softwarelösungen, die eine Verkürzung der Zykluszeiten, die Senkung der Produktionskosten und höheren Durchsatz versprechen.

3.3.2. Optimierung von Trajektorien

Die Optimierung von Trajektorien ist ein wesentliches Ziel der Bahnplanung, in der es darum geht, für ein Fahrzeug oder einen Roboter einen kollisionsfreien Weg vom Start- zum Zielzustand zu finden. Dazu muss der freie Konfigurationsraum des Roboters bestimmt werden, der alle kollisionsfreien Roboterkonfigurationen beinhaltet. Gängige Suchalgorithmen aus der Graphentheorie, z. B. Breiten- und Tiefensuche oder der A*-Algorithmus, s. Russell und Norvig (2010), finden dann einen gültigen Lösungspfad. Aufgrund der Komplexität muss jedoch eine geeignete Diskretisierung des Konfigurationsraumes bestimmt werden, jedoch ist auch dann die vollständige Kollisionsüberprüfung aller Konfigurationen kaum möglich.

Dieses Problem umgehen probabilistische Planer, indem sie zufällige Konfigurationen erzeugen und nur für sie Kollisionstests durchführen und damit kollisionsfreie Verbindungen erzeugen. Probabilistische Planer, wie z. B. der Probabilistic RoadMap (PRM), s. Kavraki u. a. (1996), oder Rapidly-exploring Random Tree (RRT), s. Lavalle (1998), unterscheiden sich in der Art, wie zufällige Punkte erzeugt werden und wie sie und die entstehenden Verbindungen auf Kollisionen überprüft werden. Für solche Planer gilt jedoch, dass sie probabilistisch vollständig sind, d. h. wenn eine Lösung existiert, wird sie bei unbegrenzter Planungszeit eventuell gefunden.

Bahnplanung ist ein aktueller Forschungsschwerpunkt in der Servicerobotik und bei autonomen Fahrzeugen. In der industriellen Montage hingegen ist automatische Bahnplanung nicht notwendig, weil in der Regel alle Objekte und Nester an definierten Positionen bereitgestellt werden. Trajektorien werden daher von einem menschlichen Experten definiert und gegebenenfalls nach mehreren Testdurchläufen verfeinert. Problemstellungen mit undefinierter Objektbereitstellung erfordern zwar eine Planung, jedoch steigt dadurch auch der Aufwand für die benötigte genaue Modellierung, sodass solche Problemstellungen in der industriellen Montage durch die definierte Objektanordnung vermieden oder durch die manuelle Montage gelöst werden.

3.3.3. Optimierung von Prozessparametern

Die Optimierung von Prozessparametern erfolgt in der industriellen Montage in der Regel ebenfalls durch einen menschlichen Experten. Allerdings gibt es hierbei auch automatisierte Ansätze, die bestimmte Parameter im Montageprozess optimieren.

Zhang u. a. (2008) stellen ein System vor, das die Parameter im Fügeprozess mittels statistischer Versuchsplanung (engl.: design of experiments, DOE) optimiert. DOE dient dazu, mit möglichst wenigen Versuchen den Zusammenhang zwischen den Einflussfaktoren und den Zielgrößen zu ermitteln. Fügeprozesse werden dazu ähnlich dem bereits vorgestellten Verfahren von Marvel u. a. (2009) in drei Klassen unterteilt: zylindrisches Einfügen, bei dem die Spiralsuche eingesetzt wird, radiales Einfügen, bei dem radiale Suche eingesetzt wird, und mehrstufiges Einfügen als Kombination aus den ersten beiden Klassen. Die Einflussfaktoren sind Suchkraft in Z, Rotationsgeschwindigkeit und -winkel um die Z-Achse, Spiralsuchgeschwindigkeit und -winkel in der X-Y-Ebene, Oszillationsamplitude und -periode. Die Zielgrößen sind Fügedauer und Erfolgsrate. Die Auswertung erfolgt dabei mit der Varianzanalyse (engl.: analysis of variance, ANOVA).

Das bereits vorgestellte Verfahren von Corona-Castuera und Lopez-Juarez (2006) optimiert den Fügeprozess durch das Nachgiebigkeitsverhalten. Dabei werden Fügekräfte und die Anzahl der Ausgleichsbewegungen reduziert, indem mit einem neuronalen Netzwerk die aktiven Nachgiebigkeitsbewegungen gelernt werden.

3.3.4. Bewertung der vorgestellten Optimierungsansätze

Die Optimierung des Systems, der Abläufe und der Trajektorien wird in dieser Arbeit nicht umgesetzt. Automatisierte Ansätze können hierbei zu unvorhersehbarem Verhalten führen, das in der industriellen Montage auszuschließen ist. Stattdessen werden in der industriellen Montage in der Regel von einem menschlichen Experten die Bewegungen definiert und in Testläufen mehrmals überprüft und verbessert, um ein robustes Verhalten sicherzustellen.

Die Taktzeit bleibt dennoch ein kritischer Punkt und wird in dieser Arbeit ähnlich den vorgestellten Ansätzen durch die Optimierung von Prozessparametern reduziert. Dabei sammeln die Manipulationsstrategien ohne menschlichen Eingriff während ihrer Ausführung Erfahrungen und beschleunigen dadurch ihre Ausführung, wie im Lösungsansatz in Abschnitt 3.3.5 dargestellt.

3.3.5. Lösungsansatz

Der in dieser Arbeit vorgestellte Optimierungsansatz dient der Optimierung der Prozessparameter zur Beschleunigung der Ausführung und Reduktion der Taktzeit. Der Ausgleich von Ungenauigkeiten durch die Manipulationsstrategien benötigt viele Iterationsschritte, abhängig von bestimmten Objekt- und Nesteigenschaften und dem vorliegenden Spiel zwischen Objekt und Nest. Durch den Einsatz von erfahrungsbasiertem Lernen wird die Anzahl der Iterationen und damit die Dauer reduziert, indem bei jeder Ausführung der Manipulationsstrategie aufgabenspezifisches Wissen gesammelt und die Schrittgröße entsprechend angepasst wird.

Die Optimierung findet damit während der Ausführung statt, wodurch die Manipulationsstrategien ab der ersten Anwendung ein robustes Ergebnis liefern, mit jeder Anwendung jedoch Erfahrungen sammeln und ihre Ausführung beschleunigen.

3.4. Zusammenfassung

In diesem Kapitel wurden die Grundlagen und der Stand der Technik bei flexiblen Greifsystemen, universellen Manipulationsstrategien und Optimierungsansätzen zur Erhöhung der Taktzeit vorgestellt.

Industrielle Greifsysteme weisen in der Regel keine hohe Flexibilität auf, da sie für eine bestimmte Aufgabe spezialisiert sind. In der Forschung, insbesondere im Bereich der Servicerobotik, sind deutlich flexiblere Greifsysteme zu finden, die jedoch vorallem aufgrund der fehlenden Robustheit und der sehr hohen Kosten bisher keine Verwendung in der industriellen Montage finden. In dieser Arbeit wurde im Vorfeld der 3-Finger-Stern-Greifer entwickelt, der den gestellten Anforderungen entspricht und die 34 Objekte des Referenzteilespektrums sicher greifen kann. Um Kräfte beim Greifen und Fügen wahrnehmen zu können, wurden Dehnungsmessstreifen appliziert, die an jedem Greiferfinger Kräfte in den Dimensionen X, Y, und Z messen können.

Greif- und Fügestrategien werden in der industriellen Montage in der Regel vom menschlichen Experten programmiert. Bei einer Änderung der Aufgabe oder des Systems müssen sie von Hand umprogrammiert werden. Objekte und Nester müssen definiert bereitgestellt werden, um Ungenauigkeiten auszuschließen, was bei kleinen Stückzahlen zu einem unangemessen hohen technischen Aufwand führt. Die vorgestellten Ansätze zu Greif- und Fügestrategien, die Ungenauigkeiten berücksichtigen, finden in der Industrie aufgrund ihres oft undefinierten Verhaltens bisher kaum Einsatz. Viele Strategien sind auf spezielle Objekte und Nester zugeschnitten oder gleichen nur einen Teil der möglichen Ungenauigkeiten aus. In der Regel sind die Strategien nicht ohne Weiteres auf andere Roboter- oder Greifsysteme übertragbar. In dieser Arbeit werden Manipulationsstrategien erstellt, die Objekte aus den vorgestellten Anordnungen greifen und in diese fügen können. Dabei werden sie in atomare Teilstrategien zerlegt, die Ungenauigkeiten in bestimmten Dimensionen ausgleichen. Die formale Struktur der atomaren Teilstrategien erlaubt eine einfache Erstellung und Modifikation und bietet zusätzlich die Unabhängigkeit von Roboter, Greifer und Sensorik.

Optimierung der Taktzeit ist eines der wichtigsten Ziele in der industriellen Montage. In der Regel werden dabei von einem menschlichen Experten das System, die Abläufe und die Trajektorien optimiert. Die Optimierung von Prozessparametern findet in der Regel ebenfalls durch einen menschlichen Experten statt, allerdings gibts es hier auch automatisierte Ansätze, die bestimmte Parameter im Montageprozess optimieren. In dieser Arbeit wird ein Optimierungsansatz mit erfahrungsbasiertem Lernen vorgestellt, der die Ausführung der Manipulationsstrategien beschleunigt und die Taktzeit reduziert. Dabei wird während des Ausgleichs der Ungenauigkeiten innerhalb der atomaren Teilstrategien Wissen gespeichert, das beim zukünftigen Ausgleich wiederverwendet werden kann. Diese Optimierung findet während der Ausführung statt, sodass die Manipulationsstrategien ab ihrer ersten Anwendung ein robustes Ergebnis liefern, die Taktzeit sich jedoch zusätzlich mit jeder weiteren Ausführung optimiert.

4. Ansatz zu universellen Manipulationsstrategien

In der industriellen Montage werden Greif- und Fügestrategien vom menschlichen Experten programmiert und müssen bei einer Änderung der Aufgabe oder des Systems umprogrammiert werden. In der Regel werden keine Ungenauigkeiten berücksichtigt, da die Objekte und Nester definiert bereitgestellt werden, was bei kleinen Stückzahlen einen hohen Aufwand bedeutet.

Ansätze für Greif- und Fügestrategien, die Ungenauigkeiten berücksichtigen, finden in der Industrie aufgrund ihres undefinierten Verhaltens kaum Einsatz. Die meisten von ihnen sind auf spezielle Aufgabentypen und auf das zugrunde liegende System zugeschnitten und nicht ohne Weiteres auf andere Roboter- oder Greifsysteme übertragbar. Die hierarchische Zerlegung der Strategien in Primitive, die kleine Teilaufgaben erledigen und bestimmte Ungenauigkeiten ausgleichen, hat sich hingegen bei den meisten Ansätzen bewährt.

In dieser Arbeit werden universelle Manipulationsstrategien vorgestellt, die unabhängig von den Objekten und Nestern sind und Ungenauigkeiten beim Greif- und Fügevorgang ausgleichen.

Eine Manipulationsaufgabe wird in acht Teilaufgaben unterteilt. Die ersten vier dienen zum Greifen des Objektes und setzen sich zusammen aus der Transferbewegung zum Objekt, dem Anrücken auf die Greifposition, dem Greifen des Objektes und dem Abrücken mit dem gegriffenen Objekt. Die letzten vier Teilaufgaben dienen dem Ablegen oder Fügen des Objektes in das Zielnest und setzten sich zusammen aus der Transferbewegung zum Nest, der Fügebewegung, dem Loslassen des eingefügten Objektes und dem Abrücken vom Nest. Abhängig von den vorliegenden Ungenauigkeiten sowie der Ursprungs- und der Ziel-Objektanordnung behandelt jede Teilaufgabe unterschiedliche Problemklassen. Sind die Ungenauigkeiten kleiner als das Spiel des Objektes im Ursprungs- oder Zielnest, kann die Teilaufgabe in der Regel ohne sensorische Überwachung ausgeführt werden. Sind die Ungenauigkeiten jedoch größer, muss eine spezielle kontaktbasierte Strategie ausgeführt werden, die die Ungenauigkeiten ausgleicht und das Objekt aus der Ursprungsanordnung herauslöst bzw. in die Zielanordnung fügt. Für jede

Problemklasse jeder Teilaufgabe wird somit eine Manipulationsstrategie definiert, die die Teilaufgabe gemäß der Problemklasse ausführt.

Zur Gewährleistung der Modularität und der Wiederverwendbarkeit werden Manipulationsstrategien aus atomaren Teilstrategien zusammengesetzt, die Ungenauigkeiten in bestimmten Dimensionen ausgleichen. Die formale Struktur der atomaren Teilstrategien erlaubt eine einfache Erstellung und Modifikation. Das Ziel jeder atomaren Teilstrategie ist unabhängig vom Roboter, Greifer und der Sensorik, wodurch die einfache Übertragung auf verschiedene Systeme gewährleistet wird.

Die Zusammensetzung der Manipulationsstrategien aus atomaren Teilstrategien bleibt dem Benutzer verborgen. Er muss lediglich die Problemklasse bei jeder Teilaufgabe bestimmen und einige wenige aufgabenspezifische Parameter, wie z. B. Positionen und Greifkräfte, eingeben.

Abschnitt 4.1 beschreibt den Ablauf einer Manipulationsaufgabe und die Zerlegung in die acht Teilaufgaben, zu deren Lösung je nach Problemklasse verschiedene Manipulationsstrategien eingesetzt werden. Manipulationsstrategien werden aus atomaren Teilstrategien zusammengesetzt, die bestimmte Ungenauigkeiten ausgleichen. Die genaue Definition von Ungenauigkeiten findet sich in Abschnitt 4.2. Die benötigten atomaren Teilstrategien werden in Abschnitt 4.3 vorgestellt, die Zusammensetzung zu Manipulationsstrategien in Abschnitt 4.4. Die Konfiguration einer Manipulationsaufgabe durch den Benutzer erfolgt dialoggestützt und ist in Abschnitt 4.5 dargestellt. Die vollständige Ausführung einer Manipulationsaufgabe ist in Abschnitt 4.6 am Beispiel der O-Ring-Montage beschrieben.

4.1. Zerlegung einer Manipulationsaufgabe

Eine Manipulationsaufgabe beschreibt den gesamten Ablauf beim Greifen und anschließendem Ablegen oder Fügen eines Objektes. Dieser Vorgang lässt sich im Allgemeinen, s. auch Röhrdanz (1998), in acht Teilaufgaben zerlegen, die in Abb. 4.1 dargestellt sind. Die ersten vier dienen zum Greifen des Objektes und setzen sich zusammen aus der Transferbewegung zum Objekt, dem Anrücken auf die Greifposition, dem Greifen des Objektes und dem Abrücken mit dem gegriffenen Objekt. Die letzten vier Teilaufgaben dienen dem Ablegen oder Fügen des Objektes in das Zielnest und setzten sich zusammen aus der Transferbewegung zum Nest, der Fügebewegung, dem Loslassen des eingefügten Objektes und dem Abrücken vom Nest. Für jede Teilaufgabe sind verschiedene Strategien denkbar, abhängig von der Objektanordnung, dem Spiel und den Ungenau-

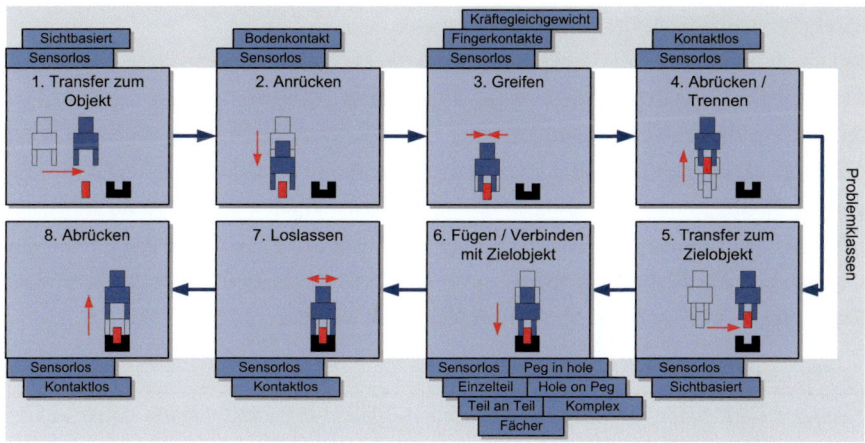

Abb. 4.1.: Ablauf einer Manipulationsaufgabe am Beispiel von Pick&Place

igkeiten. Die Strategien werden aus atomaren Teilstrategien zusammengesetzt, um die Wiederverwendbarkeit von Teilabläufen zu ermöglichen. Im Folgenden werden die Teilaufgaben mit den jeweiligen Zielen und den möglichen Strategien erläutert.

Transferbewegung zum Objekt

Bei einer Manipulationsaufgabe erfolgt als Erstes die Bewegung zur Anrückposition, die sich in der Regel vor oder über dem zu greifenden Objekt befindet, s. Teilaufgabe 1 in Abb. 4.1. Ist das Objekt stets an einer definierten Position und in einer definierten Lage bereitgestellt, wird die Anrückposition direkt, d. h. sensorlos, angefahren. Ist die Lage des zu greifenden Objektes unbekannt, wird sie zunächst mit geeigneten Sensoren bestimmt, beispielsweise mit einer Kamera. Nach der Transferbewegung befindet sich der Greifer vor oder über dem zu greifenden Objekt, sodass eine kollisionsfreie Anrückbewegung möglich ist.

Anrückbewegung zur Greifpositon

Nach der Transferbewegung befindet sich der Greifer an der Anrückposition, in der Regel vor oder über dem zu greifenden Objekt. Mit der Anrückbewegung wird der Greifer dann an der Greifposition platziert, an der das Objekt gegriffen werden soll, s. Teilaufgabe 2 in Abb. 4.1. Dabei müssen die Greiferfinger zunächst in eine Stellung, genannt Vorformung (engl.: preshape), gebracht werden, die den gewünschten Griff am Objekt ausführbar macht. Dies beinhaltet die Öffnung des Greifers entsprechend den Objektausmaßen und je nach Greifertyp das Einstellen einer bestimmten Fingerkonfiguration. Mit vorgeformtem Greifer wird anschließend die Greifposition angefahren. Sind keine Ungenauigkeiten vorhanden oder ist das Objekt groß genug, sodass trotz der Ungenauigkeiten ein stabiler Griff hergestellt wird, d. h. dass die Greiferfinger stets das Objekt berühren und nicht am Objekt vorbei greifen, wird die Anrückbewegung sensorlos ausgeführt. Bei besonders kleinen oder flachen Objekten können jedoch große Ungenauigkeiten dazu führen, dass die Greiferfinger oberhalb des Objektes schließen und das Objekt nicht gegriffen wird. Um dies zu verhindern kann während der Anrückbewegung der Kontakt aller Finger mit dem Boden hergestellt werden.

Greifen des Objekts

Nach der Vorformung des Greifers und dem Anfahren der Greifposition wird das Objekt gegriffen, s. Teilaufgabe 3 in Abb. 4.1. Dazu werden je nach Greifertyp mit einer vorgegebenen Kraft die Finger geschlossen oder beispielsweise die Saugpumpe oder der Magnet eingeschaltet. Bei Ungenauigkeiten zentriert sich ein leichtes, freiliegendes Objekt im Greifer selbst, sodass alle Finger Kontakt zum Objekt haben. Bei schweren oder fest eingespannten Objekten hingegen müssen alle Finger aktiv in Kontakt mit dem Objekt gebracht werden, um das Objekt sicher zu greifen. Zusätzlich muss bei fest eingespannten Objekten sichergestellt sein, dass die auf sie wirkenden Kräfte sich im Gleichgewicht befinden, damit das Objekt kontaktlos und ohne Verklemmungen aus der Zuführung herausgelöst werden kann.

Abrückbewegung / Trennen von Umgebung

Wurde das Objekt gegriffen, wird es aus seiner Umgebung herausgelöst und der Greifer mit dem gegriffenen Objekt an eine sichere Position gefahren, s. Teilaufgabe 4 in Abb. 4.1. Sind keine Ungenauigkeiten vorhanden oder ist das Objekt frei beweglich, kann die Abrückbewegung sensorlos ausgeführt werden. Bei eingespannten Objekten, die nicht im Kräftegleichgewicht gegriffen wurden und daher beim Herauslösen verklemmen und verloren werden können, werden seitliche Kontakte bei der Abrückbewegung vermieden bis sich der Greifer mit dem Objekt an einer sicheren Position befindet.

Transferbewegung zum Zielobjekt

Mit dem gegriffenen Objekt wird die Anrückposition, in der Regel vor oder über dem Ablagenest bzw. der Ablagestelle, angefahren, s. Teilaufgabe 5 in Abb. 4.1. Diese Position kann auch als die Füge-Startposition betrachtet werden. Ist die genaue Position bekannt, wird sie direkt und sensorlos angefahren. Ansonsten muss zunächst die Lage des Zielobjektes mit geeigneten Sensoren, z. B. einer Kamera, bestimmt werden. Nach der Transferbewegung befindet sich der Greifer mit dem gegriffenen Objekt vor bzw. über der Ablagestelle oder dem Ablagenest.

Fügebewegung / Verbinden mit Zielobjekt

Befindet sich das Objekt an der Füge-Startposition, d. h. in der Regel vor oder über der Ablagestelle bzw. dem Ablagenest, muss es je nach Aufgabe abgelegt oder in ein Nest oder ein anderes Objekt eingefügt werden, s. Teilaufgabe 6 in Abb. 4.1. Wenn keine Ungenauigkeiten oder sehr großes Spiel vorhanden sind, kann sensorlos die feste Zielposition angefahren werden. Dies ist jedoch in der Regel nur bei Schüttgut der Fall. Bei größeren Ungenauigkeiten und geringem Spiel werden hingegen Sensoren zur Überwachung des Fügeprozesses benötigt. Für jede Objektanordnung wird eine spezielle Strategie angewendet, die die relevanten Ungenauigkeiten ausgleicht und das Objekt in die gewünschte Anordnung fügt. Nach dem Ablegen bzw. Fügen befindet sich das noch gegriffene Objekt an seiner Zielposition im Ablagenest bzw. an der Ablagestelle.

Loslassen des Objekts

Nachdem das Objekt an seiner Zielposition eingefügt wurde, wird es losgelassen, s. Teilaufgabe 7 in Abb. 4.1. Je nach Greifertyp werden die Greiferfinger geöffnet oder beispielsweise die Saugpumpe oder der Magnet abgeschaltet. Abhängig vom Greifertyp können nach dem Öffnen der Finger noch Kontakte zum Objekt bestehen, die beim Abrücken das Objekt verschieben und die Objektanordnung zerstören würden. In diesem Fall muss nach dem Öffnen sichergestellt werden, dass alle Fingerkontakte vollständig gelöst wurden.

Abrückbewegung

Wenn der Greifer keinen Kontakt mehr zum Objekt hat, wird er auf eine sichere, kollisionsfreie Abrückposition gefahren, in der Regel vor oder über der Ablage oder dem Nest, s. Teilaufgabe 8 in Abb. 4.1. Bei ausreichendem Freiraum kann dies sensorlos erfolgen. Ungenauigkeiten können jedoch zu Kollisionen des Greifers mit dem Objekt oder dem Nest führen und werden mit einer kontaktlosen Abrückbewegung vermieden.

In jeder der acht Teilaufgaben können Ungenauigkeiten die Ausführung behindern. Zur Überwachung ungeplanter Kontakte und externer Kräfte werden Sensoren und kontaktbasierte Strategien verwendet, die anhand der Sensorwerte die Ungenauigkeiten ausgleichen. Im Folgenden werden Ungenauigkeiten definiert und ihr Vorkommen in den einzelnen Teilschritten der Manipulationsaufgabe untersucht.

4.2. Definition von Ungenauigkeiten

Der Ausgleich von Ungenauigkeiten ist ein zentraler Aspekt dieser Arbeit. Ungenauigkeiten entstehen durch Lageabweichungen von Objekten und Nestern, bedingt durch Verschiebungen und Lokalisierungsfehler. Ungenauigkeiten werden im kartesischen Roboterarbeitsraum definiert und in jedem Freiheitsgrad auf bis zu ± 5mm bzw. $\pm 5°$ begrenzt, bei einem sehr geringen Spiel von $\geq 0{,}1$mm. Es werden zwei Arten von Ungenauigkeiten unterschieden:

- *Stochastische Ungenauigkeiten* ändern sich in jeder Ausführung und entstehen beispielsweise durch Fehler in der Objekt- und Nestlokalisierung oder durch Objektverschiebungen.

- *Konstante Ungenauigkeiten* bleiben über mehrere Ausführungen hinweg unverändert, wie beispielsweise die Ablageebene.

Sowohl stochastische als auch konstante Ungenauigkeiten können in jeder Teilaufgabe des Manipulationsvorgangs auftreten. In der Transfer- und der Anrückbewegung zum Objekt, s. Teilaufgaben 1 und 2 in Abb. 4.1, entstehen Ungenauigkeiten bei der Objektlokalisierung und durch Verschiebungen. Sie führen zu einer ungenauen Positionierung des Greifers relativ zum Objekt und haben als mögliche Folgen Kollisionen des Greifers mit dem Objekt und Objektverlust. Beim Greifen des Objektes, s. Teilaufgabe 3 in Abb. 4.1, treten Ungenauigkeiten in der Objektlokalisierung und der Greiferplatzierung auf. Sie können in instabilen Griffen und damit Objektverlust oder Schäden am Objekt resultieren, s. Beispiel in Abb. 4.2. Beim Abrücken mit dem Objekt, s. Teilaufgabe 4 in Abb. 4.1, führen Ungenauigkeiten vom vorhergehenden Greifen zu Objektverschiebungen im Griff und Verklemmungen in der Zuführung. Diese können wiederum Objektverlust und Verbiegungen des Objektes in der Zuführeinheit zur Folge haben. In der Transferbewegung zum Zielnest, s. Teilaufgabe 5 in Abb. 4.1, führen Ungenauigkeiten in der Nestlokalisierung und aus vorangehenden Teilaufgaben zu einer ungenauen Positionierung des Objekts an der Füge-Startposition. Diese Ungenauigkeiten können beim anschließenden Ablegen bzw. Fügen, s. Teilaufgabe 6 in Abb. 4.1, zu weiteren Verschiebungen, Verbiegungen und Brüchen von Objekten und Ablagenestern führen, s. Beispiel in Abb. 4.3.

(a)   (b)

Abb. 4.2.: Objektverlust als Folge von Ungenauigkeiten: (a) Ungenaues Anrücken resultiert in (b) fehlenden Objektkontakten beim Greifen

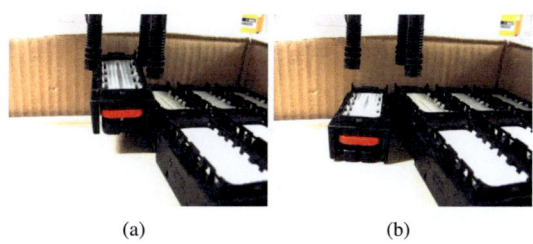

(a)   (b)

Abb. 4.3.: Objektverschiebung als Folge von Ungenauigkeiten: (a) Ungenaues Fügen resultiert in (b) Objektverschiebungen nach dem Loslassen

Beim Loslassen des Objektes und dem Abrücken, s. Teilaufgaben 7 und 8 in Abb. 4.1, können Ungenauigkeiten vom vorhergehenden Ablegen bzw. Fügen in Kollisionen des Greifers mit dem Objekt oder dem Ablagenest resultieren.

Die vorgestellten Ungenauigkeiten werden mit taktilen Sensoren erkannt und mit Strategien ausgeglichen, die speziell für jede Teilaufgabe und die möglichen Ungenauigkeiten definiert werden. Manipulationsstrategien, die gemäß einer Problemklasse eine Teilaufgabe lösen, werden dazu aus atomaren Teilstrategien zusammengesetzt, die Ungenauigkeiten in bestimmten Dimensionen ausgleichen. Der Aufbau der atomaren Teilstrategien und die Zusammensetzung zu Manipulationsstrategien werden im Folgenden beschrieben.

4.3. Atomare Teilstrategien

Die Zerlegung der Greif- und Fügestrategien in atomare Teilstrategien garantiert Flexibilität und Wiederverwendbarkeit. Atomare Teilstrategien lösen primitive Teilaufgaben

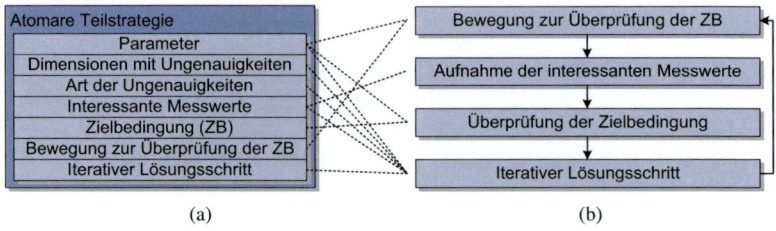

Abb. 4.4.: Atomare Teilstrategie: (a) Struktur und (b) Ausführung

und beseitigen Ungenauigkeiten in bestimmten Dimensionen. Jede atomare Teilstrategie hat dabei die folgenden Eigenschaften, s. auch Abb. 4.4(a):

- *Parameter*, die für die Ausführung der atomaren Teilstrategie notwendig sind, z. B. Positionen.

- *Dimensionen mit Ungenauigkeiten*, die im kartesischen Roboterarbeitsraum definiert sind, in der Regel eine Teilmenge von $\{X,Y,Z,RX,RY,RZ\}$.

- *Art der Ungenauigkeiten*: keine, stochastische oder konstante.

- *Interessante Messwerte*, bezogen auf die Ungenauigkeiten, je nach vorhandenen Sensoren z. B. eine Teilmenge von $\{F_X,F_Y,F_Z,T_X,T_Y,T_Z\}$.

- *Zielbedingung*, in der Regel basierend auf den interessanten Messwerten, z. B. entspricht die Bedingung „keine Seitenkontakte" $F_X = F_Y = 0$.

- *Bewegung zur Überprüfung der Zielbedingung*, bestehend aus einer Roboter- oder Greiferbewegung, deren Ausführung die Überprüfung der Zielbedingung ermöglicht, z. B. das Schließen der Greiferfinger um die Kontaktkräfte zu überprüfen.

- *Iterativer Lösungsschritt*, bestehend aus einer Roboter- oder Greiferbewegung, die die vorliegenden Ungenauigkeiten gemäß den interessanten Messwerten ausgleicht.

Die Ausführung einer atomaren Teilstrategie ist in Abb. 4.4(b) dargestellt. Zunächst wird die aktuell vorliegende Problemsituation analysiert. Dazu wird die Bewegung zur Überprüfung der Zielbedingung ausgeführt, die interessanten Messwerte aufgenommen

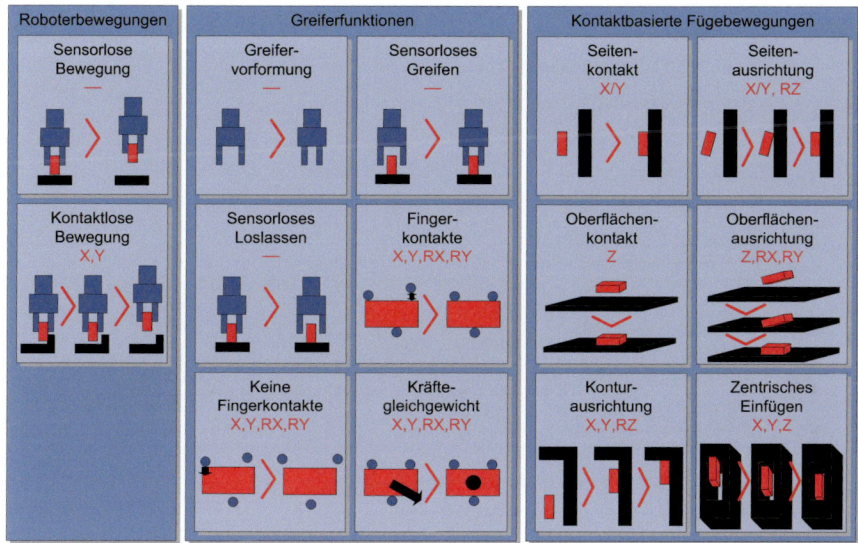

Abb. 4.5.: Übersicht der atomaren Teilstrategien und die Dimensionen mit auszugleichenden Ungenauigkeiten

und die Zielbedindung überprüft. Wenn diese nicht erfüllt ist, wird ein iterativer Lösungsschritt ausgeführt, der den Roboter weiter in Richtung Ziel bringt, und der gesamte Vorgang solange wiederholt, bis die Zielbedingung erfüllt ist.

Im Folgenden werden die für industrielle Manipulationsstrategien notwendigen atomaren Teilstrategien definiert, s. Abb. 4.5. Dabei werden zunächst Roboterbewegungen zu einer vorgegebenen Position benötigt, die sensorlos oder kontaktlos ausgeführt werden können. Weiterhin werden Greiferfunktionen für das Anrücken und das Greifen benötigt. Sie realisieren die Vorformung des Greifers auf eine bestimmte Fingerstellung und Öffnungsweite, das Greifen mit einer Kraft in eine vorgegebene Richtung und das Loslassen in die Gegenrichtung, sowie das Herstellen von Fingerkontakten und Kräftegleichgewicht und das Lösen von vorhandenen Fingerkontakten. Für den Fügevorgang werden kontaktbasierte Fügebewegungen benötigt. Sie realisieren die Herstellung des Objektkontaktes mit einer Seite oder einer Oberfläche, sowie die parallele Ausrichtung des Objektes an der Seite oder Oberfläche. Insbesondere für das Einfügen bei begrenztem Spiel werden die Konturausrichtung des Objektes mit dem Nest und das kontaktlose zentrische Einfügen des Objektes in das Nest benötigt.

Parameter:	Zielposition
Dim. mit Ungenauigkeiten:	—
Art der Ungenauigkeiten:	—
Interessante Messwerte:	—
Zielbedingung:	Zielposition erreicht
Überprüfung der ZB:	Roboterbewegung an die Zielposition
Iterativer Lösungsschritt:	—

Tab. 4.1.: Atomare Teilstrategie Sensorlose Bewegung

Die atomaren Teilstrategien für Roboterbewegungen, Greiferfunktionen und kontakt-basierte Fügebewegungen werden im Folgenden erläutert und ihre Ausführung jeweils beispielhaft mit dem in Abschnitt 3.1.4 vorgestellten 3-Finger-Stern-Greifer gezeigt. Dabei stellt $\theta > 0$ einen Schwellwert dar, über dem die gemessene Kraft als Kontaktkraft und nicht mehr als Rauschen angesehen wird.

4.3.1. Roboterbewegungen

Roboterbewegungen auf eine definierte Position sind in vielen Teilschritten einer Manipulationsaufgabe notwendig, darunter beim Transfer und dem An- und Abrücken. Eine Roboterbewegung kann sensorlos oder kontaktlos ausgeführt werden, abhängig von vorhandenen Sensoren. Dafür werden die atomaren Teilstrategien Sensorlose Bewegung und Kontaktlose Bewegung definiert. In beiden Fällen wird die Zielposition als Parameter benötigt, die in TCP- (Tool Center Point) oder Weltkoordinaten übergeben werden kann.

Die Definition der beiden atomaren Teilstrategien für Roboterbewegungen wird im Folgenden vorgestellt.

Sensorlose Bewegung

Die atomare Strategie Sensorlose Bewegung bewegt den Roboter ohne sensorische Überwachung an die vorgegebene Position, s. Tab. 4.1. Sie gleicht keine Ungenauig-

Parameter:	Zielposition
Dim. mit Ungenauigkeiten:	X, Y
Art der Ungenauigkeiten:	stochastisch
Interessante Messwerte:	F_X, F_Y
Zielbedingung:	Zielposition erreicht
Überprüfung der ZB:	Roboterbewegung an die Zielposition, unterbrochen wenn $|F_X| > \theta \vee |F_Y| > \theta$
Iterativer Lösungsschritt:	gemäß F_X, F_Y ausgleichende Bewegung in der X-Y-Ebene

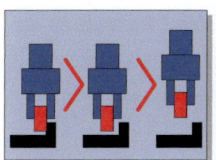

Tab. 4.2.: Atomare Teilstrategie Kontaktlose Bewegung

keiten aus und die Zielbedingung ist erfüllt, wenn die Bewegung ausgeführt und die Zielposition erreicht wurde.

Kontaktlose Bewegung

Die atomare Teilstrategie Kontaktlose Bewegung bewegt den Roboter auf die vorgegebene Position und vermeidet dabei seitliche Kontakte, s. Tab. 4.2. Sie gleicht dazu stochastische Ungenauigkeiten in den Dimensionen X und Y aus, bedingt z. B. durch Lokalisierungsfehler. Die Bewegung zur Überprüfung der Zielbedingung ist eine Roboterbewegung zur Zielposition, die jedoch bei seitlichen Kontakten, d. h. wenn $|F_X| > \theta \vee |F_Y| > \theta$, unterbrochen wird. In einem solchen Fall wird ein iterativer Lösungsschritt ausgeführt, der eine ausgleichende Bewegung entlang der X- oder Y-Achse gemäß den Kraftwerten darstellt. Die Zielbedingung ist erfüllt, wenn die Zielposition erreicht ist.

4.3.2. Greiferfunktionen

Neben den Roboterbewegungen werden Funktionen des Greifers zum Greifen und Loslassen von Objekten benötigt.

Vor dem Greifen wird der Greifer zunächst vorgeformt, d. h. die Finger werden in eine bestimmte Stellung gebracht und auf die benötigte Öffnungsweite geöffnet. Dafür wird die atomare Teilstrategie Greifervorformung definiert.

Der Greifvorgang läuft, je nach vorhandenen Ungenauigkeiten, in drei Schritten ab. Als Erstes werden die Greiferfinger ohne sensorische Überwachung bei einem Außengriff geschlossen bzw. bei einem Innengriff geöffnet. Ein freiliegendes Objekt kann sich passiv im Greifer zentrieren und damit Ungenauigkeiten ausgleichen, sodass ein sensorloser Griff ausreichend ist. Ist jedoch mit Ungenauigkeiten zu rechnen, die das Objekt aufgrund seines Gewichtes oder der Anordnung nicht passiv ausgleichen kann, müssen im nächsten Schritt die Fingerkontakte hergestellt werden, damit das Objekt bei einer Fehlstellung des Greifers nicht verloren wird. Bei einem eingespannten Objekt muss zusätzlich im dritten Schritt das Gleichgewicht der Kontaktkräfte hergestellt werden, um das Objekt beim Herauslösen nicht zu verklemmen. Dafür werden die atomaren Teilstrategien Sensorloses Greifen, Fingerkontakte und Kräftegleichgewicht definiert.

Der Loslassvorgang wird je nach vorhandenen Ungenauigkeiten in zwei Schritten ausgeführt. Als Erstes werden die Greiferfinger ohne sensorische Überwachung geöffnet bei einem Außengriff bzw. geschlossen bei einem Innengriff. Wenn dann noch Finger Kontakte zum Objekt aufweisen, beispielsweise aufgrund von Objektverschiebungen, müssen diese Ungenauigkeiten zusätzlich ausgeglichen werden. Dafür werden die atomaren Teilstrategien Sensorloses Loslassen und Keine Fingerkontakte definiert.

Die Umsetzung der benötigten Greiferfunktionen als atomare Teilstrategien wird im Folgenden erläutert.

Greifervorformung

Die atomare Teilstrategie Greifervorformung bringt die Greiferfinger in eine vorgegebene Stellung, um einen späteren Griff zu ermöglichen, s. Tab. 4.3. Sie hat die Vorformung und die Öffnungsweite als Parameter. Es werden keine Ungenauigkeiten ausgeglichen und die Bewegung zur Überprüfung der Zielbedingung ist die Bewegung der Finger auf die Position. Die Zielbedingung ist erfüllt, wenn die Vorformung abgeschlossen wurde.

Sensorloses Greifen

Die atomare Teilstrategie Sensorloses Greifen greift ein Objekt ohne sensorische Überwachung, s. Tab. 4.4. Als Parameter benötigt sie die Greifkraft, die mithilfe taktiler Sensoren oder des Motorstroms geregelt wird, und die Greifrichtung, die die Fingerbewegung für einen Außen- oder Innengriff beschreibt. Die atomare Teilstrategie gleicht keine Ungenauigkeiten aus. Die Bewegung zur Überprüfung der Zielbedingung ist eine Bewegung der Greiferfinger gemäß der Greifrichtung. Die Zielbedingung ist erfüllt, wenn die Geschwindigkeit aller Finger 0 ist, d. h. $\forall i : v(finger_i) = 0$ oder, sofern Sen-

Parameter:	Vorformung, Öffnungsweite
Dim. mit Ungenauigkeiten:	—
Art der Ungenauigkeiten:	—
Interessante Messwerte:	—
Zielbedingung:	Vorformung erreicht
Überprüfung der ZB:	Bewegung der Greiferfinger auf die Vorformung und Öffnungsweite
Iterativer Lösungsschritt:	—

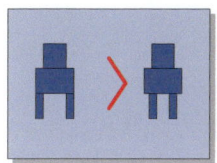  

Tab. 4.3.: Atomare Teilstrategie Greifervorformung

Parameter:	Greifkraft, Greifrichtung
Dim. mit Ungenauigkeiten:	—
Art der Ungenauigkeiten:	—
Interessante Messwerte:	—
Zielbedingung:	$\forall i : v(finger_i) = 0$ oder $\exists i : F_{grasp_i} \geq$ Greifkraft
Überprüfung der ZB:	Fingerbewegung in Greifrichtung
Iterativer Lösungsschritt:	—

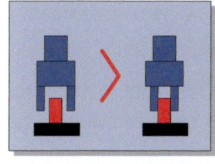  

Tab. 4.4.: Atomare Teilstrategie Sensorloses Greifen

Parameter:	—
Dim. mit Ungenauigkeiten:	X, Y, RZ
Art der Ungenauigkeiten:	stochastisch
Interessante Messwerte:	F_{grasp_i}
Zielbedingung:	$\forall i : F_{grasp_i} > \theta$
Überprüfung der ZB:	—
Iterativer Lösungsschritt:	Roboterbewegung in X, Y oder RZ oder Fingerbewegung, die Kontakte der Finger mit dem Objekt herstellt

Tab. 4.5.: Atomare Teilstrategie Fingerkontakte

soren zur Wahrnehmung der Greifkraft vorhanden sind, die vorgegebene Greifkraft an mindestens einem Finger erreicht wurde, d. h. $\exists i : F_{grasp_i} \geq$ Greifkraft.

Fingerkontakte

Die atomare Teilstrategie Fingerkontakte stellt für jeden Greiferfinger den Kontakt mit dem Objekt her, s. Tab. 4.5, und ergibt so einen sicheren Griff, mit dem der Verlust des Objektes beim Anheben oder Herausziehen verhindert wird. Die Vorbedingung für diese atomare Teilstrategie ist ein geschlossener Greifer bei einem Außengriff bzw. geöffneter Greifer bei einem Innengriff. Die Teilstrategie benötigt keine Parameter und gleicht stochastische Ungenauigkeiten in den Dimensionen X, Y, RZ aus, die z. B. bei der Objektlokalisierung entstehen. Ungenauigkeiten in RX, RY werden von dieser Teilstrategie nicht berücksichtigt, da davon ausgegangen wird, dass das Objekt entweder groß genug ist, sodass trotz Ungenauigkeiten nicht vorbeigegriffen werden kann, oder dass diese Ungenauigkeiten in der vorhergehenden Anrückphase ausgeglichen worden sind. Die Zielbedingung ist erfüllt, wenn sich jeder Greiferfinger in Kontakt mit dem Objekt befindet, d. h. $\forall i : F_{grasp_i} > \theta$, was durch taktile Sensoren an jedem Finger überwacht wird. Die Teilstrategie kann daher nur angewendet werden, wenn geeignete Fingersensoren vorhanden sind. Da ein bereits geschlossener bzw. geöffneter Greifer für diese Teilstrategie vorausgesetzt wird, ist keine Bewegung zur Überprüfung der Zielbedingung notwendig.

Parameter:	—
Dim. mit Ungenauigkeiten:	X, Y, RZ
Art der Ungenauigkeiten:	stochastisch
Interessante Messwerte:	F_X, F_Y, T_Z
Zielbedingung:	$|F_X| < \theta \wedge |F_Y| < \theta \wedge |T_Z| < \theta$
Überprüfung der ZB:	—
Iterativer Lösungsschritt:	Ausgleichende Roboterbewegung in X, Y oder RZ oder Fingerbewegung gemäß den Kräften und Momenten

Tab. 4.6.: Atomare Teilstrategie Kräftegleichgewicht

Der iterative Lösungsschritt zum Ausgleich der Ungenauigkeiten ist eine Roboterbewegung in der X-Y-Ebene oder Rotation um die Z-Achse oder je nach Möglichkeiten des Greifers die Bewegung der entsprechenden Finger, sodass die Finger ohne Kontakte zum Objekt in Kontakt gebracht werden.

Kräftegleichgewicht

Die atomare Teilstrategie Kräftegleichgewicht stellt das Gleichgewicht der auf das Objekt wirkenden Kontaktkräfte her, s. Tab. 4.6, um so beim Auftreten von Ungenauigkeiten ein Verklemmen des Objektes beim Herauslösen zu vermeiden. Ähnlich der Teilstrategie Fingerkontakte benötigt diese atomare Teilstrategie keine Parameter und gleicht stochastische Ungenauigkeiten in den Dimensionen X, Y, RZ aus. Die Zielbedingung ist erfüllt, wenn die Beträge der Kräfte und des Drehmomentes unterhalb des Schwellwertes sind, d. h. $|F_X| < \theta \wedge |F_Y| < \theta \wedge |T_Z| < \theta$. Auch hier ist keine Bewegung zur Überprüfung der Zielbedingung notwendig, da ein bereits geschlossener bzw. geöffneter Greifer vorausgesetzt wird. Der iterative Lösungsschritt ist eine ausgleichende Bewegung in der X-Y-Ebene oder Rotation um die Z-Achse gemäß den Kräften und Momenten oder je nach Möglichkeiten des Greifers die Bewegung der entsprechenden Finger, um die Kräfte zu minimieren.

Parameter:	Greifrichtung
Dim. mit Ungenauigkeiten:	—
Art der Ungenauigkeiten:	—
Interessante Messwerte:	—
Zielbedingung:	Bewegung ausgeführt
Überprüfung der ZB:	Kurze Fingerbewegung *entgegengesetzt* der Greifrichtung
Iterativer Lösungsschritt:	—

Tab. 4.7.: Atomare Teilstrategie Sensorloses Loslassen

Sensorloses Loslassen

Die atomare Teilstrategie Sensorloses Loslassen öffnet die Finger bei einem Außengriff bzw. schließt sie bei einem Innengriff, um das gegriffene Objekt loszulassen, s. Tab. 4.7. Der benötigte Parameter ist die Greifrichtung, die die Richtung der Fingerbewegung beim Greifen bestimmt. Diese atomare Teilstrategie berücksichtigt keine Ungenauigkeiten. Die Bewegung zur Überprüfung der Zielbedingung ist eine kurze Bewegung der Finger *entgegengesetzt* der Greifrichtung und die Zielbedingung ist erfüllt, wenn die Bewegung ausgeführt und das Objekt losgelassen wurde.

Keine Fingerkontakte

Die atomare Teilstrategie Keine Fingerkontakte stellt sicher, dass sich nach dem Loslassen kein Finger mehr in Kontakt zum Objekt befindet, s. Tab. 4.8. Sie hat keine Parameter und gleicht stochastische Ungenauigkeiten in den Dimensionen X, Y, RZ aus. Die Zielbedingung ist erfüllt, wenn alle Finger keinen Kontakt mehr zum Objekt haben, d. h. $\forall i : F_{grasp_i} < \theta$. Die Teilstrategie ist nur anwendbar, wenn geeignete Sensoren zur Wahrnehmung der Greifkräfte an jedem Finger vorhanden sind. Es ist keine Bewegung zur Überprüfung der Zielbedingung notwendig, da ein bereits geöffneter bzw. geschlossener Greifer vorausgesetzt wird. Der iterative Lösungsschritt ist eine Roboterbewegung in der X-Y-Ebene bzw. Rotation um die Z-Achse oder je nach Möglichkeiten des Greifers eine Fingerbewegung, die die verbleibenden Kontakte löst.

Parameter:	—
Dim. mit Ungenauigkeiten:	X, Y, RZ
Art der Ungenauigkeiten:	stochastisch
Interessante Messwerte:	F_{grasp_i}
Zielbedingung:	$\forall i : F_{grasp_i} < \theta$
Überprüfung der ZB:	—
Iterativer Lösungsschritt:	Roboterbewegung in X, Y oder RZ oder Fingerbewegung, die die Fingerkontakte löst

Tab. 4.8.: Atomare Teilstrategie Keine Fingerkontakte

4.3.3. Kontaktbasierte Fügebewegungen

Der Fügeprozess kann je nach geforderter Zielobjektanordnung, s. Abschnitt 2.2, sehr komplex werden. Für die untersuchten, in der Industrie üblichen Aufgaben jedoch reichen wenige atomare Teilstrategien aus, um das Fügen auszuführen. Dazu gehört das Herstellen des Objektkontaktes zu einer Seite oder zu einer Oberfläche und das parallele Ausrichten des Objektes an der Seite oder der Oberfläche, was beispielsweise zum Ablegen von Objekten auf dem Tisch als Einzelteil oder in Kisten als Teil an Teil, s. Abb. 2.2(b) und (c) auf S. 10, benötigt wird. Dafür werden die atomaren Teilstrategien Seitenkontakt, Seitenausrichtung, Oberflächenkontakt und Oberflächenausrichtung definiert. Für das Fügen von Objekten in Nester mit nur wenig Spiel, wie beispielsweise bei den Anordnungen Peg in Hole oder Hole on Peg, s. Abb. 2.2(e) und (f) auf S. 10, muss die Kontur des Objektes an der Kontur des Nestes ausgerichtet und dann zentrisch eingefügt werden. Dafür werden die atomaren Teilstrategien Konturausrichtung und Zentrisches Einfügen definiert.

Die atomaren Teilstrategien für die kontaktbasierten Fügebewegungen werden im Folgenden näher erläutert.

Parameter:	Achse, Richtung
Dim. mit Ungenauigkeiten:	Achse
Art der Ungenauigkeiten:	stochastisch
Interessante Messwerte:	F_{Achse}
Zielbedingung:	$F_{Achse} < \theta$ bei pos., $F_{Achse} > \theta$ bei neg. Richtung
Überprüfung der ZB:	Bewegung entlang der Achse in Richtung, bis $F_{Achse} < \theta$ bei pos., $F_{Achse} > \theta$ bei neg. Richtung
Iterativer Lösungsschritt:	—

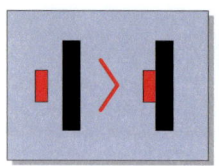  

Tab. 4.9.: Atomare Teilstrategie Seitenkontakt

Seitenkontakt

Die atomare Teilstrategie Seitenkontakt bringt bei Anordnungen, wie z. B. Teil an Teil oder rechteckige Fächer, s. Abb. 2.2(c) und (d) auf S. 10, das Objekt mit einer Nestwand oder einem anderem Objekt in Kontakt. Sie bewegt dazu das Objekt in eine vorgegebene Richtung bis zum seitlichen Kontakt, s. Tab. 4.9. Die Koordinatenachse und die Richtung sind die benötigten Parameter und definieren die Bewegung. Die Dimension mit Ungenauigkeiten ist die definierte Achse, und da diese Ungenauigkeiten in der Regel durch Lokalisierungsfehler bedingt sind, werden sie als stochastisch angenommen. Die Bewegung zur Überprüfung der Zielbedingung ist eine Bewegung des Roboters entlang der Achse in die definierte Richtung, unterbrochen bei einem Kontakt, d. h. wenn $F_{Achse} < \theta$ bei einer positiven und $F_{Achse} > \theta$ bei einer negativen Richtung. Alle Ungenauigkeiten werden bereits mit dieser Bewegung ausgeglichen. Die Zielbedingung ist erfüllt, wenn ein Kontakt hergestellt wurde und es werden keine iterativen Lösungsschritte benötigt. Ist die Objektlage jedoch mit weiteren Ungenauigkeiten behaftet, platziert diese atomare Teilstrategie das Objekt nicht parallel zur Nestwand oder einem anderen Objekt, was zu Fehlern in den weiteren Verarbeitungsprozessen führen kann und mit der im Folgenden vorgestellten atomaren Teilstrategie Seitenausrichtung behoben wird.

Parameter:	Achse, Richtung
Dim. mit Ungenauigkeiten:	Achse
Art der Ungenauigkeiten:	stochastisch
Interessante Messwerte:	F_{Achse}, T_Z
Zielbedingung:	$\lvert T_Z \rvert < \theta \wedge \{ F_{Achse} < \theta$ bei pos., $F_{Achse} > \theta$ bei neg. Richtung $\}$
Überprüfung der ZB:	Bewegung entlang der Achse in Richtung, bis $F_{Achse} < \theta$ bei pos., $F_{Achse} > \theta$ bei neg. Richtung
Iterativer Lösungsschritt:	Rotation in RZ gemäß T_Z

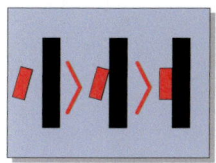   

Tab. 4.10.: Atomare Teilstrategie Seitenausrichtung

Seitenausrichtung

Die atomare Teilstrategie Seitenausrichtung bringt das Objekt seitlich in Kontakt mit der Nestwand oder einem anderen Objekt, ähnlich der atomaren Teilstrategie Seitenkontakt, und richtet es zusätzlich parallel dazu aus, s. Tab. 4.10. Die Koordinatenachse und die Richtung sind die benötigten Parameter und definieren die Bewegung. Die Dimensionen mit Ungenauigkeiten sind die definierte Achse und *RZ*, wobei angenommen wird, dass diese Ungenauigkeiten durch Lokalisierungsfehler bedingt sind und daher stochastisch sind. Die Bewegung zur Überprüfung der Zielbedingung ist die Roboterbewegung entlang der Achse in die definierte Richtung bis zum Kontakt, d. h. wenn $F_{Achse} < \theta$ bei einer positiven und $F_{Achse} > \theta$ bei einer negativen Richtung. Diese Bewegung gleicht bereits Ungenauigkeiten in der definierten Achse aus. Die Zielbedingung ist jedoch erst erfüllt, wenn zusätzlich das Drehmoment in Z eliminiert wurde, d. h. $\lvert T_Z \rvert < \theta$ gilt. Dies wird mit dem iterativen Lösungsschritt ausgeglichen, der eine Rotation um die Z-Achse darstellt, die das Drehmoment verringert.

Oberflächenkontakt

Die atomare Teilstrategie Oberflächenkontakt stellt bei Objektanordnungen, wie z. B. Einzelteil oder Teil an Teil, s. Abb. 2.2(b) und (c) auf S. 10, den Kontakt des Objekts mit der Ablagefläche her, s. Tab. 4.11. Die atomare Teilstrategie benötigt keine Parameter, da sich die Ablagefläche stets in negativer Z-Richtung befindet. Die Dimension

Parameter:	—
Dim. mit Ungenauigkeiten:	Z
Art der Ungenauigkeiten:	stochastisch
Interessante Messwerte:	F_Z
Zielbedingung:	$F_Z < -\theta$
Überprüfung der ZB:	Bewegung entlang der Z-Achse bis $F_Z < -\theta$
Iterativer Lösungsschritt:	—

Tab. 4.11.: Atomare Teilstrategie Oberflächenkontakt

mit Ungenauigkeit ist Z und wird als stochastisch definiert, da die Ungenauigkeiten von Lokalisierungsfehlern oder von der ungenauen Objektlage im Greifer bedingt sind. Die Bewegung zur Überprüfung der Zielbedingung ist eine Roboterbewegung herunter entlang der Z-Achse bis zum Kontakt, d. h. $F_Z < -\theta$, die bereits alle Ungenauigkeiten ausgleicht. Die Zielbedingung ist erfüllt, wenn ein Kontakt hergestellt wurde, also wenn $F_Z < -\theta$. Sind die Objektlage oder die Lage der Ablagefläche jedoch mit weiteren Ungenauigkeiten behaftet, platziert diese atomare Teilstrategie das Objekt nicht parallel zur Ablagefläche, was zu Brüchen bei empfindlichen Objekten oder Fehlern in den weiteren Verarbeitungsprozessen führen kann und mit der im Folgenden vorgestellten atomaren Teilstrategie Oberflächenausrichtung behoben wird.

Oberflächenausrichtung

Die atomare Teilstrategie Oberflächenausrichtung bringt das Objekt in Kontakt mit der Ablagefläche, ähnlich der atomaren Teilstrategie Oberflächenkontakt, und richtet das Objekt zusätzlich parallel dazu aus, s. Tab. 4.12. Sie benötigt keine Parameter und hat die Dimensionen mit Ungenauigkeiten Z, RX, RY. Die Dimension Z wird mit der Bewegung zur Überprüfung der Zielbedingung ausgeglichen, die eine Roboterbewegung herunter entlang der Z-Achse bis zum Kontakt ist, d. h. $F_Z < -\theta$. Die Dimensionen RX, RY hingegen werden als konstante Ungenauigkeiten definiert, da die Ablagefläche in der Regel fest ist und sich daher der Winkel selten ändert. Die Zielbedingung ist erfüllt, wenn der

Parameter:	—
Dim. mit Ungenauigkeiten:	Z, RX, RY
Art der Ungenauigkeiten:	konstant
Interessante Messwerte:	F_Z, T_X, T_Y
Zielbedingung:	$F_Z < -\theta \wedge |T_X| < \theta \wedge |T_Y| < \theta$
Überprüfung der ZB:	Bewegung entlang der Z-Achse bis $F_Z < -\theta$
Iterativer Lösungsschritt:	Rotation um die X- oder Y-Achse gemäß T_X, T_Y

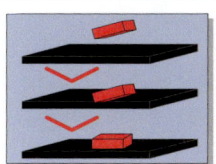

Tab. 4.12.: Atomare Teilstrategie Oberflächenausrichtung

Kontakt zur Oberfläche hergestellt wurde und gleichzeitig die Drehmomente unterhalb des Schwellwertes sind, d. h. $F_Z < -\theta \wedge |T_X| < \theta \wedge |T_Y| < \theta$. Der iterative Lösungsschritt ist eine Rotation um die X- oder Y-Achse gemäß den gemessenen Drehmomenten.

Konturausrichtung

Die atomare Teilstrategie Konturausrichtung positioniert bei Objektanordnungen, wie z. B. Peg in Hole und Hole on Peg, s. Abb. 2.2(e) und (f) auf S. 10, das Objekt so, dass sich die Außenkontur vollständig innerhalb der Innenkontur des Nestes befindet, um ein Einfügen zu ermöglichen. Auch bei rechteckigen Fächern, s. Abb. 2.2(d) auf S. 10, muss das Objekt sich vollständig innerhalb der Innenkontur des Faches befinden, damit es eingefügt werden kann. Diese atomare Teilstrategie erreicht das, indem sie das Objekt in einer der vier Ecken platziert, s. Tab. 4.13. Die Parameter sind die Richtungen der X- und Y-Achsen, die die Ecke definieren. Die Dimensionen mit Ungenauigkeiten sind X, Y und die interessanten Messwerte daher F_X, F_Y. Die Ungenauigkeiten werden insbesondere durch Objektverschiebungen im Greifer und Fehler in der Nestlokalisierung bedingt und daher als stochastisch definiert. Die Bewegung zur Überprüfung der Zielbedingung ist eine diagonale Roboterbewegung in der X-Y-Ebene, die über die Parameter definiert ist und unterbrochen wird, sobald ein Kontakt festgestellt wird, d. h. $F_X < \theta$ bei positiver und $F_X > \theta$ bei negativer Richtung der X-Achse und $F_Y < \theta$ bei positiver und $F_Y > \theta$ bei negativer Richtung der Y-Achse. Die Zielbedingung ist erfüllt, wenn der Kontakt mit der Ecke hergestellt wurde, d. h. $|F_X - F_Y| < \theta$, wenn beide Achsenrich-

Parameter:	Richtung$_X$, Richtung$_Y$
Dim. mit Ungenauigkeiten:	X, Y
Art der Ungenauigkeiten:	stochastisch
Interessante Messwerte:	F_X, F_Y
Zielbedingung:	$\|F_X - F_Y\| < \theta$, wenn beide Richtungen pos. oder beide neg., $\|F_X + F_Y\| < \theta$, wenn eine Richtung pos. und eine neg.
Überprüfung der ZB:	Diagonale Bewegung in Richtung$_{X,Y}$, unterbrochen wenn $F_{X,Y} < \theta$ bei pos. und $F_{X,Y} > \theta$ bei neg. Richtung$_{X,Y}$
Iterativer Lösungsschritt:	Bewegung entgegen Richtung$_{X,Y}$ gemäß F_X, F_Y

Tab. 4.13.: Atomare Teilstrategie Konturausrichtung

tungen positiv oder beide negativ sind, und $\|F_X + F_Y\| < \theta$, wenn eine Achsenrichtung positiv und die andere negativ ist. Der iterative Lösungsschritt ist eine Roboterbewegung in die entgegengesetzte X- bzw. Y-Richtung entsprechend den gemessenen Kräften.

Zentrisches Einfügen

Die atomare Teilstrategie Zentrisches Einfügen positioniert bei Objektanordnungen, wie z. B. Peg in Hole, Hole on Peg oder rechteckigen Fächern, s. Abb. 2.2(e), (f) und (d) auf S. 10, das Objekt im Zentrum des Loches oder des Fachs und fügt es kontaktlos ein, s. Tab. 4.14. Sie benötigt dazu nur die minimale Fügetiefe als Parameter. Die Dimensionen mit Ungenauigkeiten sind X, Y, Z. Dabei wird Z bereits durch die Bewegung zur Überprüfung der Zielbedingung ausgeglichen, die eine Roboterbewegung entlang der Z-Achse bis zum Kontakt ist, d. h. bis $F_Z < -\theta$. Die Voraussetzung für diese atomare Teilstrategie ist, dass die Außenkontur des Objektes sich bereits innerhalb der Loch- oder Fachkontur befindet. Die auszugleichenden Ungenauigkeiten in X, Y beschreiben dann den Abstand des Zentrums des Nestes von der Ecke, in die das Objekt mit einer vorhergehenden Konturausrichtung gebracht wurde. Die Ungenauigkeiten werden als konstant definiert, da sich dieser Abstand nicht ändert, solange das Nest sich nicht ändert. Die

Parameter:	min. Fügetiefe
Dim. mit Ungenauigkeiten:	X, Y, Z
Art der Ungenauigkeiten:	konstant
Interessante Messwerte:	F_X, F_Y, F_Z
Zielbedingung:	min. Fügetiefe erreicht
Überprüfung der ZB:	Bewegung entlang der Z-Achse bis $F_Z < -\theta$
Iterativer Lösungsschritt:	Bewegung entlang der positiven X-Achse bis $F_X < -\theta$, entlang der negativen bis $F_X > \theta$ und zur Mitte der beiden Kontaktpunkte, Bewegung entlang der positiven Y-Achse bis bis $F_Y < -\theta$, entlang der negativen bis $F_Y > \theta$ und zur Mitte der beiden Kontaktpunkte

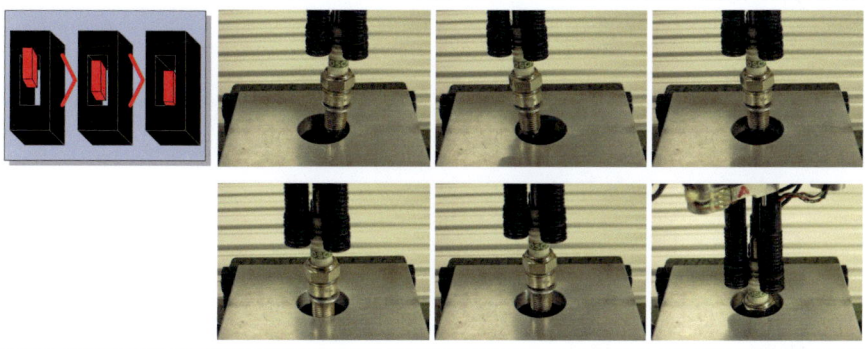

Tab. 4.14.: Atomare Teilstrategie Zentrisches Einfügen

Zielbedingung ist erfüllt, wenn die minimale Fügetiefe erreicht wurde. Der iterative Lösungsschritt platziert dabei das Objekt im Zentrum des Loches oder des Faches. Dazu wird das Objekt zunächst entlang der positiven X-Achse bis zum Kontakt bewegt, d. h. bis $F_X < -\theta$, dann entlang der negativen X-Achse bis zum Kontakt, d. h. bis $F_X > \theta$, und dann zurück zur Mitte dieser beiden Kontaktpunkte. Ausgehend von diesem Punkt wird das Objekt entlang der positiven Y-Achse bis zum Kontakt bewegt, d. h. bis $F_Y < -\theta$, dann entlang der negativen Y-Achse bis zum Kontakt, d. h. bis $F_Y > \theta$, und dann zurück zur Mitte dieser beiden Kontaktpunkte. Dieser Prozess hat den zusätzlichen Effekt, dass während der Bewegungen das Objekt senkrecht zum Loch oder Fach ausgerichtet wird und damit eventuelle Ungenauigkeiten in RX, RY passiv ausgeglichen werden.

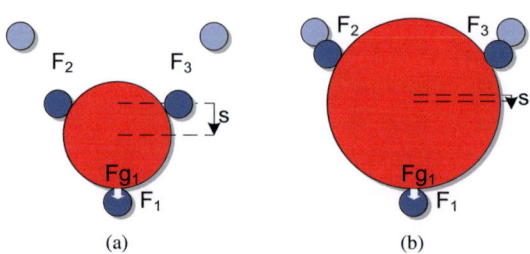

(a)   (b)

Abb. 4.6.: Schrittweite bei der atomaren Teilstrategie Fingerkontakte bei (a) kleinem und (b) großem Objekt und gleichen Kontaktkräften Fg_1 an Finger F_1

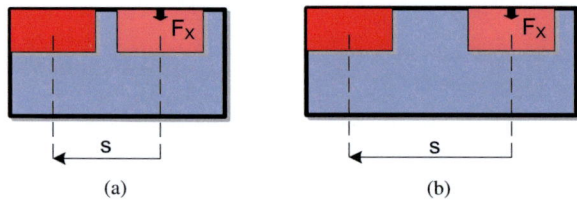

(a)   (b)

Abb. 4.7.: Schrittweite bei der atomaren Teilstrategie Eckenausrichtung bei (a) kleinem und (b) großem Nest und gleichen Seitenkräften F_X

4.3.4. Anpassung der Schrittgröße

Die Größe des iterativen Lösungsschrittes zum Ausgleich der Ungenauigkeiten hängt größtenteils von den Beträgen der interessanten Messwerte ab. Jedoch sind auch bestimmte Objekt- und Nesteigenschaften entscheidend, wie im Folgenden beispielhaft an zwei atomaren Teilstrategien verdeutlicht wird.

Bei der atomaren Teilstrategie Fingerkontakte, s. Tab. 4.5 auf S. 62, muss bei der gleichen am Finger F_1 gemessenen Greifkraft Fg_1 bei einem kleinen Objekt ein größerer Schritt gemacht werden als bei einem großen Objekt, um die anderen Finger ebenfalls in Kontakt mit dem Objekt zu bringen, s. Abb. 4.6.

Bei der atomaren Teilstrategie Konturausrichtung, s. Tab. 4.13 auf S. 70, muss bei der gleichen auf das Objekt wirkenden seitlichen Kraft F_X bei einem kleinen Nest ein größerer Abstand zurückgelegt werden als bei einem großen Nest, um die Ecke zu erreichen, s. Abb. 4.7. Insbesondere wird an diesem Beispiel auch deutlich, dass die Größe der Ungenauigkeiten bei der Ausführung nicht direkt anhand der interessanten Messwerte messbar ist, jedoch maßgeblich über die Schrittweite entscheidet.

Die Schrittweite hängt damit nicht nur von den interessanten Messwerten, sondern auch von Objekt- und Nesteigenschaften und der Größe der Ungenauigkeiten während der Ausführung ab und kann daher nicht ohne Weiteres einheitlich vorgegeben werden. Um die geforderte Universalität und Objekt- und Nestunabhängigkeit zu erreichen, wird eine minimale, für alle Objekte und Nester passende Schrittweite gewählt und die damit steigenden Anzahl der Iterationen und Ausführungsdauer zunächst in Kauf genommen und in Kapitel 5 durch den Einsatz von erfahrungsbasiertem Lernen optimiert.

4.4. Strategien für die Manipulationsteilaufgaben

Aus den atomaren Teilstrategien werden für jeden der acht Teilschritte der Manipulationsaufgabe, s. Abb. 4.1 auf S. 51, Strategien zusammengesetzt, die je nach vorliegender Problemklasse die Teilaufgabe ausführen. Eine Strategie wird definiert als eine Sequenz von atomaren Teilstrategien, die nacheinander ausgeführt werden. Dabei werden für jede atomare Teilstrategie, wie in Abb. 4.4 auf S. 56 dargestellt, solange iterative Lösungsschritte ausgeführt, bis die Zielbedingung erfüllt ist. Die so erstellten Strategien sind universell für die typischen industriellen Manipulationsaufgaben anwendbar. Ausgewählt und parametriert werden sie dialoggestützt vom Anwender entsprechend der vorliegenden Problemklassen. Der Anwender sieht die Strategien als Blackboxes und setzt nur essenzielle, aufgabenspezifische Parameter, wie z. B. Positionen und Greifkräfte. Die meisten Parameter der atomaren Teilstrategien, wie z. B. Achsen und Richtungen, werden von der übergeordneten Strategie automatisch gesetzt.

Abb. 4.8 zeigt eine Übersicht der benötigten Manipulationsstrategien und die von jeder Strategie auszugleichenden Ungenauigkeiten. Die folgenden Unterabschnitte beschreiben die Zusammensetzung der Transfer-, Anrück-, Abrück-, Greif-, Loslass- und Fügestrategien aus atomaren Teilstrategien und die Kriterien zur Auswahl der jeweils geeigneten Strategie. Die genaue Parametrierung der atomaren Teilstrategien durch die übergeordneten Manipulationsstrategien ist in Anhang A tabellarisch dargestellt.

4.4.1. Transferstrategien

Der grundsätzliche Aufbau von Transferstrategien besteht aus einer Roboterbewegung zu einer vorgegebenen Position. Transferstrategien sind sowohl beim Transfer zu dem zu greifenden Objekt in Teilschritt 1 als auch beim Transfer mit dem gegriffenen Objekt zum Nest in Teilschritt 5 in Abb. 4.1 auf S. 51 anwendbar.

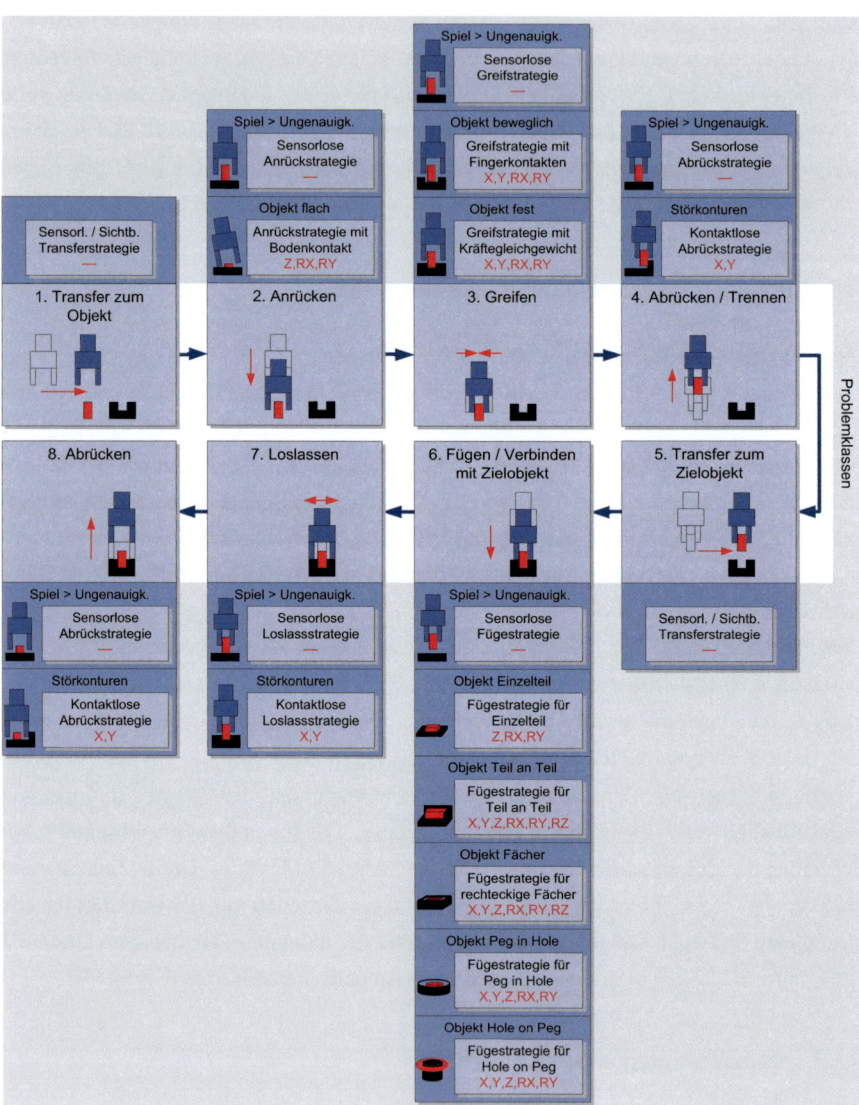

Abb. 4.8.: Übersicht der Manipulationsstrategien und die Dimensionen mit auszugleichenden Ungenauigkeiten

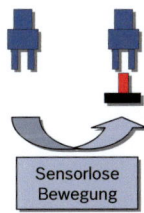

Abb. 4.9.: Sensorlose/sichtbasierte Transferstrategie

Transferstrategien benötigen nur einen Parameter, der vom Benutzer für jede Aufgabe definiert werden muss:

- *Anrückposition*: vom Roboter anzufahrende Position, in der Regel vor oder über dem zu greifenden Objekt bzw. Ablagenest.

An dieser Stelle werden zwei Transferstrategien definiert. Die sensorlose Strategie wird angewendet, wenn die Objekt- bzw. Nestposition bekannt ist. Muss die Position zunächst bestimmt werden oder ein Objekt oder Nest aus mehreren ausgewählt werden, wird die sichtbasierte Strategie angewendet. Der Unterschied zwischen den beiden Transferstrategien liegt lediglich in der Herkunft der Zielposition. Die Zusammensetzung der beiden Transferstrategien aus atomaren Teilstrategien wird im Folgenden definiert.

Sensorlose Transferstrategie

Die sensorlose Transferstrategie eignet sich bei einer bekannten Lage des Objektes bzw. des Nestes. Mittels der atomaren Teilstrategie Sensorlose Bewegung, s. Abb. 4.9, wird diese Position direkt und ohne sensorische Überwachung angefahren.

Sichtbasierte Transferstrategie

Die sichtbasierte Transferstrategie eignet sich, wenn die Position des Objektes oder des Nestes nicht bekannt ist oder aus mehreren Objekten bzw. Nestern ausgewählt werden muss. Mithilfe visueller Sensoren wird die anzufahrende Position bestimmt und, wie bei der sensorlosen Transferstrategie, mit der atomaren Teilstrategie Sensorlose Bewegung angefahren, s. Abb. 4.9.

Die Definition zusätzlicher Transferstrategien, die weitere Ungenauigkeiten ausgleichen, kann gemäß oben definierter Struktur erfolgen. Falls z. B. beim Transfer seitliche Kontakte berücksichtigt werden sollen, kann die bereits definierte atomare Teilstrategie Kontaktlose Bewegung verwendet werden, um die Anrückposition anzufahren.

4.4.2. Anrückstrategien

Der grundsätzliche Aufbau von Anrückstrategien für Teilschritt 2 in Abb. 4.1 auf S. 51 besteht aus zwei Schritten. Als Erstes wird der Greifer vorgeformt und geöffnet. Dann wird er so am Objekt positioniert, dass das Objekt stabil gegriffen werden kann, wobei gegebenenfalls Ungenauigkeiten in der Greifposition ausgeglichen werden.

Anrückstrategien benötigen die folgenden Parameter, die vom Benutzer für jede Aufgabe definiert werden müssen:

- *Vorformung*: Stellung der Greiferfinger, um einen passenden Griff zu ermöglichen.

- *Öffnungsweite*: Öffnung der Greiferfinger, um Kontakte des Greifers mit dem Objekt beim Anrücken zu vermeiden.

- *Greifposition*: Vom Roboter anzufahrende Position, an der das Objekt gegriffen wird.

Zwei Anrückstrategien werden definiert, die je nach Ungenauigkeiten und Objektgröße eingesetzt werden können. Sind keine Ungenauigkeiten vorhanden oder ist das Objekt groß und wird der Greifer so positioniert, dass selbst bei Ungenauigkeiten die Finger Kontakte zum Objekt finden, wird die sensorlose Strategie angewendet. Sind jedoch das Objekt sehr flach und die Ungenauigkeiten groß, können bei einer Fehlpositionierung des Greifers die Finger ohne Kontakt zum Objekt schließen, sodass kein stabiler Griff hergestellt wird. In diesem Fall wird die Anrückstrategie mit Bodenkontakt angewendet, die den Greifer in Kontakt zum Boden bringt und parallel dazu ausrichtet. Die Zusammensetzung der beiden Anrückstrategien aus atomaren Teilstrategien wird im Folgenden beschrieben.

Sensorlose Anrückstrategie

Die sensorlose Anrückstrategie eignet sich, wenn keine Ungenauigkeiten zu erwarten sind oder wenn die Greiferfinger trotz der Ungenauigkeiten beim Greifen Kontakt mit dem Objekt herstellen, was vor allem bei großen Objekten der Fall ist. Die Strategie bringt zunächst mit der atomaren Teilstrategie Greifervorformung die Greiferfinger in die definierte Stellung und öffnet sie auf die vorgegebene Öffnungsweite, s. Abb. 4.10.

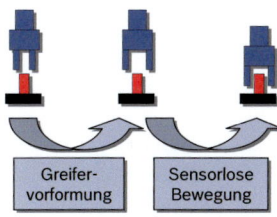 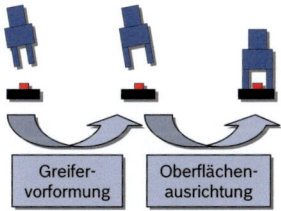

Abb. 4.10.: Sensorlose Anrückstrategie   **Abb. 4.11.:** Anrückstrategie mit Bodenkontakt

Im nächsten Schritt wird mit der atomaren Teilstrategie Sensorlose Bewegung die Greifposition angefahren. Bei Ungenauigkeiten und flachen Objekten kann diese Strategie dazu führen, dass der Greifer oberhalb des Objektes schließt und die Finger keinen Kontakt mit dem Objekt herstellen. In diesem Fall muss die im Folgenden vorgestellte Anrückstrategie mit Bodenkontakt ausgewählt werden.

Anrückstrategie mit Bodenkontakt

Die Anrückstrategie mit Bodenkontakt wird angewendet, wenn Ungenauigkeiten vorliegen und das Objekt so flach ist, dass bei einer Fehlplatzierung des Greifers am Objekt vorbeigegriffen werden kann. Um das zu vermeiden, eliminiert die Strategie Ungenauigkeiten in Z, RX und RY und richtet den Greifer parallel zum Boden aus. Die Strategie bringt zunächst mit der atomaren Teilstrategie Greifervorformung die Greiferfinger in die definierte Stellung und öffnet sie auf die vorgegebene Öffnungsweite, s. Abb. 4.11. Im nächsten Schritt wird mit der atomaren Teilstrategie Oberflächenausrichtung der Bodenkontakt hergestellt und der Greifer parallel dazu ausgerichtet, sodass jeder Finger Kontakt zum Boden hat. Dadurch können auch flache Objekte trotz Ungenauigkeiten stabil gegriffen werden.

Die Definition zusätzlicher Anrückstrategien, die weitere Arten von Ungenauigkeiten ausgleichen, kann gemäß oben definierter Struktur erfolgen. Falls beispielsweise bei der Anrückbewegung die Gefahr besteht, dass das Objekt durch die Greiferfinger beschädigt wird, und es aufgrund von angrenzenden Palettenwänden keine Möglichkeit gibt, die Greiferfinger weiter zu öffnen, kann eine kontaktlose Anrückstrategie definiert werden. Bei dieser muss dann ebenfalls im ersten Schritt der Greifer vorgeformt und geöffnet werden. Für den zweiten Schritt kann jedoch eine zusätzliche atomare Teilstrategie erstellt werden, die bei der Bewegung Kontakte der Finger in Z berücksichtigt und

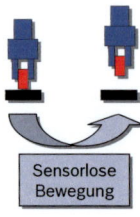

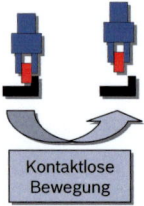

Abb. 4.12.: Sensorlose Abrückstrategie   **Abb. 4.13.:** Kontaktlose Abrückstrategie

gegebenenfalls eine ausgleichende Roboterbewegung in der X-Y-Ebene einleitet, die den Kontakt des Fingers löst.

4.4.3. Abrückstrategien

Der grundsätzliche Aufbau von Abrückstrategien besteht aus einer Roboterbewegung an die vorgegebene Position, bei der gegebenenfalls Ungenauigkeiten ausgeglichen werden. Das Abrücken findet nach dem Greifen mit dem Objekt in Teilschritt 4 und nach dem Fügen mit leerem Greifer in Teilschritt 8 in Abb. 4.1 auf S. 51 statt.

Abrückstrategien benötigen nur einen Parameter, der vom Benutzer für jede Aufgabe definiert werden muss:

- *Abrückposition*: Vom Roboter mit dem gegriffenen Objekt bzw. nach dem Fügen mit leerem Greifer anzufahrende sichere Position.

An dieser Stelle werden zwei Abrückstrategien definiert. Die sensorlose Abrückstrategie wird eingesetzt, wenn keine Ungenauigkeiten vorhanden sind oder ausreichend Freiraum besteht, um auch bei Ungenauigkeiten Kollisionen ausschließen zu können. Können jedoch Ungenauigkeiten dazu führen, dass das Objekt verklemmt oder das Objekt oder der Greifer mit der Umgebung kollidieren, gleicht die kontaktlose Abrückstrategie diese Ungenauigkeiten während der Bewegung aus und ermöglicht so das sichere Erreichen der Abrückposition. Die Zusammensetzung der beiden Abrückstrategien aus atomaren Teilstrategien wird im Folgenden vorgestellt.

Sensorlose Abrückstrategie

Die sensorlose Abrückstrategie eignet sich, wenn keine Ungenauigkeiten zu erwarten sind oder trotz Ungenauigkeiten ausreichend Freiraum für eine kollisionsfreie Abrückbewegung vorhanden ist. Mit der atomaren Teilstrategie Sensorlose Bewegung wird dabei direkt die Abrückposition angefahren, ohne die einwirkenden Kräfte zu berücksichtigen, s. Abb. 4.12. Ist bei Ungenauigkeiten nicht ausreichend Freiraum um das Objekt vorhanden, kann das Objekt beim Herausziehen verklemmen. Weiterhin können das Objekt und der Greifer während der Bewegung mit der Umgebung kollidieren. In diesen Fällen muss die im Folgenden vorgestellte kontaktlose Abrückstrategie gewählt werden.

Kontaktlose Abrückstrategie

Die kontaktlose Abrückstrategie berücksichtigt Ungenauigkeiten bei einem begrenzten Freiraum um das Objekt und den Greifer. Um Verklemmungen des Objektes im Nest und Kollisionen des Objektes und des Greifers während der Bewegung zu vermeiden, werden seitliche Kontaktkräfte überwacht und gegebenenfalls ausgeglichen. Dazu wird die atomare Teilstrategie Kontaktlose Bewegung ausgeführt, s. Abb. 4.13, die seitliche Kontakte eliminiert und so kollisionsfrei die Abrückposition erreicht.

Die Definition zusätzlicher Abrückstrategien, die weitere Arten von Ungenauigkeiten ausgleichen, kann gemäß oben definierter Struktur erfolgen. Dabei besteht eine Abrückstrategie stets aus einer Roboterbewegung an eine definierte Position, die gegebenenfalls Ungenauigkeiten ausgleicht.

4.4.4. Greifstrategien

Der grundsätzliche Aufbau von Greifstrategien für Teilschritt 3 in Abb. 4.1 auf S. 51 sieht einen Ablauf in drei Schritten vor. Im ersten Schritt wird der Greifer geschlossen bzw. geöffnet, je nachdem ob ein Außen- oder Innengriff ausgeführt wird. Je nach vorhandenen Ungenauigkeiten werden im zweiten Schritt der Kontakt der Finger mit dem Objekt und im dritten Schritt das Gleichgewicht der Kontaktkräfte hergestellt, um so einen stabilen Griff zu erreichen.

Greifstrategien benötigen die folgenden Parameter, die vom Benutzer für jede Aufgabe definiert werden müssen:

- *Greifkraft*: Kraft, mit der die Greiferfinger das Objekt halten sollen.

- *Greifrichtung*: Bewegungsrichtung der Greiferfinger, schließend für einen Außengriff bzw. öffnend für einen Innengriff.

An dieser Stelle werden drei Greifstrategien definiert, die abhängig von vorhandenen Ungenauigkeiten und der Bewegungsfreiheit des Objektes angewendet werden. Sind keine Ungenauigkeiten zu erwarten oder hat das Objekt die Beschaffenheit und die Bewegungsfreiheit, um sich im Greifer trotz Ungenauigkeiten passiv zu zentrieren, ist die

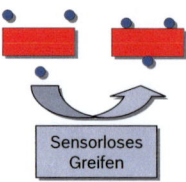

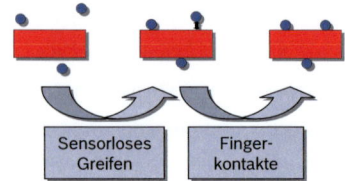

Abb. 4.14.: Sensorlose Greifstrategie   **Abb. 4.15.:** Greifstrategie mit Fingerkontakten

sensorlose Greifstrategie ausreichend. Ist das Objekt jedoch zu schwer oder so geformt oder bereitgestellt, dass es sich bei Ungenauigkeiten nicht passiv im Greifer zentrieren kann, gleicht die Greifstrategie mit Fingerkontakten diese Ungenauigkeiten aus und stellt sicher, dass jeder Finger in Kontakt zum Objekt steht. Ist das Objekt so bereitgestellt, dass es sich beim Herausziehen verklemmen könnte, stellt die Greifstrategie mit Kräftegleichgewicht zusätzlich sicher, dass die von den Fingern aufgebrachten Kräfte sich im Gleichgewicht befinden, um das Objekt kontaktlos herauslösen zu können. Die Zusammensetzung der drei definierten Greifstrategien aus atomaren Teilstrategien wird im Folgenden vorgestellt.

Sensorlose Greifstrategie

Die sensorlose Greifstrategie eignet sich, wenn keine Ungenauigkeiten vorhanden sind oder das Objekt die Beschaffenheit und die Bewegungsfreiheit besitzt, sich trotz der Ungenauigkeiten passiv im Greifer zu zentrieren. Insbesondere muss das Objekt entsprechend geformt und leicht sein. Der Greifvorgang wird dann mit der atomaren Teilstrategie Sensorloses Greifen ausgeführt und der Greifer entsprechend der Greifrichtung geschlossen bzw. geöffnet, s. Abb. 4.14. Bei schweren oder in Nestern mit eingeschränkter Bewegungsfreiheit bereitgestellten Objekten führt diese Greifstrategie zu instabilen Griffen, da nicht sichergestellt wird, dass jeder Finger in Kontakt zum Objekt steht. Dies kann zu Objektverlust oder Verklemmungen führen, sodass in diesem Fall die im Folgenden vorgestellten Greifstrategien mit Fingerkontakten bzw. Kräftegleichgewicht gewählt werden müssen.

Greifstrategie mit Fingerkontakten

Die Greifstrategie mit Fingerkontakten eignet sich für Objekte, die nicht die Beschaffenheit oder die Bewegungsfreiheit besitzen, um sich bei Ungenauigkeiten passiv im Greifer zu zentrieren. Dies ist insbesondere bei Objekten der Fall, die schwer sind oder in Nestern mit wenig Spiel bereitgestellt sind. Zunächst werden mit der atomaren Teilstra-

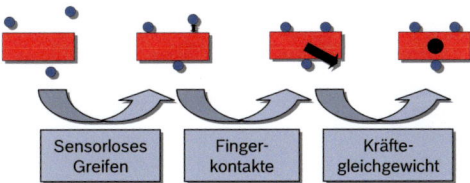

Abb. 4.16.: Greifstrategie mit Kräftegleichgewicht

tegie Sensorloses Greifen die Greiferfinger entsprechend der Greifrichtung geschlossen bzw. geöffnet, s. Abb. 4.15. Im nächsten Schritt wird mit der atomaren Teilstrategie Fingerkontakte sichergestellt, dass jeder Greiferfinger in Kontakt mit dem Objekt steht, um einen stabilen Griff herzustellen. Bei sehr geringem Spiel zwischen dem Objekt und dem Nest, in dem es bereitgestellt wird, kann jedoch auch diese Greifstrategie zu Verklemmungen beim Herauslösen führen, wenn das Objekt sich nicht im Kräftegleichgewicht befindet und dadurch an eine Nestwand gedrückt wird. In diesem Fall muss die im Folgenden vorgestellte Greifstrategie mit Kräftegleichgewicht angewendet werden.

Greifstrategie mit Kräftegleichgewicht

Die Greifstrategie mit Kräftegleichgewicht eignet sich für Objekte, die in einem Nest mit sehr wenig Spiel bereitgestellt werden und nicht die Freiheit besitzen, sich bei Ungenauigkeiten im Greifer zu zentrieren. Bei dieser Greifstrategie werden zunächst mit der atomaren Teilstrategie Sensorloses Greifen die Greiferfinger entsprechend der Greifrichtung geschlossen oder geöffnet, s. Abb. 4.16. Im zweiten Schritt werden mit der atomaren Teilstrategie Fingerkontakte die Greiferfinger in Kontakt mit dem Objekt gebracht und so ein stabiler Griff hergestellt. Als Nächstes wird mit der atomaren Teilstrategie Kräftegleichgewicht das Gleichgewicht der auf das Objekt wirkenden Kontaktkräfte hergestellt, um das Objekt auch bei geringem Spiel kontaktfrei aus dem Nest herauslösen zu können.

Die Definition zusätzlicher Greifstrategien, die weitere Arten von Ungenauigkeiten ausgleichen, kann gemäß oben definierter Struktur erfolgen. Dabei besteht eine Greifstrategie stets aus dem Ausführen des Griffes am Objekt, eventuell gefolgt vom Herstellen fehlender Fingerkontakte und dem Ausgleich der Greifkräfte.

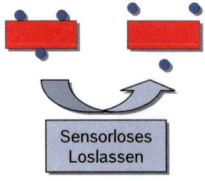

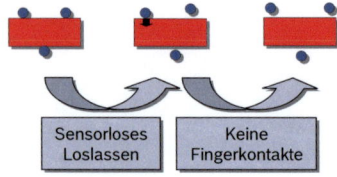

Abb. 4.17.: Sensorlose Loslassstrategie   **Abb. 4.18.:** Kontaktlose Loslassstrategie

4.4.5. Loslassstrategien

Der grundsätzliche Aufbau von Loslassstrategien für Teilschritt 7 in Abb. 4.1 auf S. 51 besteht aus zwei Schritten. Im ersten Schritt wird der Greifer geöffnet oder geschlossen, je nachdem ob es sich um einen Außen- oder Innengriff handelt. Je nach vorhandenen Ungenauigkeiten werden im zweiten Schritt die verbleibenden Kontakte der Finger mit dem Objekt gelöst.

Loslassstrategien benötigen nur einen Parameter, der vom Benutzer für jede Aufgabe definiert werden muss:

- *Greifrichtung*: Bewegungsrichtung der Greiferfinger beim Greifen, zum Loslassen in die Gegenrichtung.

Es werden zwei Loslassstrategien definiert, die abhängig von den Ungenauigkeiten verwendet werden. Sind keine Ungenauigkeiten zu erwarten oder haben die Ungenauigkeiten keine Auswirkungen auf die Bewegung zum Loslassen des Objektes, wird die sensorlose Loslassstrategie ausgeführt. Sind Ungenauigkeiten vorhanden, wird die kontaktlose Loslassstrategie ausgeführt, die verbleibende Kontakte eliminiert und Objektverschiebungen und Kollisionen vorbeugt. Die Zusammensetzung der beiden definierten Loslassstrategien aus atomaren Teilstrategien wird im Folgenden beschrieben.

Sensorlose Loslassstrategie

Die sensorlose Loslassstrategie ist nur anwendbar, wenn die Ungenauigkeiten den Loslassvorgang nicht beeinflussen. Dies ist insbesondere der Fall, wenn das Objekt so abgelegt wurde, dass es trotz noch vorhandener Fingerkontakte nicht umfallen kann und auch beim folgenden Abrücken die hergestellte Objektanordnung nicht beeinflusst wird. Bei dieser Loslassstrategie wird die atomare Teilstrategie Sensorloses Loslassen ausgeführt, s. Abb. 4.17, die die Greiferfinger entgegen der Greifrichtung öffnet bzw. schließt. Sind jedoch Ungenauigkeiten vorhanden, die den Loslassvorgang behindern können, muss die im Folgenden vorgestellte kontaktlose Loslassstrategie gewählt werden.

Kontaktlose Loslassstrategie

Die kontaktlose Loslassstrategie wird bei Ungenauigkeiten angewendet, die den Loslassvorgang beeinflussen, insbesondere noch vorhandene Fingerkontakte das Objekt verschieben und die hergestellte Objektanordnung beim Abrücken stören. Dazu werden zunächst mit der atomaren Teilstrategie Sensorloses Loslassen die Greiferfinger entgegen der Greifrichtung geöffnet bzw. geschlossen, s. Abb. 4.18. Als Nächstes werden die verbleibenden Fingerkontakte mit der atomaren Teilstrategie Keine Fingerkontakte eliminiert.

Die Definition zusätzlicher Loslassstrategien, die weitere Arten von Ungenauigkeiten ausgleichen, kann gemäß oben definierter Struktur erfolgen. Dabei besteht eine Loslassstrategie stets aus dem Lösen des Griffes und dem anschließenden Ausgleich eventueller Ungenauigkeiten.

4.4.6. Fügestrategien

Beim Aufbau von Fügestrategien für Teilschritt 6 in Abb. 4.1 auf S. 51 sind die Ungenauigkeiten und die geforderte Objektanordnung von entscheidender Bedeutung. Im Allgemeinen beinhaltet das Fügen zwei Teilaufgaben, das Angleichen der Objektkontur mit dem Nest und das Einfügen ins Nest.

Je nachdem wie viel Spiel das Objekt im Nest besitzt, kann das Angleichen der Kontur ein komplexer Prozess sein. Bei wenig Spiel muss das Objekt gekippt und mit dem Nest in Kontakt gebracht werden, anschließend werden die Kontur angepasst und das Objekt zurückgekippt. Bei ausreichend großem Spiel wird auf das Verkippen verzichtet und das Objekt wird direkt mit dem Nest in Kontakt gebracht.

Beim anschließenden Einfügen in das Nest werden dann die verbleibenden Ungenauigkeiten im Nest ausgeglichen und das Objekt bis zu einer vorgegebenen Fügetiefe eingefügt.

Fügestrategien benötigen die folgenden Parameter, die vom Benutzer für jede Aufgabe definiert werden müssen:

- *Nestposition*: Öffnung oder obere Kante des Nestes oder der Ablagefläche, an der der erste Kontakt des Objektes mit dem Nest erfolgt.

- *Fügetiefe*: Minimale Tiefe, bei der das Objekt nach dem Fügen losgelassen werden kann.

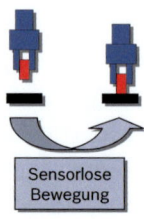

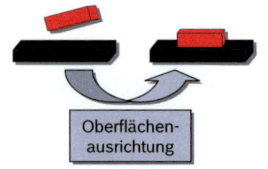

Abb. 4.19.: Sensorlose Fügestrategie　　**Abb. 4.20.:** Fügestrategie für Einzelteil

Je nach Ungenauigkeiten werden spezielle kontaktbasierte Strategien gewählt, die das Objekt in die entsprechende Objektanordnung, s. Abb. 2.2 auf S. 10, bringen. Sind keine Ungenauigkeiten zu erwarten oder beeinflussen sie nicht den Fügeprozess, wird die sensorlose Strategie ausgeführt. Dies ist jedoch in der Regel nur bei der Ablage als Schüttgut der Fall, da hier ausreichend großes Spiel beim Ablegen im Behälter vorhanden ist.

Im Folgenden werden die sensorlose und die kontaktbasierten Fügestrategien und ihre Zusammensetzung aus atomaren Teilstrategien vorgestellt. Während die sensorlose Strategie bei ausreichendem Spiel für alle Objektanordnungen geeignet ist, sind die kontaktbasierten Fügestrategien speziell auf eine Objektanordnung zugeschnitten, d. h. für Einzelteil, Teil an Teil, rechteckige Fächer, Peg in Hole und Hole on Peg.

Sensorlose Fügestrategie

Die sensorlose Fügestrategie eignet sich nur, wenn keine Ungenauigkeiten vorhanden sind oder das vorhandene Spiel die Ungenauigkeit in jeder Dimension deutlich überragt, was insbesondere bei Schüttgut der Fall ist, s. Objektanordnung in Abb. 2.2(a) auf S. 10. Die Fügestrategie besteht aus der atomaren Teilstrategie Sensorlose Bewegung, die den Roboter mit dem Objekt direkt an die Nestposition bringt, s. Abb. 4.19. Da keine Kontakte überwacht werden, ist diese Strategie zwar besonders schnell, führt jedoch bei Ungenauigkeiten und unzureichendem Spiel zu Fehlplatzierungen, die Fehler in Folgeprozessen oder Kollisionen des Objektes und des Greifers mit dem Nest und anderen Objekten verursachen können. In solchen Fällen muss auf eine der im Folgenden vorgestellten, der Objektanordnung entsprechenden, kontaktbasierten Fügestrategien zurückgegriffen werden.

Fügestrategie für Einzelteil

Die Fügestrategie für ein Einzelteil platziert ein Objekt kontaktbasiert auf einer Fläche gemäß der Anordnung Einzelteil, s. Abb. 2.2(b) auf S. 10. Durch die Ausführung der atomaren Teilstrategie Oberflächenausrichtung wird das Objekt auf der Ablagefläche

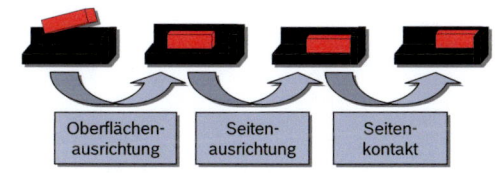

Abb. 4.21.: Fügestrategie für Teil an Teil

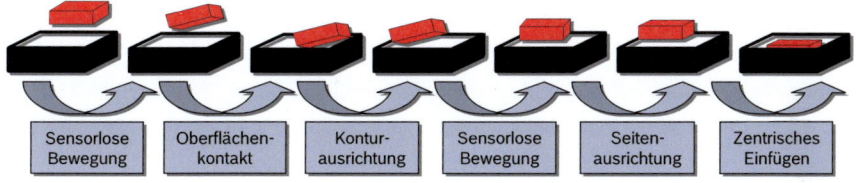

Abb. 4.22.: Fügestrategie für rechteckige Fächer

abgelegt und parallel dazu ausgerichtet, s. Abb. 4.20. Damit werden Ungenauigkeiten in den Dimensionen Z, RX und RY ausgeglichen, die bei zerbrechlichen Objekten zu Fehlplatzierungen und Brüchen führen. Ungenauigkeiten in X, Y und RZ können bei dieser Strategie nicht wahrgenommen werden, da es keine seitlichen Kontakte gibt.

Fügestrategie für Teil an Teil

Die Fügestrategie für Teil an Teil legt ein Objekt gemäß der Anordnung Teil an Teil ab, s. Abb. 2.2(c) auf S. 10. Dabei müssen Ungenauigkeiten in den Dimensionen X, Y, Z, RX, RY und RZ eliminiert werden. Als Erstes wird die atomare Teilstrategie Oberflächenausrichtung ausgeführt, die das Objekt auf der Ablagefläche ablegt und parallel dazu ausrichtet, s. Abb. 4.21. Damit werden die Ungenauigkeiten in den Dimensionen Z, RX und RY ausgeglichen. Im nächsten Schritt wird die atomare Teilstrategie Seitenausrichtung ausgeführt, die das Objekt mit einer Seite in Kontakt bringt und parallel dazu ausrichtet. Damit werden die Ungenauigkeiten in den Dimensionen Y und RZ ausgeglichen. Im letzten Schritt wird mit der atomaren Teilstrategie Seitenkontakt die noch verbleibende Ungenauigkeit in X ausgeglichen, indem das Objekt mit der anderen Seite in Kontakt gebracht wird. Die parallele Ausrichtung zu dieser Seite ist nicht mehr notwendig, da die Ungenauigkeiten in RZ bereits eliminiert wurden.

Fügestrategie für rechteckige Fächer

Die Fügestrategie für rechteckige Fächer legt ein Objekt in einer Palette mit rechteckigen Fächern ab, s. Anordnung in Abb. 2.2(d) auf S. 10. Dabei müssen Ungenauigkeiten

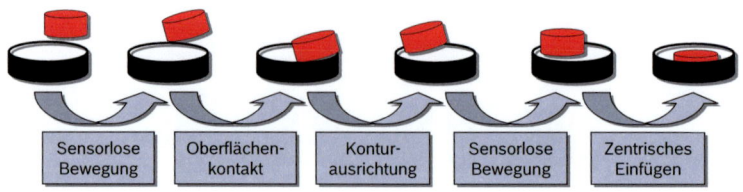

Abb. 4.23.: Fügestrategie für Peg in Hole

in den Dimensionen X, Y, Z, RX, RY und RZ eliminiert werden. Da die Bewegungsfreiheit des Objektes bei dieser Anordnung eingeschränkter ist als beispielsweise bei der Anordnung Teil an Teil, muss zunächst sichergestellt werden, dass sich das Objekt innerhalb des Faches befindet. Dazu wird das Objekt mit der atomaren Teilstrategie Sensorlose Bewegung geneigt und mit der unteren Ecke mit der atomaren Teilstrategie Oberflächenkontakt in das Fach hinuntergelassen, s. Abb. 4.22. Dadurch wird zunächst die Ungenauigkeit in der Dimension Z eliminiert. Nun muss sichergestellt werden, dass sich der Umriss des Objektes innerhalb des Faches befindet. Dazu wird das geneigte Objekt mit der atomaren Teilstrategie Konturausrichtung in eine Ecke des Faches bewegt und mit der atomaren Teilstrategie Sensorlose Bewegung wieder zurück in die Ausgangslage gedreht. Damit werden die Ungenauigkeiten in den Dimensionen X und Y verringert. Als Nächstes wird die Ungenauigkeit in der Dimension RZ eliminiert, indem das Objekt mit der atomaren Teilstrategie Seitenausrichtung parallel zu einer Seite des Faches ausgerichtet wird. Als letzter Schritt wird die atomare Teilstrategie Zentrisches Einfügen ausgeführt, die das Objekt kontaktlos im Fach bis auf die definierte Fügetiefe einfügt. Damit werden die Ungenauigkeiten in den Dimensionen X, Y und Z, sowie passiv in RX und RY ausgeglichen.

Fügestrategie für Peg in Hole

Die Fügestrategie für Peg in Hole fügt ein rotationssymmetrisches Objekt gemäß der Anordnung Peg in Hole, s. Abb. 2.2(e) auf S. 10, in ein rundes Nest ein. Dabei müssen Ungenauigkeiten in den Dimensionen X, Y, Z, RX und RY eliminiert werden. Da das Objekt rotationssymmetrisch ist, sind die Ungenauigkeiten in RZ nicht von Bedeutung. Bei dieser Anordnung ist die Bewegungsfreiheit des Objektes stark eingeschränkt und es muss zunächst sichergestellt werden, dass sich das Objekt innerhalb des Nestes befindet. Dazu wird das Objekt mit der atomaren Teilstrategie Sensorlose Bewegung geneigt und mit der unteren Ecke mit der atomaren Teilstrategie Oberflächenkontakt in das Nest hinuntergelassen, s. Abb. 4.23. Dabei wird ein Teil der Ungenauigkeit in der Dimension

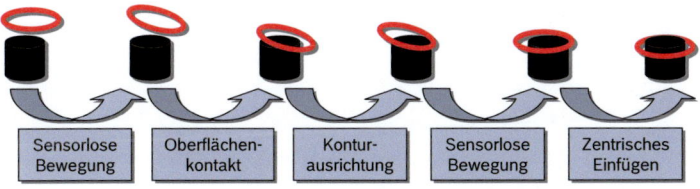

Abb. 4.24.: Fügestrategie für Hole on Peg

Z eliminiert. Nun muss sichergestellt werden, dass sich der Umriss des Objektes innerhalb des Nestes befindet. Dazu wird das geneigte Objekt mit der atomaren Teilstrategie Konturausrichtung an eine Wand des Loches bewegt und mit der atomaren Teilstrategie Sensorlose Bewegung wieder zurück in die Ausgangslage gedreht. Damit werden die Ungenauigkeiten in den Dimensionen X und Y verringert. Als letzter Schritt wird die atomare Teilstrategie Zentrisches Einfügen ausgeführt, die das Objekt kontaktlos im Fach bis auf die definierte Fügetiefe einfügt. Damit werden die Ungenauigkeiten in den Dimensionen X, Y und Z, sowie passiv in RX und RY ausgeglichen.

Fügestrategie für Hole on Peg

Die Fügestrategie für Hole on Peg fügt ein Objekt mit einer runden Aussparung gemäß der Anordnung Hole on Peg, s. Abb. 2.2(f) auf S. 10, auf einen zylindrischen Stift. Dabei müssen Ungenauigkeiten in den Dimensionen X, Y, Z, RX und RY eliminiert werden. Da die Aussparung im Objekt rund und der Stift zylindrisch sind, sind die Ungenauigkeiten in RZ nicht von Bedeutung. Diese Fügestrategie führt die gleiche Sequenz von atomaren Teilstrategien aus, wie die Fügestrategie Peg in Hole, mit dem einzigen Unterschied, dass die Neigungswinkel zum sicheren Treffen des Stiftes mit dem Objekt, das negative von denen bei Peg in Hole sind, s. Abb. 4.24.

Zusätzliche Fügestrategien, die weitere Arten von Ungenauigkeiten ausgleichen, können gemäß oben definierter Struktur erstellt werden. Insbesondere das Fügen in komplexe Negativformen, s. Anordnung in Abb. 2.2(g) auf S. 10, ist sehr stark von der Nestform abhängig, sodass sich keine allgemein gültige Fügestrategie definieren lässt, die bei beliebigen Negativformen zum Erfolg führt. Daher muss für jede Negativform eine spezielle Strategie aus den definierten atomaren Teilstrategien zusammengesetzt werden, die die jeweilige Aufgabe löst.

4.5. Konfiguration einer Manipulationsaufgabe durch den Benutzer

Zur Ausführung einer Manipulationsaufgabe muss für jede der acht Teilaufgaben, s. Abb. 4.1 auf S. 51, eine geeignete Strategie gewählt und die erforderlichen Parameter eingegeben werden. Dies erfolgt in dieser Arbeit dialoggestützt durch den Benutzer, der jedoch nur geringes Hintergrundwissen bezüglich der vorliegenden Aufgabe benötigt.

Zu jeder Teilaufgabe gibt es ausgewählte Fragestellungen, die den Benutzer durch die Auswahl der Strategie führen. Dieses Auswahlverfahren ist in Abb. 4.25 dargestellt. Die Fragen leiten den Benutzer bei der Analyse der vorliegenden Aufgabe, insbesondere der Bereitstellung des zu greifenden Objekts und der Zielanordnung. Beispielskizzen, ähnlich denen in Abb. 4.8 auf S. 74, erleichtern ihm dabei die Auswahl. Der Benutzer wird aufgefordert, Positionen einzugeben oder je nach System mit dem Roboter anzufahren und zu teachen und weitere Parameter, wie z. B. Greifkräft und Greifrichtung, aus vordefinierten Listen auszuwählen.

Bei der Auswahl der Strategien kann der Benutzer zunächst die einfachsten, sensorlosen Strategien für die Teilschritte der Manipulationsaufgabe wählen, falls die jeweiligen Problemklassen nicht eindeutig identifizierbar sind. Nach der Zusammensetzung der Strategien für die gesamte Manipulationsaufgabe wird mehrmals ein schrittweiser Testdurchlauf ausgeführt, bei dem das System die Ausführung verlangsamt und auf unerwartete externe Kontakte achtet. Dabei hat der Benutzer die Möglichkeit, falls die gewählten Strategien zu Fehlern führen, speziellere kontaktbasierte Strategien auszuwählen oder die eingegebenen Parameter anzupassen.

4.6. Beispielhafte Ausführung einer Manipulationsaufgabe

Die gesamte Ausführung einer Manipulationsaufgabe soll am Beispiel der O-Ring-Montage verdeutlicht werden. Dabei soll ein O-Ring vom Tisch abgegriffen und auf einen Stift aufgesetzt werden. Die vom Benutzer ausgewählten Manipulationsstrategien zur Ausführung der Teilaufgaben sind in Abb. 4.26 dargestellt. Die Auswahlkriterien und die Ausführung der Strategien werden im Folgenden für jeden Teilschritt der Manipulationsaufgabe beschrieben.

Transfer zum Objekt

Die Position des O-Rings auf dem Tisch ist fest definiert, jedoch mit Ungenauigkeiten behaftet. Da die Position des O-Rings nicht bestimmt oder aus mehreren O-Ringen ausgewählt werden muss, wird die sensorlose Transferstrategie gewählt, die den Grei-

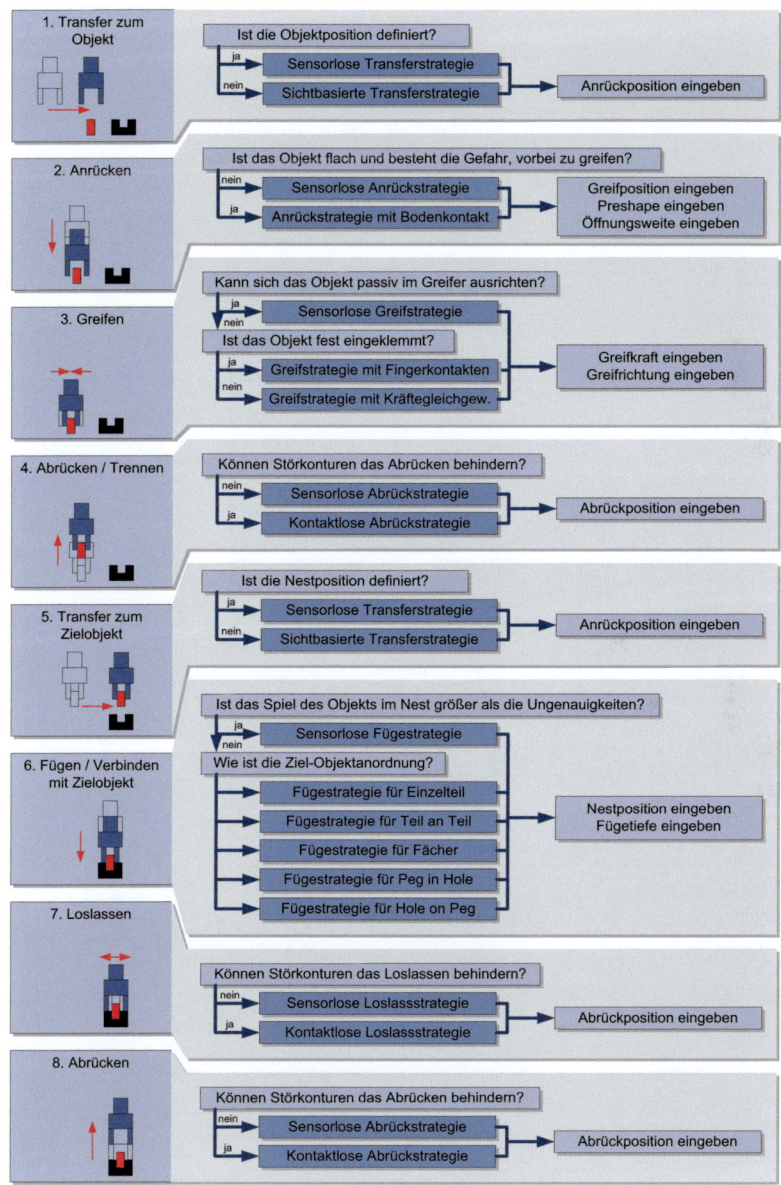

Abb. 4.25.: Strategieauswahl und Parametrierung durch den Bediener

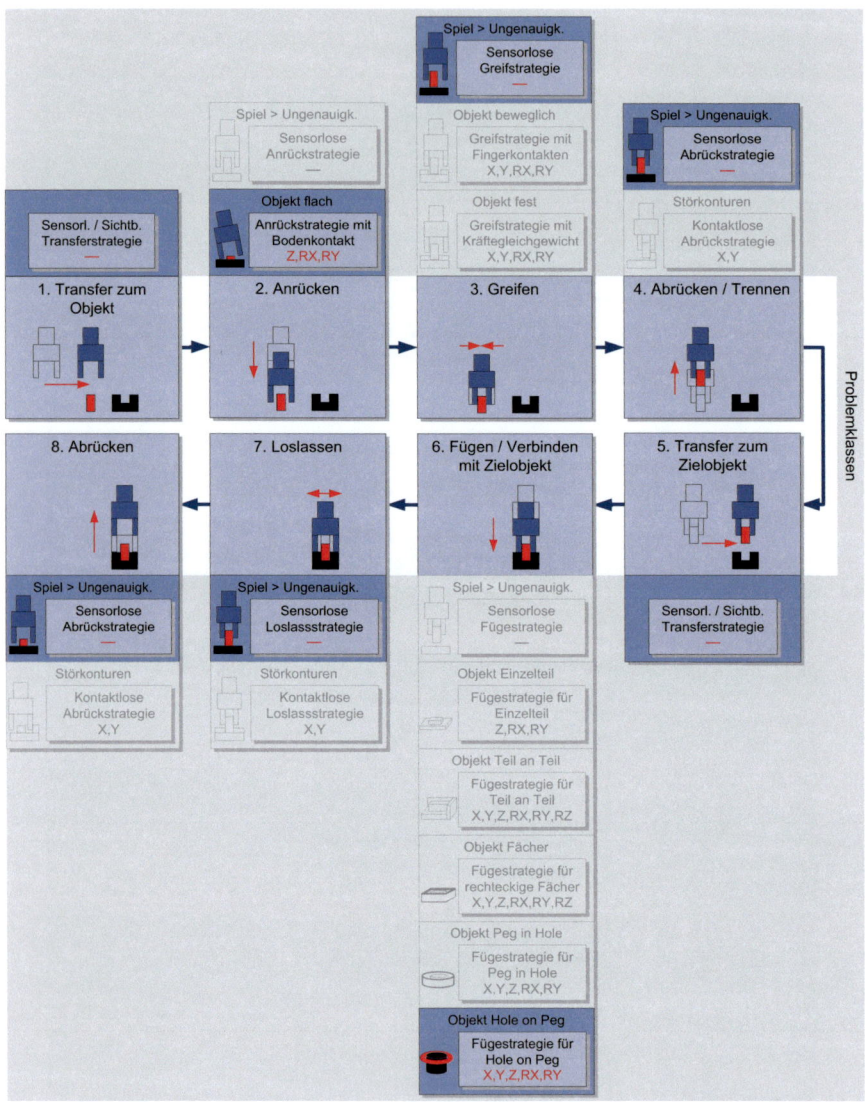

Abb. 4.26.: Auswahl der Manipulationsstrategien für die O-Ring-Montage

(a)   (b)

Abb. 4.27.: Sensorlose Transferstrategie zum O-Ring: (a) Ausgangsposition, (b) Sensorlose Bewegung zur Anrückposition oberhalb des O-Rings

(a)   (b)   (c)

Abb. 4.28.: Anrückstrategie zum O-Ring mit Bodenkontakt: (a) Anrückposition nach dem Transfer, (b) Greifervorformung auf die vorgegebene Öffnungsweite, (c) Oberflächenausrichtung am Tisch

fer oberhalb des O-Rings platziert. Die Strategie besteht aus einer einzigen atomaren Teilstrategie, der Sensorlosen Bewegung an die Anrückposition, s. Abb. 4.27. In diesem Beispiel befindet sich die Anrückposition ca. 20mm seitlich des Greifers.

Anrücken

Der O-Ring ist sehr flach, daher besteht bei einer ungenauen Positionierung des Greifers die Gefahr, dass die Greiferfinger oberhalb des O-Rings schließen und er dadurch nicht stabil gegriffen wird. Die Anrückstrategie mit Bodenkontakt wird gewählt, die das Problem löst, indem sie den Greifer in Kontakt zum Tisch bringt und parallel dazu ausrichtet, s. Abb. 4.28. Bei dieser Strategie werden zunächst mit der atomaren Teilstrategie Greifervorformung die Greiferfinger in die gewünschte Stellung gebracht und auf die angegebene Öffnungsweite geöffnet, s. Abb. 4.28(b). Da der im Beispiel verwendete 3-Finger-Stern-Greifer nur eine Fingerstellung unterstützt, wird zur Vorformung lediglich der Öffnungsradius von 10mm verwendet. Als Nächstes wird mit der atomaren Teilstrategie Oberflächenausrichtung der Greifer in Kontakt zum Tisch gebracht und parallel dazu ausgerichtet, s. Abb. 4.28(c). Die Greifposition befindet sich in diesem Beispiel

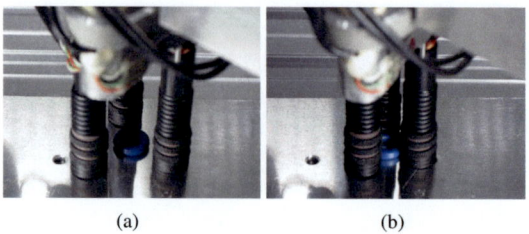

(a)   (b)

Abb. 4.29.: Sensorlose Greifstrategie am O-Ring: (a) Greifposition nach dem Anrücken, (b) Sensorloses Greifen mit vorgebebener Kraft in vorgegebene Richtung

(a)   (b)

Abb. 4.30.: Sensorlose Abrückstrategie mit gegriffenem O-Ring: (a) Gegriffenes Objekt, (b) Sensorlose Bewegung auf die Abrückposition

an der Tischoberfläche ca. 20mm unterhalb der Greiferfinger. Die tatsächliche Tischlage wird durch die Oberflächenausrichtung bestimmt.

Greifen

Da der O-Ring ausreichend Bewegungsfreiheit auf dem Tisch besitzt, um sich passiv im Greifer auszurichten, wird die sensorlose Greifstrategie gewählt. Dabei werden mit der atomaren Teilstrategie Sensorloses Greifen die Greiferfinger mit der vorgegebenen Kraft in die vorgegebene Richtung bewegt, s. Abb. 4.29. In diesem Beispiel wird die Greifrichtung als schließend definiert, um einen Außengriff auszuführen, und die Greifkraft auf 5N begrenzt.

Abrücken

Um den O-Ring und den Greifer gibt es keine Objekte, die den Abrückvorgang behindern können. Daher wird die sensorlose Abrückstrategie ausgewählt. Die Strategie besteht aus der atomaren Teilstrategie Sensorlose Bewegung, die den Greifer mit dem gegriffenen Objekt auf die vorgegebene Abrückposition bringt, s. Abb. 4.30. In diesem Beispiel befindet sich die Abrückposition 20mm oberhalb des Tisches.

(a)   (b)

Abb. 4.31.: Sensorlose Transferstrategie zum Stift: (a) Ausgangsposition nach dem Abrücken mit gegriffenem O-Ring, (b) Sensorlose Bewegung zur Zielposition oberhalb des Stiftes

Transfer zum Ziel

Die Position des Stiftes ist fest definiert, jedoch mit Ungenauigkeiten behaftet. Da das Nest jedoch nicht zunächst ausgewählt werden muss, wird die sensorlose Transferstrategie ausgeführt. Die zugehörige atomare Teilstrategie Sensorlose Bewegung positioniert den Greifer mit dem gegriffenen O-Ring an der Zielposition, in diesem Beispiel oberhalb des Stiftes ca. 60mm seitlich des Roboters, s. Abb. 4.31.

Fügen

Da der O-Ring auf dem Stift keinerlei Spiel besitzt, kann es schon bei geringsten Positionierungenauigkeiten zu Fehlern beim Fügen kommen. Die sensorlose Fügestrategie kann daher nicht verwendet werden. Der O-Ring stellt auf dem Stift die Zielanordnung Hole on Peg dar, da es sich um ein Objekt mit einer runden Aussparung handelt, das auf einem Zylinder aufgesetzt wird. Daher wird die Fügestrategie für Hole on Peg gewählt, s. Abb. 4.32. Dabei wird zunächst mit der atomaren Teilstrategie Sensorlose Bewegung der O-Ring angeschrägt, s. Abb. 4.32(b), und mit der Teilstrategie Oberflächenkontakt in Kontakt zum Stift gebracht, s. Abb. 4.32(c). Die Teilstrategie Konturausrichtung richtet den O-Ring so aus, dass die runde Aussparung mit der Kontur des Stiftes übereinstimmt, s. Abb. 4.32(d). Mit der atomaren Teilstrategie Sensorlose Bewegung wird der O-Ring wieder zurückgedreht, s. Abb. 4.32(e), und anschließend mit der atomaren Teilstrategie Zentrisches Einfügen am Stift auf die angegebene Tiefe gefügt, s. Abb. 4.32(f). In diesem Beispiel entspricht die Nestposition der Stiftspitze und befindet sich ca. 10mm unterhalb des Roboters. Die Fügetiefe wird als 20mm vorgegeben, um den O-Ring in der Mitte des Stiftes zu montieren.

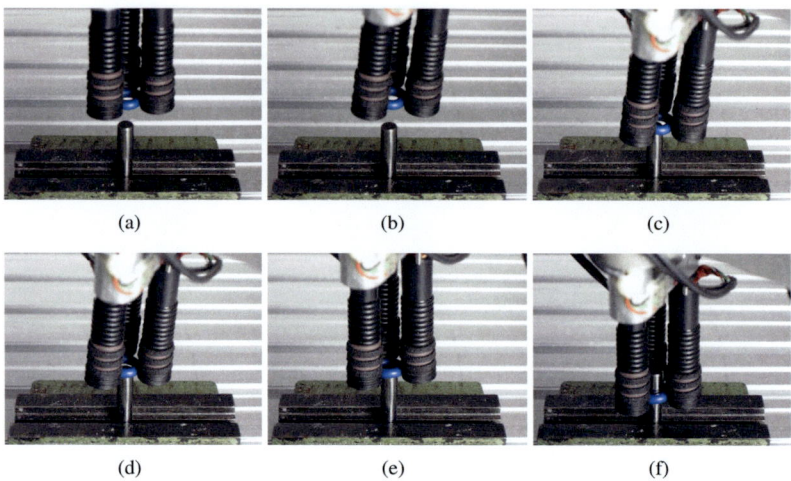

(a)   (b)   (c)

(d)   (e)   (f)

Abb. 4.32.: Fügestrategie des O-Rings als Peg in Hole auf den Stift: (a) Ausgangsposition nach dem Transfer, (b) Sensorlose Bewegung zum Anschrägen des O-Rings, (c) Oberflächenkontakt des O-Rings am Stift, (d) Konturausrichtung der O-Ring-Aushöhlung an der Stift-Außenkontur, (e) Sensorlose Bewegung zum Zurückdrehen des O-Rings, (f) Zentrisches Einfügen des O-Rings auf den Stift

Loslassen

Nachdem der O-Ring auf den Stift aufgesetzt wurde, behindern weder der Stift noch andere Objekte die Greiferfinger, sodass die sensorlose Loslassstrategie angewendet werden kann, s. Abb. 4.33. Sie besteht aus der atomaren Teilstrategie Sensorloses Loslassen, die die Greiferfinger ein Stück entgegen der Greifrichtung bewegt, d. h. öffnet, und somit den Kontakt zum Objekt löst.

Abrücken

Auch beim Abrücken behindern weder der Stift noch andere Objekte die Bewegung, sodass die sensorlose Abrückstrategie angewendet werden kann, s. Abb. 4.34. Dabei wird mit der atomaren Teilstrategie Sensorlose Bewegung der Greifer auf die vorgegebene Abrückposition bewegt, in diesem Beispiel 20mm oberhalb des montierten O-Rings.

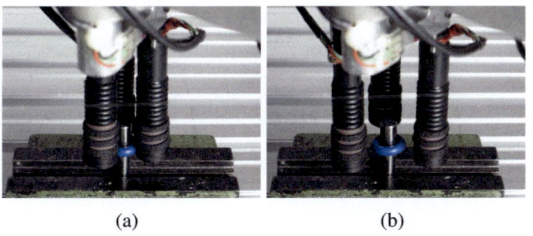

(a)   (b)

Abb. 4.33.: Sensorlose Loslassstrategie des montierten O-Rings: (a) Ausgangsposition nach dem Fügen des O-Rings auf den Stift, (b) Sensorloses Loslassen des O-Rings

(a)   (b)

Abb. 4.34.: Sensorlose Abrückstrategie vom montierten O-Ring: (a) Ausgangsposition nach dem Loslassen des O-Rings, (b) Sensorlose Bewegung zur Abrückposition oberhalb des Stiftes

4.7. Zusammenfassung

In diesem Kapitel wurden universelle Manipulationsstrategien für das Greifen und Fügen definiert und die dialogbasierte Konfiguration einer Manipulationsaufgabe durch den Benutzer vorgestellt.

Eine Manipulationsaufgabe wird dabei in acht Schritte unterteilt. Die ersten vier Schritte dienen dem Greifen eines Objektes und bestehen aus dem Transfer zum Objekt, dem Anrücken an die Greifposition, dem Greifen und dem Abrücken mit dem gegriffenen Objekt. Die letzten vier Schritte dienen dem Fügen des Objektes und setzen sich zusammen aus dem Transfer zum Nest, dem Fügen, dem Loslassen des Objektes und dem Abrücken vom Nest. Abhängig von den vorliegenden Ungenauigkeiten sowie der Ursprungs- und der Ziel-Objektanordnung behandelt jede Teilaufgabe unterschiedliche Problemklassen, zu deren Lösung unterschiedliche Manipulationsstrategien definiert wurden.

Manipulationsstrategien werden aus atomaren Teilstrategien zusammengesetzt, um Modularität und Wiederverwendbarkeit zu gewährleisten. Atomare Teilstrategien gleichen Ungenauigkeiten in bestimmten Dimensionen aus und erlauben mit ihrer formalen Struktur eine einfache Erstellung und Modifikation. Das Ziel jeder atomaren Teilstrategie ist unabhängig vom Roboter, Greifer und der Sensorik, wodurch die einfache Übertragung auf verschiedene Systeme gewährleistet wird. Eine atomare Teilstrategie wird ausgeführt, indem zunächst die Bewegung zur Überprüfung der Zielbedingung ausgeführt wird, die interessanten Messwerte aufgenommen werden und anschließend die Zielbedingung überprüft wird. Wenn diese nicht erfüllt ist, wird ein iterativer Lösungsschritt ausgeführt und die Ausführung startet erneut.

Die benötigten Roboterbewegungen, Greiferfunktionen und kontaktbasierten Fügebewegungen wurden als atomare Teilstrategien umgesetzt. Aus ihnen wurden für die acht Teilschritte der Manipulationsaufgabe und die jeweiligen Problemklassen Manipulationsstrategien zusammengesetzt.

Die Zusammensetzung der Manipulationsstrategien aus atomaren Teilstrategien bleibt dem Benutzer verborgen. Dialogbasiert wird er lediglich dazu aufgefordert, die Problemklasse bei jeder Teilaufgabe zu bestimmen und einige wenige aufgabenspezifische Parameter, wie z. B. Positionen und Greifkräfte, einzugeben.

5. Erfahrungsbasierte Taktzeitoptimierung der Manipulationsstrategien

Abhängig von bestimmten Objekt- und Nesteigenschaften und dem vorliegenden Spiel zwischen Objekt und Nest benötigen die universellen Manipulationsstrategien mehrere Iterationsschritte, um die Ungenauigkeiten auszugleichen. Durch den Einsatz von erfahrungsbasiertem Lernen wird die Anzahl der Iterationen und damit die Ausführungsdauer reduziert, indem bei jeder Anwendung der Manipulationsstrategien aufgabenspezifisches Wissen gesammelt und die Schrittgröße entsprechend angepasst wird.

Erfahrungsbasiertes Lernen wird häufig als fallbasiertes Schließen umgesetzt. Dabei werden gemachte Erfahrungen als Fälle in einer Fallbasis abgelegt. Jeder Fall repräsentiert die vorliegende Problemsituation und die ermittelte Lösung. Beim Auftreten einer ähnlichen Problemsituation kann dann die in der Fallbasis abgelegte Lösung wiederverwendet werden. Die Wahl der passenden Darstellung und die Definition der Ähnlichkeit von Fällen sind entscheidend, da sie die Auffindung und Anwendung der Fälle ermöglichen.

In dieser Arbeit findet die Optimierung innerhalb der atomaren Teilstrategien statt, da hier der iterative Ausgleich von Ungenauigkeiten stattfindet. Alle atomaren Teilstrategien, die Ungenauigkeiten ausgleichen, sammeln während ihrer Ausführung Erfahrungen bezüglich des Ausgleichs dieser Ungenauigkeiten. Fälle in der Fallbasis beschreiben daher die Problemsituation als die vorliegenden Ungenauigkeiten und die Lösung als die gefundene Ausgleichsbewegung. Der Zyklus des fallbasierten Schließens wird dann in die Ausführung jeder atomaren Teilstrategie eingebaut.

Der allgemeine Zyklus des fallbasierten Schließens ist in Abschnitt 5.1 dargestellt. Abschnitt 5.2 beschreibt das benötigte Domänenwissen und die Repräsentation der Fälle, bestehend aus dem Problemwissen und dem Lösungswissen. In Abschnitt 5.3 wird die Ausführung einer atomaren Teilstrategie mit dem integrierten fallbasierten Schließzyklus erläutert. Dabei werden jeweils die Kernprobleme der einzelnen Schritte aufgezeigt und die Lösungen in dieser Arbeit vorgestellt. Die vollständige Ausführung einer atomaren Teilstrategie mit dem fallbasierten Schließzyklus wird in Abschnitt 5.4 am Beispiel der atomaren Teilstrategie Fingerkontakte verdeutlicht.

5.1. Grundlagen des fallbasierten Schließens

Beim fallbasierten Schließen (engl.: case-based reasoning) werden in einer Fallbasis sogenannte Fälle abgelegt, die bereits gelöste Probleme und deren Lösungen darstellen. Beim Auftreten ähnlicher Probleme können dann die Lösungen kombiniert und wiederverwendet werden. Der Zyklus des fallbasierten Schließens besteht nach Kolodner (1993) aus vier Schritten:

1. *Auffinden (engl.: retrieve)*: Zu dem aktuellen Problem werden alle relevanten Fälle, d. h. solche, die ein ähnliches Problem bereits gelöst haben, aus der Fallbasis herausgesucht.

2. *Wiederverwenden (engl.: reuse)*: Die Lösungen der relevanten Fälle werden bewertet, gegebenenfalls kombiniert und auf das aktuelle Problem angewendet.

3. *Anpassen (engl.: revise)*: Die auf das aktuelle Problem angewendete Lösung wird überprüft und gegebenenfalls weiter verfeinert.

4. *Speichern (engl.: retain)*: Das gewonnene Wissen wird als neuer Fall in der Fallbasis abgelegt.

Nach Aamodt und Plaza (1994) sind Methoden zur Ausführung dieser vier Schritte und die Wissensrepräsentation die fünf Kernprobleme des fallbasierten Schließens. Die folgenden Abschnitte erläutern die allgemeine Herangehensweise bei diesen Kernproblemen, deren Lösungen in der vorliegenden Arbeit und die Integration der Ausführung der atomaren Teilstrategien in den Zyklus des fallbasierten Schließens.

5.2. Wissensrepräsentation

Beim erfahrungsbasierten Lernen werden in der Fallbasis Fälle abgelegt, die das Problemwissen und das zugehörige Lösungswissen enthalten. Im Folgenden wird das benötigte Domänenwissen, d. h. die Darstellung von Fällen, Aufgaben, Problemsituationen und Lösungen, erläutert.

5.2.1. Fälle

Fälle sind die zentralen Elemente der Fallbasis. Sie speichern die gemachten Erfahrungen in Form von Problemen und zugehörigen Lösungen ab. Der Aufbau eines Falls setzt sich daher zusammen aus dem Problemwissen und dem Lösungswissen, s. Abb. 5.1.

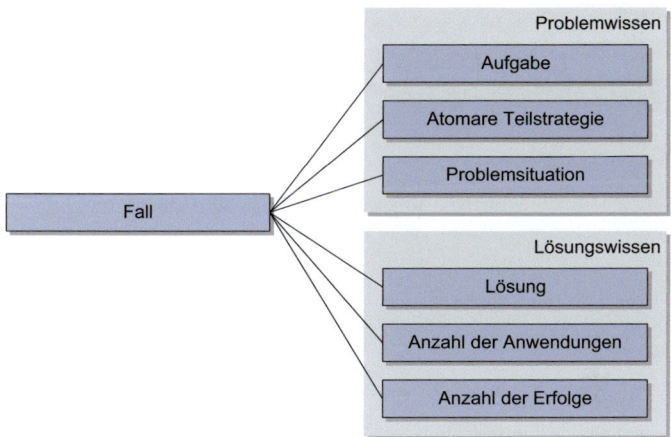

Abb. 5.1.: Repräsentation von Fällen

Das Problemwissen enthält zunächst die atomare Teilstrategie und die Aufgabe. Ein Fall ist dabei stets genau einer atomaren Teilstrategie zugeordnet und löst eine spezielle Aufgabe. Zusätzlich enthält das Problemwissen die Problemsituation, die die wahrgenommenen Ungenauigkeiten beschreibt. Der Aufbau von atomaren Teilstrategien wurde bereits in Abb. 4.4(a) auf S. 56 definiert, der Aufbau von Aufgaben und Problemsituationen wird in den folgenden Abschnitten 5.2.2 und 5.2.3 vorgestellt.

Das Lösungswissen eines Falls beinhaltet zunächst die zur vorliegenden Problemsituation ermittelte Lösung in Form einer Roboterbewegung, die die Ungenauigkeiten ausgleicht. Der Aufbau von Lösungen wird im folgenden Abschnitt 5.2.4 ausführlicher erläutert. Weiterhin enthält das Lösungswissen die Anzahl der Anwendungen und die Anzahl der Erfolge dieses Falls. Damit können oft angewendete Fälle favorisiert und selten verwendete bzw. selten zum Erfolg führende Fälle aus der Fallbasis entfernt werden, um die Größe der Fallbasis gering zu halten.

5.2.2. Aufgaben

Eine Aufgabe stellt eine Manipulationsaufgabe gemäß Abb. 4.1 auf S. 51 dar. Sie ist eindeutig definiert durch das zu manipulierende Objekt, das Ursprungsnest, aus dem es herausgegriffen wird, und das Zielnest, in das es gefügt wird, s. Abb. 5.2.

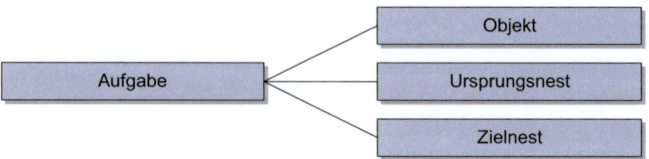

Abb. 5.2.: Repräsentation von Aufgaben

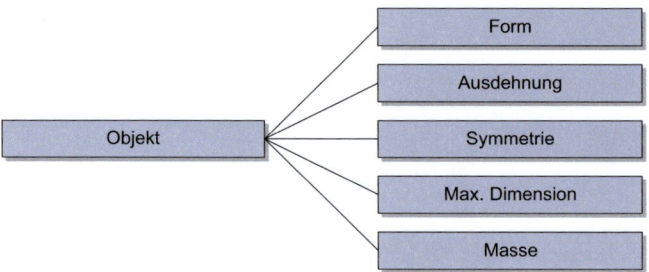

Abb. 5.3.: Repräsentation von Objekten

Die Repräsentation eines Objektes ist in Abb. 5.3 dargestellt. Für die Manipulation sind von den in Abschnitt 2.1 definierten Eigenschaften die Form, Ausdehnung, Symmetrie, maximale Dimension und Masse entscheidend.

Die Repräsentation eines Nestes, das ein Ursprungsnest oder ein Zielnest sein kann, ist in Abb. 5.4 dargestellt. Ein Nest muss nicht notwendigerweise eine Palette, sondern kann auch ein anderes Objekt sein. Jedes Nest wird über Objektanordnung und das vorhandene Spiel beschrieben. Zur Beschreibung des Spiels werden folgende Klassen definiert:

$$Spiel \in \{<0,1\text{mm}, 0,1\text{-}1\text{mm}, 1\text{-}2\text{mm}, 2\text{-}5\text{mm}, >5\text{mm}\} \qquad [5.1]$$

Die Objektanordnung wird durch die in Abschnitt 2.2 definierten Klassen Schüttgut, Einzelteil, Teil an Teil, rechteckige Fächer, Peg in Hole, Hole on Peg und komplexe Negativform beschrieben.

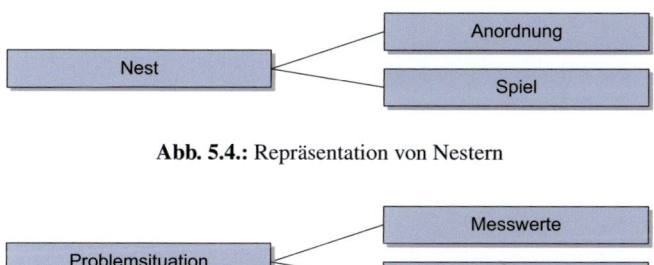

Abb. 5.4.: Repräsentation von Nestern

Abb. 5.5.: Repräsentation von Problemsituationen

5.2.3. Problemsituationen

Eine Problemsituation beschreibt die Kräfte- bzw. Kontaktsituation vor dem Ausgleich der Ungenauigkeiten. Dazu speichert sie die mit geeigneten Sensoren aufgenommenen interessanten Messwerte ab, die in der zugehörigen atomaren Teilstrategie definiert sind.

Weiterhin wird in jeder Problemsituation der Zeitpunkt ihres letzten Auftretens hinterlegt, z. B. um bei konstanten Ungenauigkeiten die Lösungen kürzlich aufgetretener Probleme zu favorisieren, s. Abb. 5.5.

5.2.4. Lösungen

Eine Lösung beschreibt die lineare Roboterbewegung, die die Ungenauigkeiten in einer bestimmten Problemsituation ausgleicht. Dazu speichert sie den Zielpunkt dieser linearen Bewegung ab.

Lösungen für Problemsituationen können einerseits durch die Ausführung iterativer Lösungsschritte der aktuellen atomaren Teilstrategie bestimmt werden. Diese werden gemäß der Ausführung atomarer Teilstrategien solange ausgeführt, bis die Zielbedingung der atomaren Teilstrategie erfüllt und damit alle Ungenauigkeiten ausgeglichen sind, s. Abb. 4.4(b) auf S. 56.

Andererseits können Lösungen in der Revise-Phase im fallbasierten Schließzyklus durch die Anwendung einer Lösung eines ähnlichen Falls aus der Fallbasis mit anschließenden iterativen Lösungsschritten generiert werden. Das Vorgehen hierbei wird im folgenden Abschnitt 5.3 deutlich.

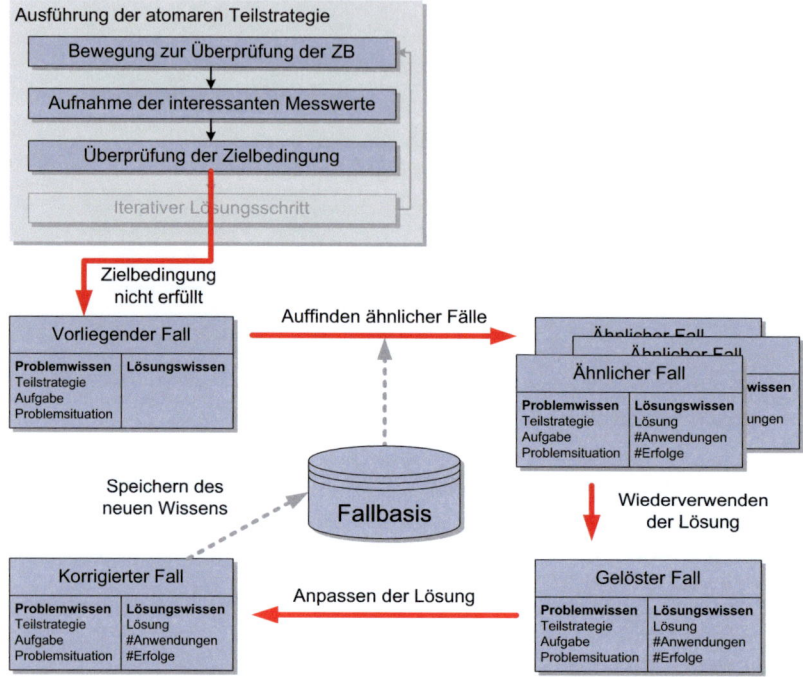

Abb. 5.6.: Ausführung einer atomaren Teilstrategie mit fallbasiertem Schließen

5.3. Ausführung einer atomaren Teilstrategie mit fallbasiertem Schließen

Für jede atomare Teilstrategie werden die Erfahrungen in Form von ausgeglichenen Ungenauigkeiten in der Fallbasis gespeichert. Die Ausführung der atomaren Teilstrategien hängt dann von dem Vorhandensein ähnlicher Fälle in der Fallbasis ab. Der in Abb. 4.4(b) auf S. 56 dargestellte Ablauf einer atomaren Teilstrategie wird modifiziert, sodass wenn die Zielbedingung nicht sofort erfüllt ist, anstatt eines iterativen Lösungsschrittes, mittels fallbasiertem Schließen eine Lösung aus der Fallbasis angewendet wird.

Die Ausführung einer atomaren Teilstrategie fängt mit der Bewegung zur Überprüfung der Zielbedingung an. Dann werden die interessanten Messwerte aufgenommen und die Zielbedingung überprüft. Ist die Zielbedingung sofort erfüllt, ist die Ausführung der atomaren Teilstrategie beendet. Ist sie jedoch nicht erfüllt, wird mit den aufgenommenen Messwerten und dem aktuellen Zeitpunkt der vorliegende Fall definiert und mit der aktuellen Aufgabe und der atomaren Teilstrategie verknüpft, s. Abb. 5.6. Die weitere

Ausführung der atomaren Teilstrategie erfolgt gemäß dem fallbasierten Schließzyklus und ist im Folgenden anhand der vier genannten Schritte beschrieben.

5.3.1. Auffinden relevanter Fälle

Ausgehend von einer Problembeschreibung ist das Ziel der Retrieve-Phase das Auffinden von relevanten, zum Ausgangsproblem am besten passenden Fällen in der Fallbasis. Diese Aufgabe besteht im Allgemeinen aus drei Teilaufgaben: die Identifikation liefert relevante Merkmale für den Vergleich von Fällen, der erste Vergleich liefert eine Menge von Fällen, die eine gewisse Ähnlichkeit zum aktuellen aufweisen, aus denen im letzten Auswahlschritt der Fall oder die Fälle mit der größten Ähnlichkeit bestimmt werden. Die drei Teilaufgaben und ihre Umsetzung in dieser Arbeit werden im Folgenden beschrieben.

Identifikation relevanter Merkmale

Im einfachsten Fall können alle Merkmale für den Vergleich von Fällen herangezogen werden. Sinnvoller ist jedoch, das Problem zu „verstehen" und nur die relevanten Merkmale in Betracht zu ziehen. „Verstehen" kann nach Aamodt und Plaza (1994) beispielsweise bedeuten:

- verrauschte Merkmale herauszufiltern,

- aus den vorhandenen weitere Merkmale abzuleiten,

- die Aussagekraft der Merkmale im Kontext zu überprüfen,

- Erwartungswerte für andere Merkmale aufzustellen.

In dieser Arbeit sind die relevanten Merkmale durch die interessanten Messwerte der zugehörigen atomaren Teilstrategie definiert. Da die interessanten Messwerte für die Beschreibung der Ungenauigkeiten und damit der Problemsituation ausreichen, werden die anderen Messwerte nicht berücksichtigt.

Erster Vergleich

Durch einen ersten Vergleich wird eine Menge von Fällen aus der Fallbasis bestimmt, die groben Ähnlichkeitsanforderungen genügen. Hierfür wird in der Regel ein domänenspezifisches Ähnlichkeitsmaß definiert. Je nach Aufgabe kann es nach Aamodt und Plaza (1994) sinnvoll sein, Fälle aufzunehmen, die bei allen oder nur bei einem Teil

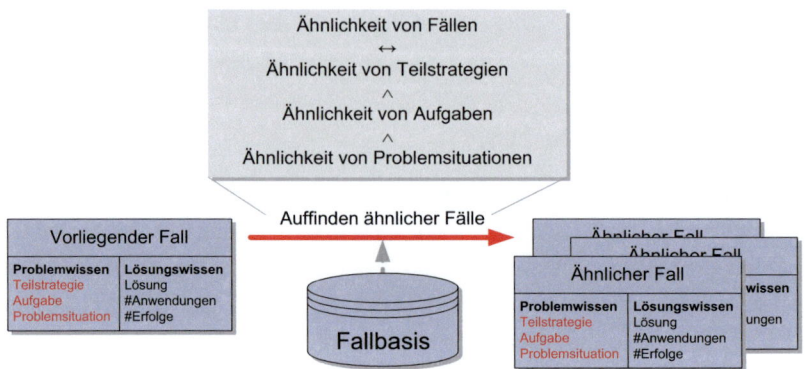

Abb. 5.7.: Auffinden ähnlicher Fälle in der Fallbasis

der relevanten Merkmale ähnlich sind. Zusätzlich kann eine Gewichtung der Merkmale vorgenommen werden, z. B. anhand der Bedeutung im Hinblick auf die Problemlösung.

In dieser Arbeit wird das Ähnlichkeitsmaß anhand der Eigenschaften der Fälle definiert, s. Abb. 5.7. Zwei Fälle F_1 und F_2 sind ähnlich, wenn die zugehörigen atomaren Teilstrategien identisch und die zugehörigen Aufgaben und Problemsituationen ähnlich sind:

$$
\begin{aligned}
F_1 \equiv F_2 \iff \quad & F_1.\textit{Teilstrategie} && \stackrel{!}{=} && F_2.\textit{Teilstrategie} \\
\wedge \quad & F_1.\textit{Aufgabe} && \equiv && F_2.\textit{Aufgabe} && [5.2]\\
\wedge \quad & F_1.\textit{Problemsituation} && \equiv && F_2.\textit{Problemsituation}
\end{aligned}
$$

Die Ähnlichkeit von Aufgaben wird anhand der Eigenschaften der beteiligten Objekte definiert. Bei den ersten vier Teilaufgaben im Pick&Place-Zyklus, denen zum Greifen des Objekts, müssen das zu manipulierende Objekt und das Ursprungsnest ähnlich sein. Bei den letzten vier Teilaufgaben, denen zum Fügen des Objekts, müssen das zu manipulierende Objekt und das Zielnest ähnlich sein. Die Ähnlichkeit von zwei Aufgaben A_1 und A_2 ist damit folgendermaßen definiert:

$$
A_1 \equiv A_2 \iff \quad A_1.\textit{Objekt} \equiv A_2.\textit{Objekt}
$$
$$
\wedge \left\{
\begin{aligned}
A_1.\textit{Urnest} &\equiv A_2.\textit{Urnest}, && \text{beim Greifen} && [5.3]\\
A_1.\textit{Zielnest} &\equiv A_2.\textit{Zielnest}, && \text{beim Fügen}
\end{aligned}
\right.
$$

Die Ähnlichkeit von Objekten wird anhand ihrer Eigenschaften definiert. Die für die Eigenschaften definierten Klassen unterscheiden sich in der Regel so stark, dass eine klassenübergreifende Ähnlichkeit ausgeschlossen wird. Daher sind zwei Objekte O_1 und O_2 ähnlich, wenn alle Eigenschaften gleich sind:

$$
\begin{aligned}
O_1 \equiv O_2 \iff \quad & O_1.\textit{Form} && \overset{!}{=} && O_2.\textit{Form} \\
\wedge \quad & O_1.\textit{Ausdehnung} && \overset{!}{=} && O_2.\textit{Ausdehnung} \\
\wedge \quad & O_1.\textit{Symmetrie} && \overset{!}{=} && O_2.\textit{Symmetrie} \\
\wedge \quad & O_1.\textit{MaxDimension} && \overset{!}{=} && O_2.\textit{MaxDimension} \\
\wedge \quad & O_1.\textit{Masse} && \overset{!}{=} && O_2.\textit{Masse}
\end{aligned}
\tag{5.4}
$$

Die Ähnlichkeit von Nestern wird anhand der Anordnung und des Spiels definiert. Da verschiedene Objektanordnungen verschiedene Strategien benötigen und die Größe des Spiels für den Ausgleich der Ungenauigkeiten ein entscheidender Faktor ist, wird auch hier eine klassenübergreifende Ähnlichkeit ausgeschlossen. Zwei Nester N_1 und N_2 sind damit ähnlich, wenn die Anordnung und das Spiel gleich sind:

$$
\begin{aligned}
N_1 \equiv N_2 \iff \quad & N_1.\textit{Anordnung} && \overset{!}{=} && N_2.\textit{Anordnung} \\
\wedge \quad & N_1.\textit{Spiel} && \overset{!}{=} && N_2.\textit{Spiel}
\end{aligned}
\tag{5.5}
$$

Die Ähnlichkeit von Problemsituationen wird anhand der Messwerte und der Zeitpunkte der letzten Ausführung definiert. Dazu wird zunächst die Distanz von zwei Problemsituationen P_1 und P_2 als der euklidische Abstand der *Messwerte* $= (m_1, ..., m_r)$ und der Zeitpunkte t der letzten erfolgreichen Ausführung, gewichtet mit dem Vektor $\omega = (\omega_0, ..., \omega_r)$, definiert:

$$
\textit{Distanz}(P_1, P_2) = \sqrt{\omega_0 \left(P_1.t - P_2.t\right)^2 + \sum_{i=1}^{r} \omega_i \left(P_1.m_i - P_2.m_i\right)^2}
\tag{5.6}
$$

Zwei Problemsituationen P_1 und P_2 sind dann ähnlich, wenn die Distanz unterhalb eines vordefinierten Schwellwerts φ ist:

$$
P_1 \equiv P_2 \iff \textit{Distanz}(P_1, P_2) < \varphi
\tag{5.7}
$$

Das Ähnlichkeitsmaß, das zum Bewerten der Ähnlichkeit der Fälle herangezogen werden kann, wird folgendermaßen definiert und liegt zwischen 0 bei geringer und 1 bei hoher Ähnlichkeit:

$$\forall P_1 \equiv P_2 : \quad \textit{Ähnlichkeit}(P_1, P_2) = 1 - \frac{\textit{Distanz}(P_1, P_2)}{\varphi} \qquad [5.8]$$

Unter Verwendung dieses Ähnlichkeitsmaßes werden alle Fälle aus der Fallbasis herausgesucht, die ähnlich zum vorliegenden Fall sind, aus denen dann im nächsten Schritt die am besten passenden Fälle bestimmt werden.

Der Gewichtungsvektor ω kann je nach Art der Ungenauigkeiten variiert werden. Bei stochastischen Ungenauigkeiten, die sich in jeder Ausführung einer atomaren Teilstrategie ändern, entscheiden nur die aktuellen Messwerte über die Ähnlichkeit der Problemsituationen und der Zeitpunkt des letzten Auftretens spielt keine Rolle. Bei konstanten Ungenauigkeiten hingegen, die per Definition über mehrere Ausführungen hinweg unverändert bleiben, entscheidet hauptsächlich der Zeitpunkt des letzten Auftretens über die Ähnlichkeit der Problemsituationen. Die Ausführung der atomaren Teilstrategien mit konstanten Ungenauigkeiten kann dann beschleunigt werden, indem ohne vorherige Bewegung zur Überprüfung der Zielbedingung und Messwertaufnahme direkt eine Lösung ähnlicher Fälle aus der Fallbasis angewendet wird.

Auswahl

Aus der Menge von ähnlichen Fällen aus dem ersten groben Vergleich werden in einem Auswahlverfahren der oder die am besten passenden Fälle bestimmt. Nach Aamodt und Plaza (1994) geschieht dies in der Regel durch eine genauere Auswertung der Ähnlichkeitsfunktion. Nicht immer sind der erste Vergleich und die anschließende Auswahl klar trennbar. Bei der Auswahl werden häufig zu jedem ähnlichen Fall die Erwartungen und Konsequenzen generiert, die dann mit dem vorhandenen Systemwissen oder durch Benutzeranfragen bewertet werden.

In dieser Arbeit werden nach dem ersten Vergleich die Anzahl der Anwendungen und die Anzahl der Erfolge im weiteren Auswahlverfahren untersucht. Bei einer geringen Anzahl von Fällen in der Fallbasis ist die Wahrscheinlichkeit sehr hoch, dass die Lösungen der ähnlichen Fälle nicht direkt zum Erfolg führen, sodass die Anzahl der Erfolge dieser Fälle anfangs niedrig ist. Dennoch können diese Fälle nicht von Anfang an aussortiert werden, sondern die Erfolgsquoten aller ähnlichen Fälle müssen miteinander verglichen werden. In dieser Arbeit wird daher zunächst der Fall F_{max} mit der höchsten Erfolgsquote δ_{max} innerhalb der ähnlichen Fälle ermittelt. Im Weiteren werden dann nur die Fälle bei der Lösungsfusion berücksichtigt, deren Erfolgsquote einen definierten Prozentsatz ε der maximalen Erfolgsquote übersteigt, d. h.:

$$\frac{F.AnzahlErfolge}{F.AnzahlAnwendungen} \geq \varepsilon \cdot \delta_{max} \qquad [5.9]$$

Können keine ähnlichen Fälle in der Fallbasis gefunden werden, fällt der nächste Schritt, die Wiederverwendung der Lösung, aus. Es wird direkt mit dem dritten Schritt in Abschnitt 5.3.3, der Anpassung der Lösung, begonnen, in dem die Ungenauigkeiten mittels iterativer Schritte ausgeglichen werden. Wurden jedoch ähnliche Fälle gefunden, werden ihre Lösungen, wie im folgenden Abschnitt beschrieben, gemäß ihrer Ähnlichkeit fusioniert und auf den vorliegenden Fall angewendet.

5.3.2. Wiederverwenden der Lösung

Wurde im vorherigen Schritt des fallbasierten Schließens ein ähnlicher Fall in der Fallbasis gefunden, wird nun die Lösung bestimmt, die auf den vorliegenden Fall angewendet werden kann. Für das Wiederverwenden der Lösung des gefundenen passenden Falls gibt es nach Aamodt und Plaza (1994) zwei Möglichkeiten:

- *Kopieren* wird häufig bei einfachen Klassifikationsaufgaben verwendet. Dabei werden die Unterschiede zwischen dem vorliegenden und dem ähnlichen Fall nicht berücksichtigt und die Lösung des ähnlichen Falls direkt auf den vorliegenden Fall übertragen.

- *Anpassen* der Lösung kann auf zwei Arten erfolgen. Die Lösung selbst kann wiederverwendet werden, indem sie gemäß den Unterschieden zwischen dem vorliegenden und dem ähnlichen Fall transformiert wird. Ferner kann die Methode zur Lösungsfindung wiederverwendet werden, indem anhand der im Fall gespeicherten Informationen zu Operatoren, Teilzielen, Alternativen oder fehlgeleiteten Suchpfaden der alte „Plan" überprüft und gegebenenfalls für das neue Problem adaptiert wird.

In dieser Arbeit sind Lösungen Roboterbewegungen, die Ungenauigkeiten ausgleichen. Da diese Bewegungen relativ zum TCP oder zum Nest angegeben sind, wird keine weitere Anpassung an die aktuelle Roboterlage benötigt.

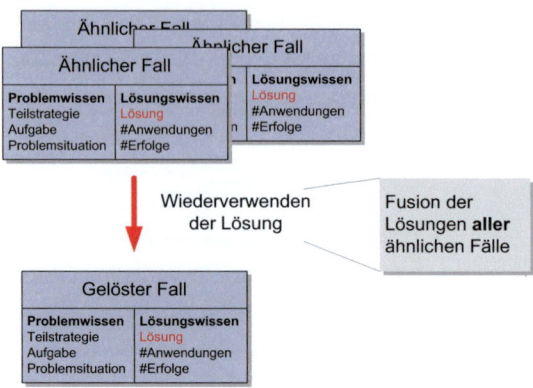

Abb. 5.8.: Wiederverwenden der Lösungen ähnlicher Fälle

Im vorherigen Schritt, dem Auffinden relevanter Fälle, werden, statt eines Falls mit der größten Ähnlichkeit, alle Fälle mit einer vorgegebenen Mindestähnlichkeit berücksichtigt. Um eine robustere Lösung zu erhalten, werden beim Wiederverwenden die Lösungen aller dieser Fälle fusioniert, s. Abb. 5.8.

Die Fusion beinhaltet die Lösungen aller ähnlichen Fälle, gewichtet nach der Ähnlichkeit ihrer Problemsituationen p. Die Lösung des aktuell vorliegenden Falls F_{ist} ist damit die gemittelte kartesische Relativbewegung in GCP- bzw. Nest-Koordinaten:

$$F_{ist}.L\ddot{o}sung = \sum_{F \equiv F_{ist}} \frac{\ddot{A}hnlichkeit(F.p, F_{ist}.p)}{\sum_{F \equiv F_{ist}} \ddot{A}hnlichkeit(F.p, F_{ist}.p)} \cdot F.L\ddot{o}sung \qquad [5.10]$$

Die so generierte Lösung stellt die Roboterbewegung zum Ausgleich der Ungenauigkeiten dar und wird im nächsten Schritt des fallbasierten Schließzyklus auf den vorliegenden Fall angewendet, überprüft und gegebenenfalls weiter verfeinert.

5.3.3. Anpassen der Lösung

In den vorherigen Schritten des fallbasierten Schließens wurde die Fallbasis nach ähnlichen Fällen durchsucht, aus denen dann eine Lösung generiert wurde. Nun wird diese Lösung auf den vorliegenden Fall angewendet, auf Korrektheit überprüft und, falls sie nicht wie erwartet zum Erfolg führt, mit aufgabenspezifischen Methoden verfeinert, bis der Fall gelöst ist. Die Überprüfung und die Verfeinerung der Lösung in dieser Arbeit werden in den folgenden Abschnitten erläutert.

Überprüfung

Die Lösung aus der Fallbasis wird in einer realen oder realitätsgetreuen Umgebung auf den vorliegenden Fall angewendet. Dazu gibt es nach Aamodt und Plaza (1994) verschiedene Möglichkeiten:

- Ausführung der Aufgabe und Messung des Ergebnisses in der realen Welt,

- Ausführung im Simulationsprogramm, das realitätsgetreue Ergebnisse liefert,

- Bewertung durch einen menschlichen Experten ohne Ausführung.

Bei unzureichendem Ergebnis bzw. einer negativen Bewertung erfolgt anschließend vollautomatisch die Verfeinerung der Lösung.

In dieser Arbeit wird die generierte Lösung, die eine Roboterbewegung zum Ausgleich von Ungenauigkeiten darstellt, auf dem realen Robotersystem in der realen Umgebung auf die vorliegende Problemsituation angewendet. Die Überprüfung der Lösung erfolgt gemäß den ersten drei Schritten der Ausführung einer atomaren Teilstrategie, s. Abb. 4.4(b) auf S. 56. Dazu werden die Bewegung zur Überprüfung der Zielbedingung ausgeführt, die interessanten Messwerte aufgenommen und die Zielbedingung überprüft, s. Abb. 5.9. Ist die Zielbedingung erfüllt, war die Anwendung der fusionierten Lösung der ähnlichen Fälle erfolgreich und es wird mit dem nächsten Schritt im fallbasierten Schließzyklus in Abschnitt 5.3.4, der Speicherung des gewonnenen Wissens, fortgefahren. Ist die Zielbedingung jedoch nicht erfüllt, wird die Lösung, wie im Folgenden beschrieben, weiter verfeinert.

Verfeinerung

Die Verfeinerung der Lösung erfolgt nach Aamodt und Plaza (1994) in mehreren Schritten. Im ersten Schritt müssen die Fehler erkannt und Erklärungen für diese Fehler generiert werden. Diese werden dann dazu benutzt, die Lösung so zu verfeinern, dass die Fehler nicht mehr auftreten. Wenn sichergestellt ist, dass die Verfeinerung der Lösung direkt zum Erfolg führt, kann mit dem nächsten Schritt im fallbasierten Schließzyklus, dem Speichern der Lösung, fortgefahren werden. Ansonsten muss die Lösung erneut überprüft und gegebenenfalls weiter verfeinert werden.

In dieser Arbeit wird eine Lösung verfeinert, indem gemäß der Ausführung einer atomaren Teilstrategie iterative Lösungsschritte ausgeführt werden. Nach jedem iterativen Lösungsschritt werden erneut die Bewegung zur Überprüfung der Zielbedingung ausgeführt, die interessanten Messwerte aufgenommen und die Zielbedingung überprüft,

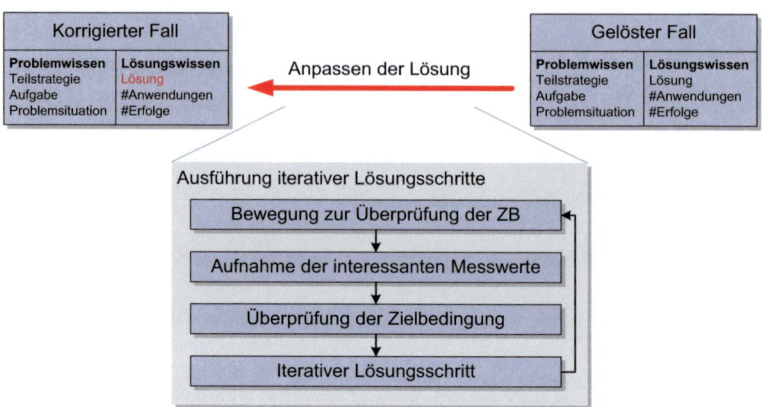

Abb. 5.9.: Anpassen der Lösung bei erfolgloser Fallwiederverwendung

s. Abb. 5.9. Die bereits ausgeführte Lösung aus der Fallbasis wird dabei als der erste iterative Lösungsschritt bei der Generierung der Gesamtlösung verrechnet.

Iterative Lösungsschritte werden so lange ausgeführt, bis alle Ungenauigkeiten ausgeglichen sind. Die dabei gewonnene Erfahrung in Form einer neuen Lösung wird im folgenden letzten Schritt des fallbasierten Schließzyklus in der Fallbasis gespeichert.

5.3.4. Speichern der gewonnenen Erfahrung

Wenn bei der Ausführung einer atomaren Teilstrategie Ungenauigkeiten vorliegen und ausgeglichen werden, unabhängig davon ob mit dem Wissen aus der Fallbasis oder durch die iterative Verfeinerung, werden die dabei gewonnenen Erfahrungen in der Fallbasis gespeichert. Der Lernprozess findet damit beim fallbasierten Schließen sowohl beim Erfolg als auch beim Misslingen der aus der Fallbasis gewonnenen Lösung statt. Dazu werden, wie im Folgenden beschrieben, die relevanten Informationen extrahiert, der aktuelle Fall für ein späteres Wiederfinden indiziert und dann in die Struktur der Fallbasis integriert.

Extraktion

Die Extraktion der relevanten Informationen erfolgt nach Aamodt und Plaza (1994) abhängig davon, wie die Lösung des vorliegenden Falls generiert wurde. Wurde der vorliegende Fall durch Anwendung der Lösung eines anderen Falls gelöst, kann dieser Fall in der Fallbasis so generalisiert werden, dass er den aktuellen Fall einschließt. Wurde der vorliegende Fall jedoch anders gelöst, z. B. im Verfeinerungsschritt, muss ein neuer Fall erstellt werden. Dazu muss für das Problem und die Lösung eine geeignete Formalisierung definiert werden. Auch zusätzliche, die Entscheidungsfindung unterstützende Informationen, wie Erklärungen, Problemlösungsmethoden und Fehlentscheidungen, können im Fall gespeichert werden.

In dieser Arbeit erfolgt die Extraktion des neues Wissens vollautomatisch, abhängig von der Lösung des vorliegenden Falles, die auf eine der folgenden vier Arten erzeugt worden ist:

- *Nach der ersten Bewegung zur Überprüfung der Zielbedingung ist diese sofort erfüllt, da keine Ungenauigkeiten vorliegen, die ausgeglichen werden müssen:*
  Da weder eine Lösung aus der Fallbasis noch iterative Lösungsschritte angewendet worden sind, ist kein neues Wissen hinzugekommen und es wird kein neuer Fall erzeugt.

- *Zum vorliegenden Fall existiert kein ähnlicher Fall in der Fallbasis und die Lösung wird durch die Ausführung iterativer Lösungsschritte erzeugt:*
  Ein neuer Fall wird generiert. Dieser enthält die Problemsituation, bestehend aus dem Zeitpunkt und den Messwerten, die vor den iterativen Lösungsschritten aufgenommen wurden. Weiterhin enthält der neue Fall die Lösung, die durch die Ausführung der iterativen Lösungsschritte erzeugt wurde. Die Anzahl der Anwendungen und die Anzahl der Erfolge sind jeweils 1.

- *Die fusionierte Lösung der ähnlichen Fälle führt zum Erfolg:*
  Da hier das vorliegende Problem allein mit dem Wissen aus der Fallbasis gelöst werden konnte, wird kein neuer Fall generiert, um die Anzahl der Fälle in der Fallbasis gering zu halten. Das neu gewonnene Wissen beschränkt sich auf den Erfolg der an der Fusion beteiligten Fälle, deren Indizes im folgenden Integrationsschritt in der Fallbasis aktualisiert werden.

- *Die fusionierte Lösung der ähnlichen Fälle führt nicht zum Erfolg und wird durch die Ausführung iterativer Lösungsschritte angepasst:*
  Ein neuer Fall wird generiert. Dieser enthält die Problemsituation, bestehend aus dem Zeitpunkt und den Messwerten, die vor der Anwendung der Lösung aus der Fallbasis aufgenommen wurden. Zusätzlich enthält der neue Fall die Lösung, die durch die Lösung aus der Fallbasis und die Ausführung der iterativen Lösungsschritte erzeugt wurde. Die Anzahl der Anwendungen und die Anzahl der Erfolge

sind jeweils 1. Die Indizes der Fälle aus der Fallbasis, die an der Lösungsfusion beteiligt waren, die nicht zum Erfolg geführt hat, werden im folgenden Integrationsschritt in der Fallbasis aktualisiert.

Damit wird immer, wenn die Lösung durch die Ausführung iterativer Lösungsschritte gefunden oder verfeinert wurde, ein neuer Fall erzeugt. Bei sofort erfüllter Zielbedingung wird kein neues Wissen aufgenommen, da keine Ungenauigkeiten ausgeglichen wurden. In den nächsten Schritten werden die neuen Erfahrungen indiziert und in die Fallbasis integriert.

Indizierung

Für die Suche nach ähnlichen Fällen ist es entscheidend, wie die gespeicherten Fälle in der Fallbasis indiziert sind und wie der Suchraum strukturiert ist. Diese Frage wird nach Aamodt und Plaza (1994) in der Regel in der vorangehenden Phase der Aufgabenanalyse und Wissensmodellierung geklärt. Die einfachste Lösung ist die Verwendung aller Merkmale als Indizes.

In dieser Arbeit werden die interessanten Messwerte als Indizes verwendet. Sie sind in der zugehörigen atomaren Teilstrategie definiert und werden untereinander gleich gewichtet. Jeder neu generierte Fall muss daher mit der zugehörigen atomaren Teilstrategie verknüpft werden, bevor er im nächsten Schritt in die Fallbasis integriert wird.

Integration

Wird ein neuer Fall in der Fallbasis gespeichert, spielt nach Aamodt und Plaza (1994) die Anpassung der bestehenden Indizes eine wichtige Rolle. Die Indizes repräsentieren die Bedeutung der Fälle und werden gemäß dem Erfolg oder Misserfolg der Anwendung der zugehörigen Lösungen angepasst. Auch die Bedeutung der Merkmale kann gestärkt bzw. geschwächt werden, wenn sie eine entscheidende Rolle bei der Auffindung eines Falles gespielt haben, dessen Lösung zum Erfolg bzw. Misserfolg geführt hat. Nach dem Speichern des neu gelernten Falles kann dieser gegebenenfalls erneut auf das Ursprungsproblem angewendet werden, um das Verhalten zu verifizieren.

In dieser Arbeit werden alle Fälle in der Fallbasis aktualisiert, die an der Fusion der Lösung beteiligt waren, s. Abb. 5.10. Dabei wird nach Anwendung dieser Lösung die Anzahl der Anwendungen von jedem beteiligten Fall um 1 erhöht. Nur wenn die Lösung auch zum Erfolg geführt hat, wird auch die Anzahl der Erfolge um 1 erhöht.

Ein neuer Fall wird immer dann erzeugt, wenn iterative Lösungsschritte zur Verfeinerung der Lösung ausgeführt wurden. Dies trifft genau dann ein, wenn zum vorliegenden Fall keine ähnlichen Fälle in der Fallbasis gefunden wurden oder die Lösung aus der

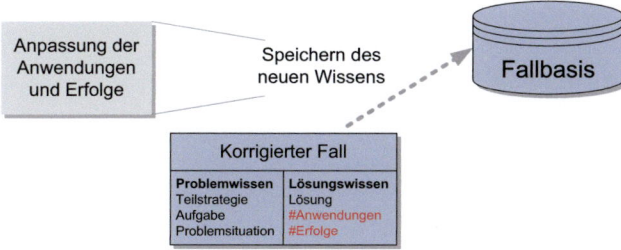

Abb. 5.10.: Speichern des neuen Wissens

Fallbasis nicht zum Erfolg geführt hat. Der neu generierte Fall wird mit der zugehörigen atomaren Teilstrategie verknüpft und in der Fallbasis abgelegt. In den folgenden Ausführungen dieser atomaren Teilstrategie kann er dann zur Lösung ähnlicher Fälle herangezogen werden.

5.4. Beispielhafte Ausführung einer atomaren Teilstrategie

Die Ausführung einer atomaren Teilstrategie mit fallbasiertem Schließen wird am Beispiel der atomaren Teilstrategie Fingerkontakte beim Palettieren von Zündkerzen gezeigt. Die atomare Teilstrategie stellt bei einem Griff die Kontakte der Finger mit dem Objekt her und ist in Tab. 4.5 auf S. 62 definiert. Im Folgenden werden zwei beispielhafte Abläufe dargestellt:

1. Die Fallbasis enthält *keine* zum vorliegenden Fall ähnlichen Fälle und die Ungenauigkeiten werden nur durch die Ausführung iterativer Lösungsschritte ausgeglichen, s. Abb. 5.11.

2. Die Fallbasis enthält *zwei* zum vorliegenden Fall ähnliche Fälle, deren fusionierte Lösung jedoch nicht zum Erfolg führt und durch die Ausführung iterativer Lösungsschritte angepasst wird, s. Abb. 5.12.

Die Ausführung beginnt, wie in Abb. 5.6 auf S. 102 dargestellt, in beiden Fällen mit der Bewegung zur Überprüfung der Zielbedingung, der Aufnahme der interessanten Messwerte und der Überprüfung der Zielbedingung. Da die atomare Teilstrategie Fingerkontakte keine Bewegung zur Überprüfung der Zielbedingung hat, werden sofort die interessanten Messwerte, nämlich die Greifkräfte F_{grasp_1}, F_{grasp_2} und F_{grasp_3}, aufgenommen und die Zielbedingung überprüft. Es sei nun der Schwellwert, der das Rauschen

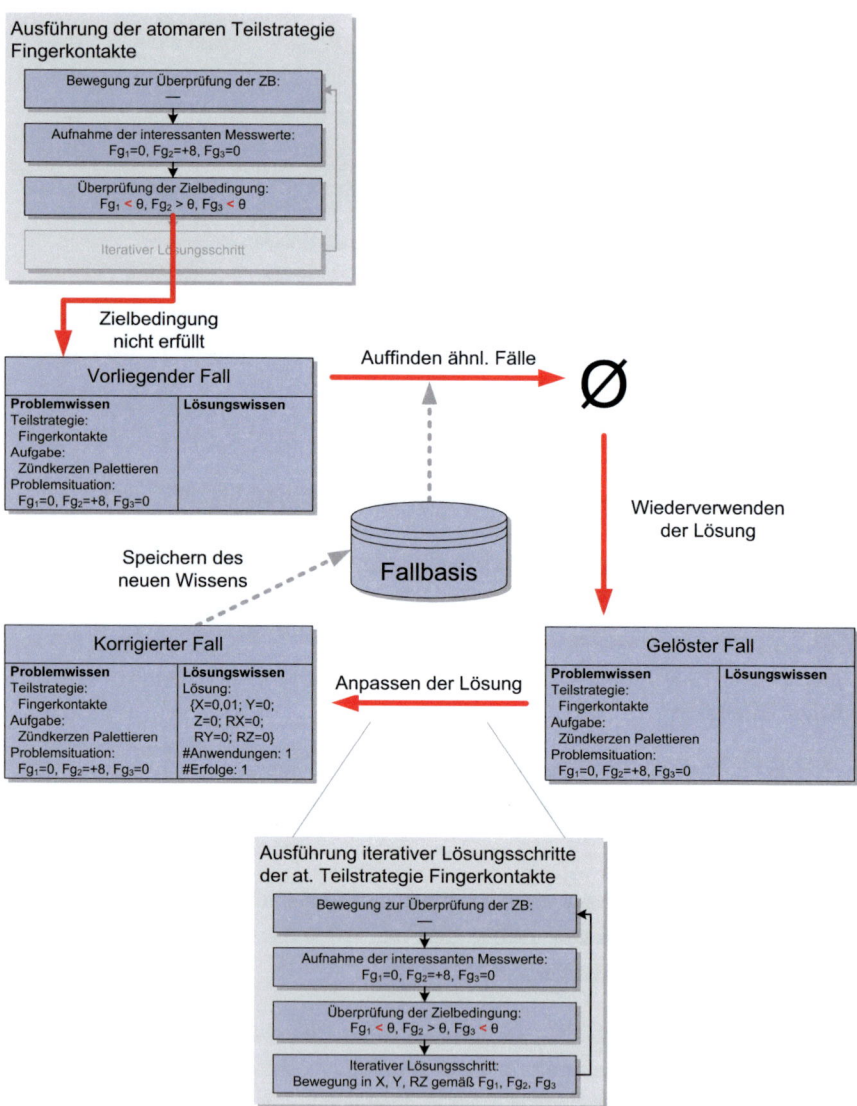

Abb. 5.11.: Ausführung der atomaren Teilstrategie Fingerkontakte mit iterativem Ausgleich

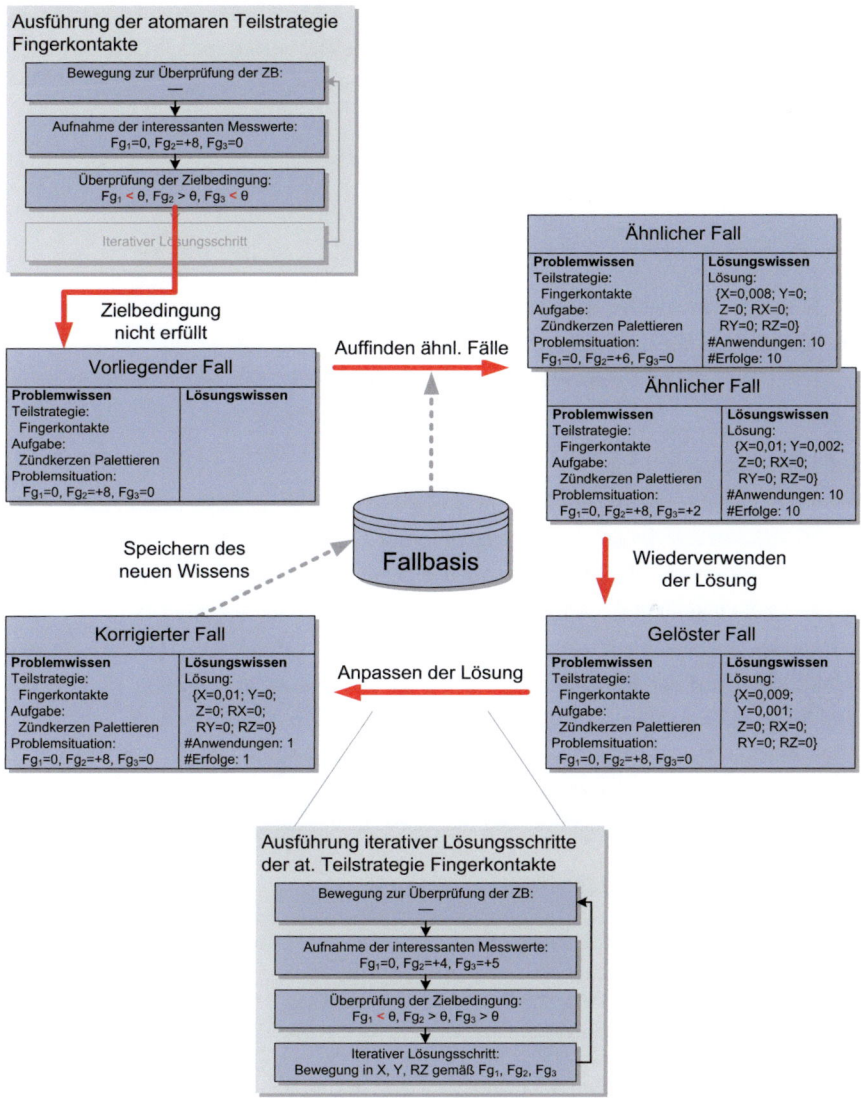

Abb. 5.12.: Ausführung der atomaren Teilstrategie Fingerkontakte mit der Lösung ähnlicher Fälle

herausfiltern soll, als $\theta = 0,1$N definiert. In beiden Beispielabläufen gelten die Kräfte $F_{grasp_1} = 0$N, $F_{grasp_2} = 8$N und $F_{grasp_3} = 0$N, sodass die Zielbedingung nicht erfüllt ist, da zwei der Finger keinen Kontakt zum Objekt haben. Der vorliegende Fall enthält damit in beiden Beispielabläufen folgendes Problemwissen:

- *Teilstrategie*: Fingerkontakte.

- *Aufgabe*: Zündkerzen Palettieren.

- *Problemsituation*: $F_{grasp_1} = 0$N, $F_{grasp_2} = 8$N, $F_{grasp_3} = 0$N.

Das Lösungswissen ist im vorliegenden Fall zunächst leer und wird im weiteren Verlauf des fallbasierten Schließzyklus bestimmt. Die vier Schritte des Schließzyklus Retrieve, Reuse, Revise und Retain werden im Folgenden anhand der beiden Beispielabläufe beschrieben.

Auffinden relevanter Fälle

Wurde die gleiche Manipulationsaufgabe bereits vorher ausgeführt, enthält die Fallbasis Erfahrungen aus diesen Ausführungen. In der Retrieve-Phase wird, wie in Abb. 5.7 auf S. 104 dargestellt, die Fallbasis dann nach ähnlichen Fällen durchsucht, die gleiche Teilstrategien und ähnliche Aufgaben und Problemsituationen beschreiben.

Im ersten Beispielablauf werden keine ähnlichen Fälle gefunden, s. Abb. 5.11. Es wird keine Lösung aus der Fallbasis angewendet und die Reuse-Phase entfällt. Die Lösung wird durch die Ausführung iterativer Schritte in der Revise-Phase ermittelt.

Im zweiten Beispielablauf werden zwei ähnliche Fälle gefunden, s. Abb. 5.12. Beide beschreiben die gleiche Teilstrategie und die gleiche Aufgabe, jedoch verschiedene Problemsituationen und ausgleichende Roboterbewegungen als Lösungen:

- *Teilstrategie*: Fingerkontakte.

- *Aufgabe*: Zündkerzen Palettieren.

- *Problemsituation*: $F_{grasp_1} = 0$N, $F_{grasp_2} = 6$N, $F_{grasp_3} = 0$N bzw. $F_{grasp_1} = 0$N, $F_{grasp_2} = 8$N, $F_{grasp_3} = 2$N.

- *Lösung*: $\{X = 0,008$m; $Y = 0$m; $Z = 0$m; $RX = 0°$; $RY = 0°$; $RZ = 0°\}$ bzw. $\{X = 0,01$m; $Y = 0,002$m; $Z = 0$m; $RX = 0°$; $RY = 0°$; $RZ = 0°\}$.

Es wird angenommen, dass beide Fälle dieselbe Ähnlichkeit zum vorliegenden Fall haben. In der folgenden Reuse-Phase wird aus diesen beiden Fällen eine Lösung fusioniert.

Wiederverwenden der Lösung

In der Reuse-Phase werden, wie in Abb. 5.8 auf S. 108 dargestellt, die Lösungen der gefundenen ähnlichen Fälle fusioniert.

Da im ersten Beispielablauf keine ähnlichen Fälle in der Fallbasis gefunden wurden, entfällt die Reuse-Phase, s. Abb. 5.11. Der gelöste Fall besteht nur aus dem Problemwissen des vorliegenden Falls und besitzt kein Lösungswissen. Die Lösung wird erst in der Revise-Phase durch die Ausführung iterativer Lösungsschritte ermittelt.

Im zweiten Beispielablauf haben die beiden ähnlichen Fälle dieselbe Ähnlichkeit zum vorliegenden Fall, sodass sich die fusionierte Lösung zu $\{X = 0,009\text{m}; Y = 0,001\text{m}; Z = 0\text{m}; RX = 0°; RY = 0°; RZ = 0°\}$ berechnet, s. Abb. 5.12. Aus dem vorliegenden Fall wird dadurch mit dem ursprünglichen Problemwissen und dem neu dazugekommenen Lösungswissen der gelöste Fall. In der folgenden Revise-Phase wird diese Lösung ausgeführt und gegebenenfalls weiter verfeinert.

Anpassen der Lösung

In der Revise-Phase wird zunächst die fusionierte Lösung, d. h. die Roboterbewegung zum Ausgleich der Ungenauigkeiten, auf dem realen Roboter ausgeführt. Daraufhin wird sie überprüft und gegebebenfalls angepasst, wie in Abb. 5.9 auf S. 110 dargestellt.

Im ersten Beispielablauf findet keine Bewegung statt, da im vorherigen Schritt keine Lösung erzeugt wurde. Es werden daher direkt gemäß der Ausführung der atomaren Teilstrategie Fingerkontakte die interessanten Messwerte aufgenommen und die Zielbedingung überprüft. Es gelten weiterhin die Greifkräfte $F_{grasp_1} = 0\text{N}$, $F_{grasp_2} = 8\text{N}$, $F_{grasp_3} = 0\text{N}$, da keine Ausgleichsbewegungen ausgeführt wurden, s. Abb. 5.11. Die Zielbedingung ist damit nicht erfüllt und es wird ein iterativer Lösungsschritt ausgeführt, der bei der atomaren Teilstrategie Fingerkontakte eine Roboterbewegung in X, Y und RZ ist, die Kontakte der Finger mit dem Objekt herstellt. Daraufhin werden erneut die interessanten Messwerte aufgenommen, die Zielbedingung überprüft und gegebenenfalls ein iterativer Lösungsschritt ausgeführt. Dieser Zyklus aus iterativen Lösungsschritten, Bewegung zur Überprüfung der Zielbedingung, Aufnahme der interessanten Messwerte und Überprüfung der Zielbedingung wird solange ausgeführt, bis die Zielbedingung erfüllt ist. Im ersten Beispielablauf ist dies erst nach fünf Iterationen der Fall, s. Abb. 5.13. Der korrigierte Fall, s. Abb. 5.11, enthält dann das ursprüngliche Problemwissen und als Lösungswissen die aufsummierten Bewegungen der iterativen Lösungsschritte, hier $\{X = 0,01\text{m}; Y = 0\text{m}; Z = 0\text{m}; RX = 0°; RY = 0°; RZ = 0°\}$.

Im zweiten Beispielablauf wird die im vorherigen Schritt fusionierte Lösung der ähnlichen Fälle ausgeführt. Danach werden gemäß der Ausführung der atomaren Teilstrategie Fingerkontakte die interessanten Messwerte aufgenommen und die Zielbedingung überprüft. Es gelten die Greifkräfte $F_{grasp_1} = 0$N, $F_{grasp_2} = 4$N, $F_{grasp_3} = 5$N und die Zielbedingung ist ebenfalls nicht erfüllt, da immer noch ein Finger keinen Kontakt zum Objekt hat. Nun werden iterative Lösungsschritte, d. h. Roboterbewegungen in X, Y und RZ ausgeführt, die Kontakte der Finger mit dem Objekt herstellen. Da die Lösung aus der Fallbasis bereits einen großen Schritt in Richtung Ziel gemacht hat, ist die Zielbedingung bereits nach einer Iteration erfüllt, s. Abb. 5.14. Der korrigierte Fall, s. Abb. 5.12, enthält dann das ursprüngliche Problemwissen und als Lösungswissen die aufsummierte Bewegung der fusionierten Lösung aus der Fallbasis und des iterativen Lösungsschrittes, hier ebenfalls $\{X = 0,01\text{m}; Y = 0\text{m}; Z = 0\text{m}; RX = 0°; RY = 0°; RZ = 0°\}$.

In beiden Beispielabläufen wird die neu gewonnene Erfahrung in der folgenden Retain-Phase in der Fallbasis gespeichert, um sie in den zukünftigen Ausführungen wiederverwenden zu können.

Speichern der gewonnenen Erfahrung

Da die Anwendung des Wissens aus der Fallbasis in beiden Beispielabläufen nicht zum Erfolg geführt hat, wurden neue Erfahrungen gesammelt, die in der Retain-Phase in der Fallbasis gespeichert werden, wie in Abb. 5.10 auf S. 113 dargestellt.

Im ersten Beispielablauf wird der korrigierte Fall mit der ursprünglichen Problemsituation und der Lösung, die durch die Ausführung iterativer Lösungsschritte ermittelt wurde, in der Fallbasis abgelegt, s. Abb. 5.11. Die Anzahl der Anwendungen und die Anzahl der Erfolge werden jeweils auf 1 gesetzt. Da keine Lösung aus der Fallbasis angewendet wurde, werden keine weiteren Fälle aktualisiert.

Im zweiten Beispielablauf wird zunächst bei den beiden an der Lösungsfusion beteiligten Fällen die Anzahl der Anwendungen erhöht, die Anzahl der Erfolge jedoch nicht. Der korrigierte Fall mit der ursprünglichen Problemsituation und der Lösung, die durch die Anwendung der Lösung aus der Fallbasis und die Ausführung iterativer Lösungsschritte ermittelt wurde, wird in der Fallbasis abgelegt, s. Abb. 5.12. Die Anzahl der Anwendungen und die Anzahl der Erfolge werden jeweils auf 1 gesetzt.

In den folgenden Ausführungen der atomaren Teilstrategie Fingerkontakte kann in in beiden Beispielabläufen der neue Fall zur Lösungsfindung bei ähnlichen Fällen benutzt werden.

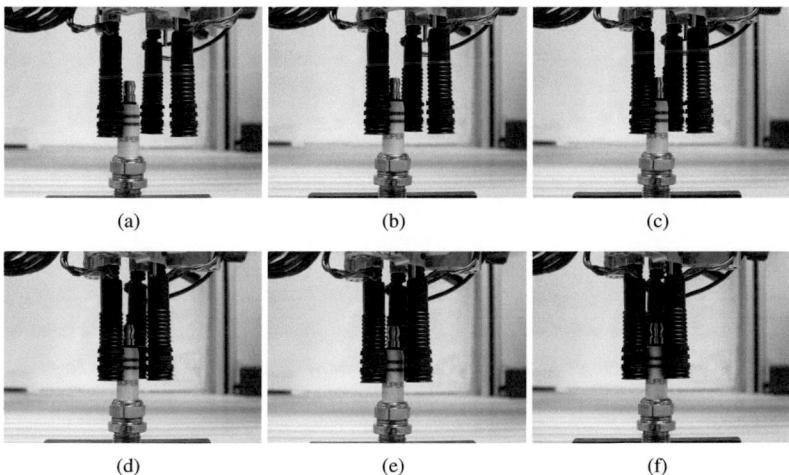

(a)   (b)   (c)

(d)   (e)   (f)

Abb. 5.13.: Iterativer Ausgleich von Ungenauigkeiten bei der atomaren Teilstrategie Fingerkontakte: (a) Ausgangsstellung, (b) 1. iterativer Lösungsschritt, (c) 2. iterativer Lösungsschritt, (d) 3. iterativer Lösungsschritt, (e) 4. iterativer Lösungsschritt, (f) 5. iterativer
Lösungsschritt und Zielstellung

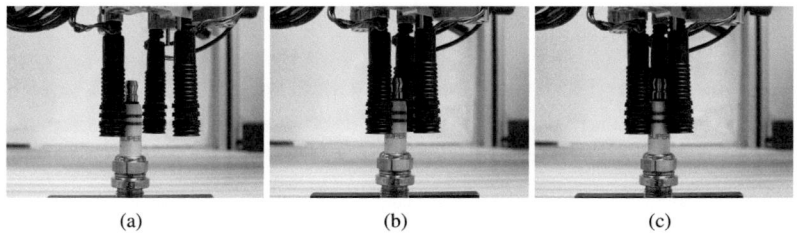

(a)   (b)   (c)

Abb. 5.14.: Ausgleich von Ungenauigkeiten unter Verwendung der Fallbasis bei der atomaren
Teilstrategie Fingerkontakte: (a) Ausgangsstellung, (b) Anwendung der fusionierten
Lösung ähnlicher Fälle aus der Fallbasis, (c) zusätzlicher iterativer Lösungsschritt
und Zielstellung

5.5. Zusammenfassung

In diesem Kapitel wurde die Optimierung der Ausführung atomarer Teilstrategien mittels erfahrungsbasiertem Lernen vorgestellt.

Bei bestimmten Objekt- und Nesteigenschaften benötigen die Manipulationsstrategien viele Iterationsschritte, um die Ungenauigkeiten auszugleichen. Dies wird innerhalb der atomaren Teilstrategien mittels fallbasiertem Schließen optimiert, indem bei jeder Anwendung aufgabenspezifische Erfahrungen gesammelt und in späteren Ausführungen wiederverwendet werden.

Erfahrungen werden in Form von Fällen, die das Problemwissen und das zugehörige Lösungswissen beschreiben, in einer Fallbasis abgelegt. Das Problemwissen besteht dabei aus der zugehörigen atomaren Teilstrategie, der Aufgabe und der Problemsituation. Die Problemsituation wird dabei durch die interessanten Messwerte und den Zeitpunkt der letzten erfolgreichen Anwendung beschrieben. Das Lösungswissen eines Falls besteht aus der Lösung selbst, in Form einer linearen Roboterbewegung, die die vorliegenden Ungenauigkeiten ausgleicht, der Anzahl der Anwendungen und der Anzahl der Erfolge dieses Falls.

Der fallbasierte Schließzyklus wird direkt in die Ausführung einer atomaren Teilstrategie integriert. Nach der Bewegung zur Überprüfung der Zielbedingung werden die interessanten Messwerte aufgenommen und die Zielbedingung überprüft. Ist die Zielbedingung nicht erfüllt, werden in der Retrieve-Phase, dem ersten Schritt des fallbasierten Schließzyklus, die ähnichen Fälle aus der Fallbasis herausgesucht. Ähnlichkeit ist dabei anhand der zugehörigen atomaren Teilstrategie, der Aufgabe und der Problemsituation definiert.

In der Reuse-Phase, dem zweiten Schritt des fallbasierten Schließzyklus, werden die Lösungen der ähnlichen Fälle, gewichtet nach ihrer Ähnlichkeit, zu einer Lösung fusioniert.

In der Revise-Phase, dem dritten Schritt des fallbasierten Schließzyklus, wird diese Lösung auf den vorliegenden Fall angewendet, d. h. auf dem realen Roboter ausgeführt, und überprüft. Die Überprüfung erfolgt gemäß der Ausführung der atomaren Teilstrategie mit der Bewegung zur Überprüfung der Zielbedingung, der Aufnahme der interessanten Messwerte und der Überprüfung der Zielbedingung. Ist die Zielbedingung nicht erfüllt, wird die Lösung verfeinert, indem solange iterative Lösungsschritte ausgeführt werden, bis alle Ungenauigkeiten ausgeglichen sind und die Zielbedingung erfüllt ist.

In der Retain-Phase, dem vierten und letzten Schritt des fallbasierten Schließzyklus, wird die gewonnene Erfahrung in der Fallbasis gespeichert. Bei den verwendeten ähnlichen Fällen aus der Fallbasis werden die Erfolgsraten angepasst, je nachdem ob die fusionierte Lösung zum Erfolg geführt hat. Wenn die Lösung durch iterative Lösungsschritte gefunden oder verfeinert wurde, wird ein neuer Fall erzeugt und in der Fallbasis abgelegt.

6. Umsetzung des universellen Montagesystems

Nach der theoretischen Definition der Manipulationsstrategien und der Vorstellung des Optimierungsansatzes mittels fallbasiertem Schließen wird nun der Systementwurf vorgestellt. Dazu wird in Abschnitt 6.1 ein Überblick über das Gesamtsystem gegeben und die Anforderungen an die Schnittstellen zum Roboter, Greifer und der Sensorik definiert.

Die Softwarestruktur der Manipulationsstrategien entspricht der Zusammensetzung aus atomaren Teilstrategien und wird in Abschnitt 6.2 gezeigt. Abschnitt 6.3 verdeutlicht den Aufbau der Fallbasis und das Zusammenspiel mit der Aufgabendatenbank, die auf die Objekt- und die Nestdatenbanken verweist. Abschnitt 6.4 zeigt die umgesetzte grafische Benutzerschnittstelle zur Konfiguration einer Manipulationsaufgabe.

6.1. Gesamtsystemübersicht

Das Gesamtsystem setzt sich zusammen aus der Software und den Hardware-Komponenten, s. Abb. 6.1. Die Hardware-Komponenten sind der Roboter, der Greifer und die Sensorik, die jeweils ihre eigene Steuerung mit grundlegenden Funktionen besitzen. Die Manipulationsstrategien, die Fallbasis und die Aufgabendatenbank bilden die Softwarekomponenten.

Die Manipulationsstrategien sprechen die Hardwarekomponenten über definierte Schnittstellenfunktionen an, die zunächst unabhängig von den darunterliegenden Typen von Roboter, Greifer und Sensorik sind. Diese Schnittstellenfunktionen benutzen Funktionen aus den jeweiligen Steuerungen, um mit der Hardware zu kommunizieren. Sie sind an die speziellen Steuerungen angepasst und müssen bei einer Änderung der Hardware und der zugehörigen Steuerung ebenfalls geändert werden. Die notwendigen Schnittstellenfunktionen zum Roboter, Greifer und der Sensorik werden im Folgenden definiert.

6.1.1. Roboter-Schnittstelle

Die Schnittstelle zum Roboter muss die Möglichkeiten bieten, die aktuelle Position des Roboters auslesen und eine neue Sollposition vorgeben zu können. Weiterhin ist eine

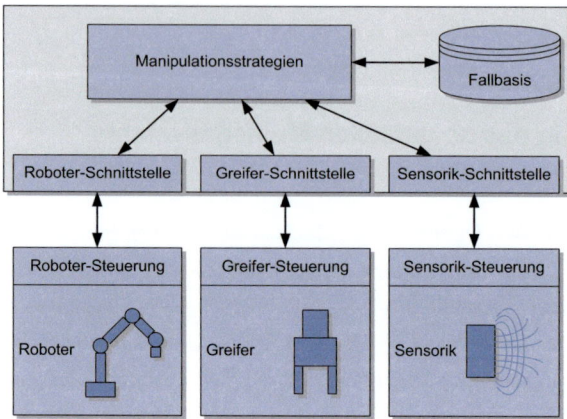

Abb. 6.1.: Komponenten des Gesamtsystems

Kontakt- bzw. Kraftregelung notwendig, um die Kontaktsuche umsetzen zu können. Die benötigten Methoden werden im Folgenden genauer erläutert.

Auslesen der aktuellen GCP-Position

Die Methode gibt die Koordinaten des Grasp Center Points (GCP) relativ zur Basis in Form von $\{X, Y, Z, Roll, Pitch, Yaw\}$ aus. Alternativ kann eine homogene Transformationsmatrix ausgegeben werden.

Lineare Bewegung des Roboters relativ zum GCP

Die Methode führt eine lineare Roboterbewegung zum angegebenen GCP-relativen Zielpunkt aus. Insbesondere in den ersten vier Teilschritten einer Manipulationsaufgabe, denen zum Greifen des Objekts, werden Roboterbewegungen GCP-relativ ausgeführt. Der GCP ist in der Regel als der Punkt zwischen den Fingerspitzen definiert und insbesondere bei mehrgliedrigen Fingern von der aktuellen Stellung abhängig.

Lineare Bewegung des Roboters relativ zum Nest

Die Methode führt eine lineare Roboterbewegung zum angegebenen nestrelativen Zielpunkt aus. Insbesondere in den letzten vier Schritten einer Manipulationsaufgabe, denen zum Fügen des Objektes in das Nest, werden Roboterbewegungen nestrelativ ausgeführt. Der Nest-Nullpunkt liegt dabei an der Oberkante im Nest- bzw. Ablagemittelpunkt.

Roboterbewegung bis zum Kontakt oder bis zu einer Kraft

Die Methode führt eine lineare Roboterbewegung bis zum einem Kontakt oder einer vorgegebenen Kraft aus. Insbesondere beim Fügen ist die Kontakt- bzw. Kraftregelung des Roboters notwendig. Falls eine solche Regelung nicht vorhanden ist, muss bei der Kontaktsuche oder dem Erreichen bestimmter Kraftwerte die Roboterbewegung gestoppt werden können. Bei Robotern, die die Unterbrechung der aktuellen Bewegung nicht unterstützen, kann die Bewegung nur schrittweise ausgeführt werden, wobei nach jedem Schritt auf die vorliegenden Messwerte reagiert werden muss.

6.1.2. Greifer-Schnittstelle

Die Schnittstelle zum Greifer muss die Möglichkeit bieten, die aktuelle Vorformung des Greifers bzw. die Positionen der Finger auslesen und neue vorgeben zu können. Für das Greifen muss die Kraft und gegebenenfalls die Richtung vorgegeben werden können. Die benötigten Methoden werden im Folgenden genauer erläutert.

Auslesen der Fingerpositionen

Die Methode gibt die Fingerpositionen des Greifers in kartesischen Koordinaten oder Gelenkwinkeln aus. Anhand der Fingerpositionen kann überprüft werden, ob ein Objekt gegriffen wurde. Desweiteren werden die Fingerpositionen zur Berechnung von Ausgleichsbewegungen verwendet.

Vorpositionierung auf eine Vorformung

Die Methode führt eine Positionierung der Greiferfinger auf die semantisch vorgegebene Vorformung durch. Greifer können verschiedene Fingerstellungen, sogenannte Vorformungen, unterstützen, um z. B. runde oder rechteckige Objekte zu greifen.

Vorpositionierung auf eine Öffnungsweite

Die Methode führt eine Positionierung der einzelnen Greiferfinger auf die angegebene Öffnung durch. Vor dem Greifen des Objektes müssen die Finger gemäß den Objektausmaßen so eingestellt werden, dass sie beim Greifen lediglich einen kurzen Weg zurücklegen müssen. Die Vorpositionierung benötigt daher die Positionsregelung der einzelnen Finger.

Zugreifen mit einer Kraft in eine Richtung

Die Methode führt eine hybride Kraft-Positionsregelung der einzelnen Finger durch, um die Greiferfinger mit der vorgegebenen Kraft in eine bestimmte Richtung zu bewegen.

Die Finger werden dabei z. B. bei einem Außengriff geschlossen und bei einem Innengriff geöffnet.

6.1.3. Sensorik-Schnittstelle

Von der Schnittstelle zur Sensorik wird eine Möglichkeit zum Auslesen und Zurücksetzen der Sensorwerte benötigt. Die benötigten Methoden werden im Folgenden vorgestellt.

Zurücksetzen aller Sensorwerte

Die Methode setzt alle vorhandenen Sensorwerte auf Null. Zwischen den verschiedenen Schritten in einer Manipulationsaufgabe können die Sensorwerte zurückgesetzt werden, um lediglich die Wertänderungen zu berücksichtigen.

Auslesen der Sensorwerte

Je nach Sensorart wird bei dieser Methode eine Liste mit allen Sensorwerten ausgegeben. Bei einem Kraftmomentensensor hat die Liste dabei die Form $\{F_X, F_Y, F_Z, T_X, T_Y, T_Z\}$, bei Fingersensoren kommen die Kräfte und Momente der einzelnen Finger hinzu.

6.2. Manipulationsstrategien

Die gesamte Software-Architektur wird mit Microsoft Visual Studio in .NET/C# umgesetzt. Die Struktur der Manipulationsstrategien orientiert sich an deren vorgestellter Zusammensetzung aus atomaren Teilstrategien. Die abstrakte Klasse *Manipulationsstrategie*, s. Abb. 6.2, besitzt einen Verweis auf die Roboter-, Greifer- und Sensorik-Schnittstellen. Bei der Initialisierung wird der Manipulationsstrategie weiterhin eine spezielle Aufgabe zugeteilt, die das Objekt, das Ursprungsnest und das Zielnest beschreibt.

Die Funktion *ausführen()* arbeitet die Liste der atomaren Teilstrategien ab, indem sie, wie in Abschnitt 5.3 definiert, jede Teilstrategie unter Verwendung der Fallbasis ausführt. Diese Funktion ist unabhängig von den atomaren Teilstrategien und wird unverändert an alle Unterklassen vererbt.

Die abstrakten Unterklassen *Transferstrategie*, *Anrückstrategie*, *Abrückstrategie*, *Greifstrategie*, *Loslassstrategie* und *Fügestrategie* haben zusätzliche spezielle Attribute, die Parameter darstellen, die vom Benutzer vorzugeben sind, wie in Abschnitt 4.4 definiert. So benötigt beispielsweise eine Greifstrategie die Greifkraft und die Greifrichtung.

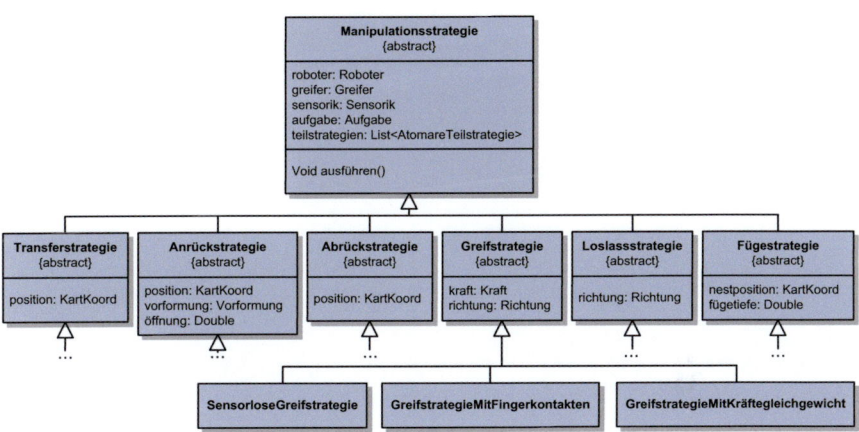

Abb. 6.2.: Klasse *Manipulationsstrategie* und ihre Unterklassen am Beispiel von Greifstrategien

Spezielle Manipulationsstrategien werden als Unterklassen der Transferstrategien, Anrückstrategien usw. erstellt. Dies ist in Abb. 6.2 am Beispiel von Greifstrategien dargestellt, die in Abschnitt 4.4.4 definiert wurden. Die Klassen *SensorloseGreifstrategie*, *GreifstrategieMitFingerkontakten* und *GreifstrategieMitKräftegleichgewicht* haben dabei keine zusätzlichen Attribute, da alle Greifstrategien lediglich die von der Oberklasse geerbten Attribute Greifkraft und Greifrichtung benötigen.

Die abstrakte Klasse *AtomareTeilstrategie*, s. Abb. 6.3, besitzt, gemäß ihrem in Abschnitt 4.3 definierten Aufbau, die Liste der interessanten Messwerte, die Liste der Dimensionen mit Ungenauigkeiten und die Art der Ungenauigkeiten als Attribute. Die Zielbedingung, die Bewegung zur Überprüfung der Zielbedingung und der iterative Lösungsschritt werden als Funktionen umgesetzt. Die Funktion *Zielbedingung()* liefert als Rückgabe einen Wahrheitswert, der aussagt, ob die Zielbedingung erfüllt ist. Die Funktion *iterativerLösungsschritt()* führt einen iterativen Lösungsschritt als lineare Roboterbewegung aus und liefert den relativen Zielpunkt dieser Bewegung zusätzlich als Rückgabe, damit die Schritte aller Iterationen von der übergeordneten Manipulationsstrategie gesammelt und in der Fallbasis abgelegt werden können.

Die einzelnen atomaren Teilstrategien werden als Unterklassen umgesetzt, in denen die Liste der interessanten Messwerte, die Liste der Dimensionen mit Ungenauigkeiten und die Art der Ungenauigkeiten vorgegeben und vom zugrunde liegenden System unabhängig sind. Die Funktionen werden entsprechend in den Unterklassen implementiert,

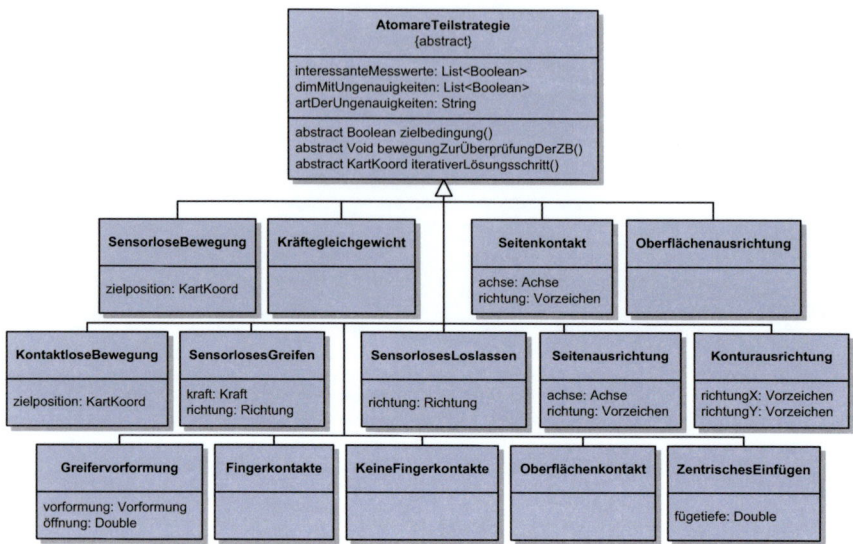

Abb. 6.3.: Klasse *AtomareTeilstrategie* und ihre Unterklassen

wobei die Bewegung zur Überprüfung der Zielbedingung und der iterative Lösungs-schritt gegebenenfalls an das zugrunde liegende System angepasst werden müssen. Die Parameter der atomaren Teilstrategien werden von der übergeordneten Manipulations-strategie gesetzt.

6.3. Fallbasis

Die Fallbasis enthält das gesamte Erfahrungswissen in Form von Fällen, s. Abb. 6.4. Fälle haben die in Abschnitt 5.2.1 definierte Struktur, bestehend aus der Aufgabe, der atomaren Teilstrategie, der Problemsituation, der Lösung, der Anzahl der Anwendun-gen und der Anzahl der Erfolge. Jeder Fall verweist auf die von ihm gelöste Aufgabe in der Aufgabendatenbank. Aufgaben verweisen gemäß der in Abschnitt 5.2.2 definier-ten Struktur auf das zu manipulierende Objekt in der Objektdatenbank und auf das Ur-sprungsnest und das Zielnest in der Nestdatenbank.

Die Fallbasis, sowie die Aufgaben-, Objekt- und Nestdatenbanken werden in XML-Darstellung gespeichert. Für einen schnelleren Zugriff wird die Fallbasis während der Ausführung vollständig deserialisiert und in objektorientierter Form in den Arbeitsspei-

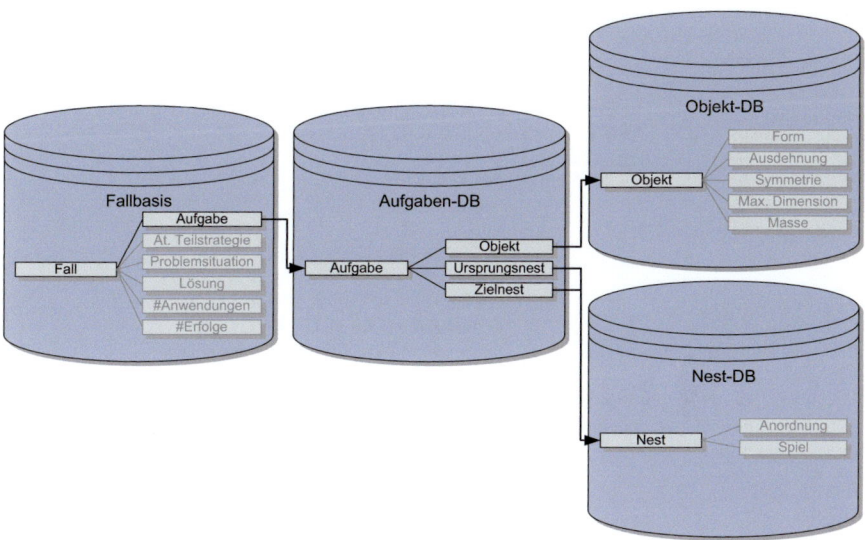

Abb. 6.4.: Aufbau der Fallbasis

cher geladen. Quellcode 6.1 zeigt beispielhaft eine Fallbasis mit einem Fall in XML-Notation.

6.4. Grafische Benutzerschnittstelle

Über die grafische Benutzerschnittstelle hat der Benutzer die Möglichkeit, die Ausführung der vorliegenden Manipulationsaufgabe zu konfigurieren. Nach der in Abschnitt 4.5 vorgestellten dialogbasierten Abfrage erhält der Benutzer anschließend eine Übersicht über die so erstellte Konfiguration.

Abb. 6.5 zeigt die Umsetzung dieser Übersichtsdarstellung mit Microsoft Visual Studio in .NET/C# unter Verwendung von Windows Forms. Für jeden Teilschritt der Manipulationsaufgabe sind dabei die bestimmten Strategien und die vom Benutzer eingegebenen Parameter dargestellt. Dieser hat die Möglichkeit, die Einstellungen durch die Auswahl anderer Werte aus Listen oder durch direktes Editieren anzupassen. Insbesondere während der Testphase können so z. B. Positionen oder Greifkräfte angepasst oder die Strategien gegebenenfalls geändert werden, um weitere Ungenauigkeiten zu berücksichtigen.

```
<?xml version="1.0"?>
<fallbasis>
    <fall>
        <teilstrategie>Seitenausrichtung</teilstrategie>
        <aufgabe>Test_1100101</aufgabe>
        <problemsituation>
            <messwerte>
                <Fx>0</Fx>
                ...
                <Tz>0</Tz>
            </messwerte>
            <zeitpunkt>
                <datum>01.01.2011</datum>
                <uhrzeit>10:00:00</uhrzeit>
            </zeitpunkt>
        </problemsituation>
        <loesung>
            <X>0</X>
            ...
            <RZ>0</RZ>
        </loesung>
        <anwendungen>0</anwendungen>
        <erfolge>0</erfolge>
    </fall>
</fallbasis>
```

Quellcode 6.1: XML-Darstellung einer Fallbasis mit einem Fall

6.5. Zusammenfassung

Das Gesamtsystem besteht aus den Hardware-Komponenten Roboter, Greifer und Sensorik mit den jeweiligen Steuerungen. Die Software-Komponenten sind die Manipulationsstrategien, die über spezielle Schnittstellen auf die Hardware-Komponenten zugreifen, die Fallbasis und die Aufgabendatenbank.

Die Softwarearchitektur wurde mit Microsoft Visual Studio in .NET/C# umgesetzt. Die Struktur der Manipulationsstrategien orientiert sich an der Zusammensetzung aus atomaren Teilstrategien. Die Ausführung einer Manipulationsstrategie ist in der obersten abstrakten Klasse definiert und für alle Unterklassen identisch, da dabei alle zugehörigen atomaren Teilstrategien gemäß dem fallbasierten Schließzyklus abgearbeitet werden. Atomare Teilstrategien sind in Form von Klassen umgesetzt und enthalten gemäß ihrer Struktur Parameter, die von der übergeordneten Manipulationsstrategie vorgegeben werden. Als Attribute enthalten sie die interessanten Messwerte, die Dimensionen mit Ungenauigkeiten und die Art der Ungenauigkeiten. Als Methoden sind die Zielbe-

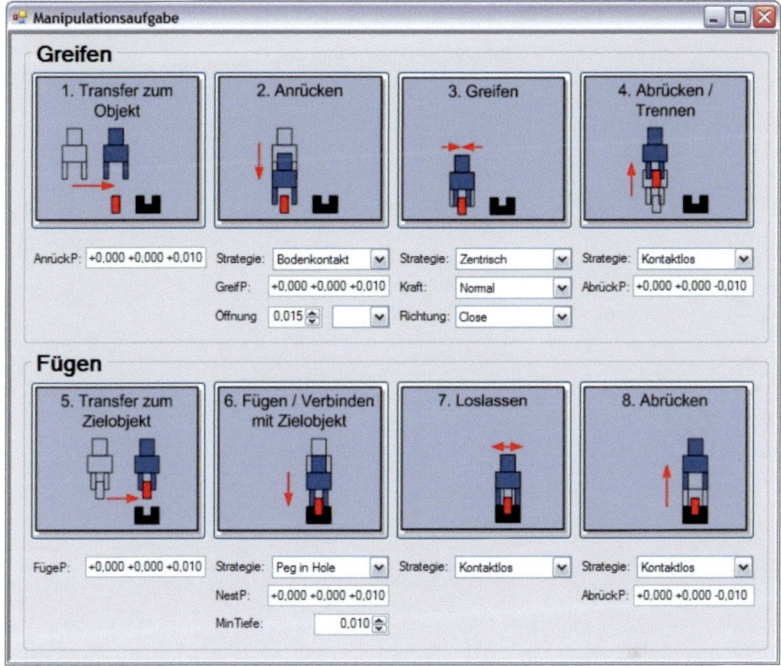

Abb. 6.5.: Bedienoberfläche zur Konfiguration von Manipulationsaufgaben

dingung, die Bewegung zur Überprüfung der Zielbedingung und der iterative Lösungs-schritt realisiert.

Fälle werden in XML-Form in der Fallbasis abgelegt und für einen schnelleren Zugriff während der Ausführung deserialisiert. Die mit jedem Fall verknüpfte Aufgabe verweist dabei auf einen entsprechenden Eintrag in der Aufgabendatenbank, der wiederum auf die Objekte in der Objektdatenbank und die Nester in der Nestdatenbank verweist.

Die umgesetzte grafische Benutzerschnittstelle dient dazu, nach der dialogbasierten Abfrage die zusammengesetzten Strategien und Parameter dem Benutzer in einer Über-sicht anzuzeigen, und ermöglicht die erweiterte Konfiguration der Manipulationsaufgabe und zusätzliche Anpassung während der Testphase.

7. Experimente und Ergebnisse

Die entwickelten Manipulationsstrategien werden im realen industriellen Umfeld bezüglich ihrer universellen Anwendbarkeit, der System-Unabhängigkeit und der Taktzeit getestet.

Dazu werden zunächst in Abschnitt 7.1 zwei Experimentiersysteme vorgestellt, der Stäubli-Industrieroboter mit dem entwickelten 3-Finger-Stern-Greifer und der Serviceroboter Albert II. Der Stäubli-Industrieroboter wird dazu genutzt, die Universalität der Manipulationsstrategien anhand verschiedener Aufgaben zu zeigen. Dazu werden in Abschnitt 7.2 zu jeder Objektanordnung mehrere Aufgaben mit verschiedenen Objekten und Nestern definiert und mit den Manipulationsstrategien ausgeführt.

Zur Überprüfung der System-Unabhängigkeit werden die Manipulationsstrategien in Abschnitt 7.3 auf den Serviceroboter Albert II übertragen, der einen anderen Roboterarm, einen anderen Greifer und andere Sensoren besitzt. Zwei Aufgaben aus dem Bereich der Servicerobotik werden definiert und mit den Manipulationsstrategien auf Albert II ausgeführt.

Die Optimierung der Taktzeit mithilfe der Fallbasis wird in Abschnitt 7.4 anhand von zwei atomaren Teilstrategien mit verschiedenen Arten von Ungenauigkeiten analysiert. Um die Fallbasis mit einer ausreichenden Anzahl von Fällen zu füllen, werden beide Teilstrategien wiederholt mit zufällig generierten Ungenauigkeiten ausgeführt.

Abschnitt 7.5 zeigt eine Übersicht der Ausführungsdauern der verschiedenen Strategien für jeden Teilschritt einer Manipulationsaufgabe. Dabei wird, nachdem die Fallbasis im Vorfeld gefüllt wurde, die Ausführungsdauern der rein iterativen Lösungen ohne Verwendung der Fallbasis mit der erfolgreichen Lösungsanwendung aus der Fallbasis verglichen. Die Ausführungsdauer der kompletten Manipulationsaufgabe wird zusätzlich anhand von Beispielszenarien für den günstigsten und den ungünstigsten Fall aufgezeigt.

7.1. Experimentiersysteme

In dieser Arbeit werden zwei verschiedene Robotersysteme verwendet. Der Stäubli-Industrieroboter dient als primäres Experimentiersystem. Mit ihm wird die Universalität der Manipulationsstrategien bezüglich unterschiedlicher Aufgaben und das Potenzial der Taktzeitoptimierung durch die Verwendung der Fallbasis evaluiert. Der Serviceroboter Albert II steht nur begrenzt für Experimente zur Verfügung und dient daher lediglich der Evaluation der Übertragbarkeit der Manipulationsstrategien auf ein anderes Roboter-, Greifer- und Sensorsystem. Im Folgenden werden die Roboterarme, die Greifer und die Sensoren der beiden Experimentiersysteme vorgestellt.

7.1.1. Stäubli-Industrieroboterzelle

Das primäre Experimentiersystem ist ein Stäubli-Industrieroboter in einer Sicherheitszelle mit dem 3-Finger-Stern-Greifer und Finger-Kraftsensoren in Form von Dehnungsmessstreifen. Die Eigenschaften und die bereitgestellten Schnittstellenfunktionen des Roboterarms, des Greifers und der Sensorik werden im Folgenden näher erläutert.

Roboterarm

Der verwendete Roboterarm ist der TX90-Industrieroboter von der Firma Stäubli Tec-Systems GmbH (2010), s. Abb. 7.1, der aufgrund seiner hohen Geschwindigkeit und Kräfte in einer Sicherheitszelle untergebracht wird, um eine Gefährdung auszuschließen. Der Roboter hat die folgenden Eigenschaften:

- *Anzahl Freiheitsgrade*: 6.

- *Arbeitsraum*: kugelförmig, 1000mm Reichweite bis zum Flansch.

- *Tragkraft*: 7kg nominal, 20kg maximal unter besonderen Bedingungen.

- *Wiederholgenauigkeit*: ±0,03mm.

- *Geschwindigkeit*: 10,42m/s maximal im Lastenschwerpunkt.

- *Gewicht*: 111kg.

Die Stäubli-Steuerung bietet die folgenden Schnittstellenfunktionen an:

- *Auslesen der aktuellen GCP-Position*: in Form von $\{X,Y,Z,Roll,Pitch,Yaw\}$ und zusätzlich der homogenen 4×4-Transformationsmatrix.

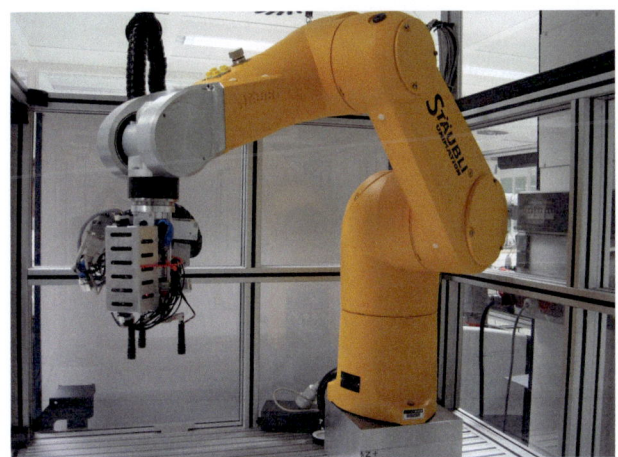

Abb. 7.1.: Stäubli TX90 mit dem 3-Finger-Stern-Greifer

- *Lineare Bewegung des Roboters relativ zum GCP*: durch die vorherige interne Umrechnung in TCP-Koordinaten.

- *Lineare Bewegung des Roboters relativ zum Nest*: durch die vorherige interne Umrechnung in TCP-Koordinaten.

- *Roboterbewegung bis zum Kontakt oder bis zu einer Kraft*: nicht vorhanden, wird daher durch das Stoppen der aktuellen Bewegung mittels einer zusätzlichen I/O-Karte umgesetzt, die innerhalb von 2ms einen Stopp-Befehl an den Roboter weiterleitet. Aufgrund des Bremsweges ist jedoch die Dauer bis zum kompletten Stillstand des Roboters abhängig von der Verfahrgeschwindigkeit und beträgt in der Regel ca. 200ms.

Greifer

Am Flansch des Stäubli-Roboters wurde der in Abschnitt 3.1.4 vorgestellte 3-Finger-Stern-Greifer angebracht. Die Tragkraft des Roboters ist ausreichend, um den Greifer und ein gegriffenes Objekt mit einem Gewicht bis 2kg sicher tragen zu können. Die Steuerung des 3-Finger-Stern-Greifers erlaubt die folgenden Schnittstellenfunktionen:

- *Auslesen der Fingerposition*: in Form des Fingeröffnungsradius r.

- *Vorpositionierung auf eine Vorformung*: nicht vorhanden, da der 3-Finger-Stern-Greifer keine Möglichkeit der Fingerumstellung besitzt.

- *Vorpositionierung auf eine Öffnungsweite*: mit Fingeröffnungsradius r zwischen 0mm und 56mm.

- *Zugreifen mit einer Kraft in eine Richtung*: als Innen- und Außengriff möglich, die Greifkraft kann dabei durch die Stromstärke begrenzt oder mit den Finger-Kraftsensoren überwacht werden.

Sensorik

Als Kraftsensoren werden die in den Greiferfingern des 3-Finger-Stern-Greifers applizierten Dehnungsmessstreifen, s. Abschnitt 3.1.4, verwendet. Dieses Sensorsystem bietet die folgenden Schnittstellenfunktionen:

- *Zurücksetzen aller Sensorwerte*: durch das Speichern der aktuellen Messwerte als Referenzwerte und Ausgabe der neuen Messwerte relativ zu den gespeicherten Referenzwerten.

- *Auslesen der Sensorwerte*: als die gemessenen Kräfte der drei Finger in TCP- und Nest-Koordinaten, die Greifkräfte an jedem Finger, die Summenkräfte und Drehmomente in TCP- und Nest-Koordinaten.

7.1.2. Serviceroboter Albert II

Das sekundäre Experimentiersystem, mit dem die Übertragbarkeit der Manipulationsstrategien auf ein anderes System evaluiert werden soll, ist der Serviceroboter Albert II, s. Abb. 7.2. Er wurde am Institut für Anthropomatik am Karlsruher Institut für Technologie (KIT) gebaut und soll dem Menschen die im Haushalt und insbesondere in der Küche anfallenden Arbeiten abnehmen. Er besitzt einen Amtec-Roboterarm, eine Barrett-Hand und einen Kraft-Momenten-Sensor, deren Eigenschaften und bereitgestellte Schnittstellenfunktionen im Folgenden beschrieben werden.

Roboterarm

Albert II besitzt einen seitlich angebrachten Roboterarm, bestehend aus sieben Power-Cube Rotary Light Drehmodulen der Firma amtec robotics GmbH, die aktuell von der Firma Schunk GmbH & Co. KG (2010b) vertrieben werden. Die einzelnen Drehmodule haben dabei die folgenden Eigenschaften:

Abb. 7.2.: Serviceroboter Albert II des Karlsruher Instituts für Technologie (KIT)

- *Baugröße*: 130mm, Handgelenk 100mm.

- *Masse*: 3kg, Handgelenk 2,8kg.

- *Nominales Abtriebsmoment*: 216Nm, Handgelenk 49Nm.

- *Winkelgeschwindigkeit*: 30°/s, Handgelenk 60°/s.

- *Aktionsbereich*: ±160°.

- *Wiederholgenauigkeit*: ±0,02°.

- *Regelung*: Position, Geschwindigkeit, Strom.

Der Arm hat insgesamt sieben Achsen und deckt einen kugelförmigen Arbeitsraum ab. Während der Versuche war ein Drehmodul in der Schulter des Roboters nicht funktionstüchtig, sodass nur sechs Achsen angetrieben werden konnten. Die Arm-Steuerung bietet die folgenden Schnittstellenfunktionen an:

- *Auslesen der aktuellen GCP-Position*: in Form von $\{X,Y,Z,Yaw,Pitch,Roll\}$, als homogene 4×4-Transformationsmatrix oder Quaternionen.

- *Lineare Bewegung des Roboters relativ zum GCP*: durch die vorherige interne Umrechnung in TCP-Koordinaten.

- *Lineare Bewegung des Roboters relativ zum Nest*: durch die vorherige interne Umrechnung in TCP-Koordinaten.

- *Roboterbewegung bis zum Kontakt oder bis zu einer Kraft*: nicht vorhanden, sodass Kontaktsuchbewegungen als möglichst kleine Schritte mit anschließender Überprüfung des Kontaktzustandes realisiert werden.

Greifer

Albert II besitzt als Greifsystem eine Hand der Firma Barrett Technology Inc. (2001), s. auch Abb. 3.3(c) auf S. 20. Sie hat in etwa die Größe einer menschlichen Hand bei einem Gewicht von 1,18kg. Ihre drei Finger werden von jeweils einem Motor angesteuert und ein zusätzlicher Motor erlaubt die Verstellung von zwei Fingern um 180° entlang der Handbasis. Das Handhabungsgewicht beträgt 2kg pro Finger und insgesamt 6kg. Die maximal möglichen Kräfte betragen 15N pro Finger an der Fingerspitze. Die Steuerung der Barrett-Hand bietet die folgenden Schnittstellenfunktionen:

- *Auslesen der Fingerposition*: in Form der Finger-Öffnungswinkel.

- *Vorpositionierung auf eine Vorformung*: für einen spärischen Griff, bei dem die drei Finger im 120°-Winkel verteilt sind, oder einen zylindrischen Griff, bei dem zwei Finger gegenüber einem Daumen stehen.

- *Vorpositionierung auf eine Öffnungsweite*: durch Vorgabe der Gelenkwinkel.

- *Zugreifen mit einer Kraft in eine Richtung*: nur als Außengriff möglich, die Greifkraft wird über die Zielposition der Finger vorgegeben.

Sensorik

Zur Aufnahme der Kräfte besitzt Albert II am Roboterflansch einen optoelektronischen Kraft-Momenten-Sensor, bei dem es sich um eine Einzelanfertigung vom Deutschen Zentrum für Luft und Raumfahrt handelt. Bei einer maximalen Auslenkung von $\pm 1,5$mm in X,Y,Z-Richtung misst er Kräfte bis zu 160N in FX, FY, FZ und Drehmomente bis zu 1,8Nm in TX und TY und bis zu 2,8Nm in TZ. Ein mechanischer Überlastschutz ist im Leichbau-Gehäuse integriert. Der Kraft-Momenten-Sensor bietet die folgenden Schnittstellenfunktionen:

- *Zurücksetzen aller Sensorwerte*: durch das Speichern der aktuellen Messwerte als Referenzwerte und Ausgabe der neuen Messwerte relativ zu den gespeicherten Referenzwerten.

- *Auslesen der Sensorwerte*: als die Kräfte $F_{X,Y,Z}{}^{Base}$ und Drehmomente $T_{X,Y,Z}{}^{Base}$ in Roboter-Basiskoordinaren, die für die Experimente in dieser Arbeit genügen, da die Arbeitsfläche parallel zur Ebene des Basiskoordinatensystems ist. Eine Umrechnung in TCP- und Nest-Koordinaten wäre bei Bedarf jederzeit möglich.

7.2. Evaluation der universellen Manipulationsstrategien

Zur Evaluation der Manipulationsstrategien werden Anwendungsfälle definiert, die unterschiedliche, in Abschnitt 2.2 vorgestellte Klassen der Ziel-Objektanordnungen abdecken. Diese Aufgaben werden in der industriellen Montage in der beschriebenen Komplexität manuell ausgeführt. Da beim Ablegen von Schüttgut nur einfache, sensorlose Strategien zum Einsatz kommen, da ausreichend Spiel vorhanden ist, wird hierfür nur ein Anwendungsfall definiert. Für die anderen Objektanordnungen werden jeweils zwei Anwendungsfälle mit unterschiedlichen Objekten und Nestern definiert, um die universelle Anwendbarkeit der Strategien zu prüfen. Damit werden die folgenden Anwendungsfälle definiert:

- *Schüttgut*: Greifen und Ablegen von Rohrwinkeln,

- *Einzelteil*: Greifen und Ablegen von Leiterplatten und Steckern,

- *Teil an Teil*: Greifen und Verpacken von Steckern und Metallgehäusen,

- *Rechteckige Fächer*: Greifen und Verpacken von Pumpengehäusen und Gehäusedeckeln,

- *Peg in Hole*: Greifen und Palettieren von Zündkerzen und Ventilankern,

- *Hole on Peg*: Greifen und Montieren von O-Ringen und Pumpendeckeln.

Bei allen Anwendungsfällen werden Ungenauigkeiten in jeder Dimension auf ± 5mm bzw. $\pm 5°$ begrenzt. Bei der Konfiguration der verschiedenen Aufgaben wird lediglich die Auswahl der Strategien und der vom Benutzer einzugebenden Parameter angepasst. Der interne Aufbau der Strategien wird nicht geändert, da er für den Benutzer nicht sichtbar ist. Die Transferbewegung wird stets sensorlos ausgeführt, da visuelle Sensoren in dieser Arbeit nicht zur Verfügung stehen und eine definierte Objektposition vorausgesetzt wird. Die Experimente werden mit dem in Abschnitt 7.1.1 vorgestellten Stäubli-Industrieroboter durchgeführt und im Folgenden vorgestellt.

Objekt	Rohrwinkel		Urpsrungsnest	Tisch	
Form	Unregelm.		Anordnung	Einzelteil	
Ausdehnung	stabförmig		Spiel	>5mm	
Symmetrie	keine		Zielnest	Behälter	
Max. Dim.	10-50mm		Anordnung	Schüttgut	
Masse	<10g		Spiel	>5mm	

Tab. 7.1.: Anwendungsfall Greifen und Ablegen von Rohrwinkeln

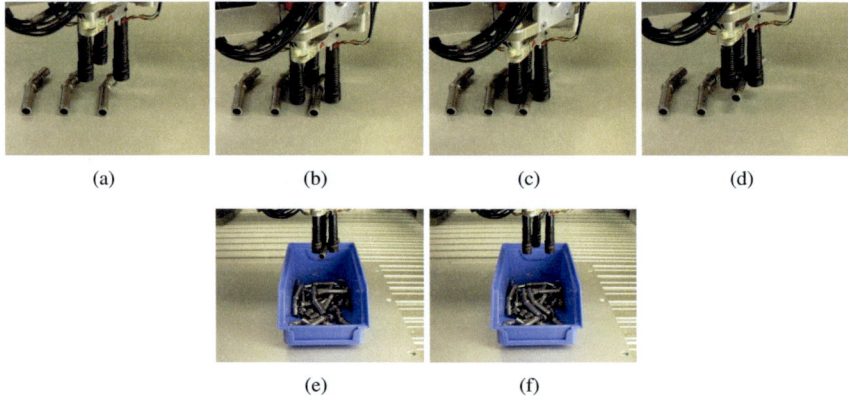

(a)   (b)   (c)   (d)

(e)   (f)

Abb. 7.3.: Greifen und Ablegen von Rohrwinkeln im *Schüttgutbehälter*: (a) Transfer zum Objekt, (b) Sensorloses Anrücken, (c) Sensorloses Greifen, (d) Sensorloses Abrücken, (e) Transfer zum Nest und sensorloses Fügen an der gleichen Position, (f) Sensorloses Loslassen und sensorloses Abrücken an die gleiche Position

7.2.1. Ablegen von Schüttgut

Das Ablegen von Schüttgut wird auf den Anwendungsfall Greifen und Ablegen von Rohrwinkeln in einem Schüttgutbehälter, s. Tab. 7.1, angewendet. Dabei werden auf dem Tisch vorvereinzelte, beliebig orientierte Rohrwinkel gegriffen und in einem Schüttgutbehälter abgelegt. Beim Greifen und auch beim Fügen ist ausreichend Spiel vorhanden, da die Rohrwinkel auf dem Tisch verschiebbar sind und der Schüttgutbehälter ausreichend groß ist. Der gesamte Manipulationsablauf ist in Abb. 7.3 dargestellt.

Da das Objekt ausreichend groß ist und sich auf dem Tisch in ausreichendem Abstand zu den anderen Objekten befindet, haben Ungenauigkeiten keinen Einfluss auf das An-

Objekt	Leiterplatte		Urpsrungsnest	Tisch	
Form	Quader		Anordnung	Einzelteil	
Ausdehnung	scheibenf.		Spiel	>5mm	
Symmetrie	keine		Zielnest	Tisch	
Max. Dim.	10-50mm		Anordnung	Einzelteil	
Masse	10-100g		Spiel	>5mm	

Tab. 7.2.: Anwendungsfall Greifen und Ablegen von Leiterplatten

rücken und es kann die sensorlose Anrückstrategie angewendet werden, s. Abb. 7.3(b). Aufgrund der Bewegungsfreiheit auf dem Tisch kann das Objekt sich im Greifer passiv ausrichten, sodass die sensorlose Greifstrategie, s. Abb. 7.3(c), und die sensorlose Abrückstrategie, s. Abb. 7.3(d), ausreichend sind.

Da der Schüttgutbehälter ausreichend groß ist, haben Ungenauigkeiten auf den Ablegevorgang ebenfalls keinen Einfluss. Nach der Transferbewegung befindet sich das Objekt bereits oberhalb des Schüttgutbehälters, sodass die sensorlose Fügestrategie an die bereits angefahrene Position keine zusätzliche Bewegung erzeugt, s. Abb. 7.3(e). Nach der sensorlosen Loslassstrategie, s. Abb. 7.3(f), erfolgt die sensorlose Abrückposition ebenfalls an die bereits angefahrene Position, sodass diese Bewegung ebenfalls eingespart wird.

Beim Ablegen von Schüttgut ist in der Regel ausreichend Spiel vorhanden, sodass keine Ungenauigkeiten ausgeglichen werden müssen und die sensorlose Fügestrategie verwendet werden kann. Die Strategie würde also bei allen anderen geeigneten Objekten und Nestern mit der Zielanordnung Schüttgut ebenfalls zum Erfolg führen und wird daher an dieser Stelle nicht weiter untersucht.

7.2.2. Ablegen als Einzelteil

Die Universalität der Manipulationsstrategien bei der Objektanordnung Einzelteil wird an zwei Anwendungsfällen überprüft, dem Greifen und Ablegen von Leiterplatten, s. Tab. 7.2, und dem Greifen und Ablegen von Steckern, s. Tab. 7.3. Beim ersten Anwendungsfall werden flach auf dem Tisch liegende Leiterplatten gegriffen und an anderer Stelle ebenfalls flach auf dem Tisch abgelegt. Beim zweiten Anwendungsfall befinden sich die Stecker ebenfalls auf dem Tisch und werden an anderer Stelle abgelegt. In beiden Anwendungsfällen ist beim Greifen und Fügen ausreichend Spiel vorhanden, da die

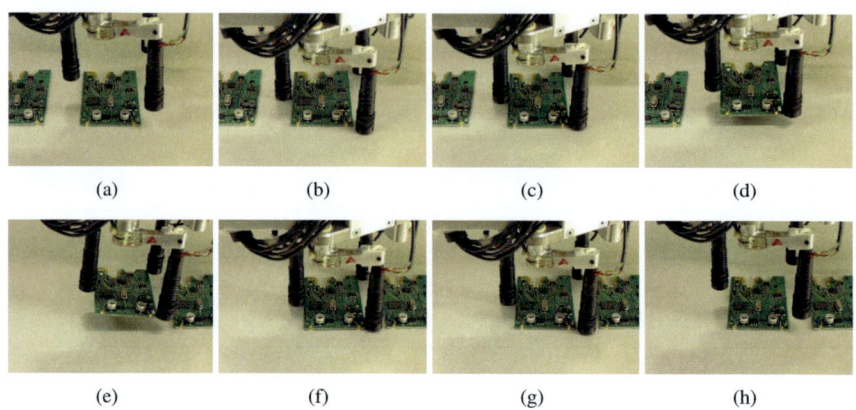

Abb. 7.4.: Greifen und Ablegen von Leiterplatten als *Einzelteil*: (a) Transfer zum Objekt, (b) Anrücken mit Bodenkontakt, (c) Sensorloses Greifen, (d) Sensorloses Abrücken, (e) Transfer zum Nest, (f) Fügen als Einzelteil: Oberflächenausrichtung, (g) Sensorloses Loslassen, (h) Sensorloses Abrücken

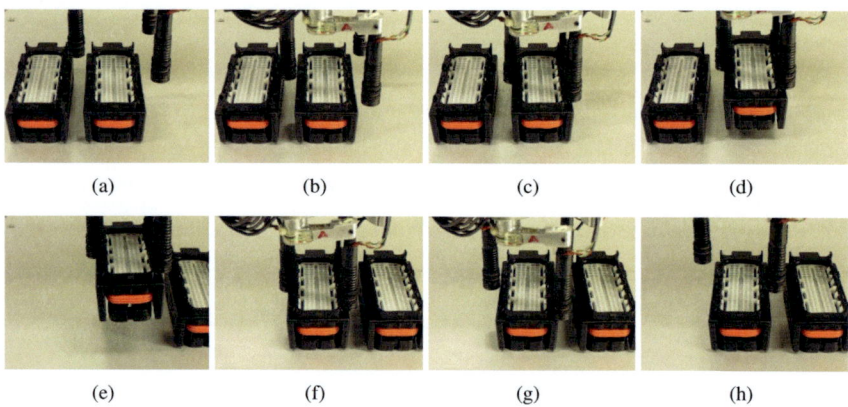

Abb. 7.5.: Greifen und Ablegen von Steckern als *Einzelteil*: (a) Transfer zum Objekt, (b) Sensorloses Anrücken, (c) Sensorloses Greifen, (d) Sensorloses Abrücken, (e) Transfer zum Nest, (f) Fügen als Einzelteil: Oberflächenausrichtung, (g) Sensorloses Loslassen, (h) Sensorloses Abrücken

Objekt	Stecker		Urspsrungsnest	Tisch	
Form	Quader		Anordnung	Einzelteil	
Ausdehnung	kompakt		Spiel	>5mm	
Symmetrie	keine		Zielnest	Tisch	
Max. Dim.	50-100mm		Anordnung	Einzelteil	
Masse	10-100g		Spiel	>5mm	

Tab. 7.3.: Anwendungsfall Greifen und Ablegen von Steckern

Objekte auf dem Tisch frei beweglich sind. Abb. 7.4 zeigt den gesamten Manipulationsablauf für die Leiterplatte und Abb. 7.5 für den Stecker.

Da die Leiterplatten im ersten Anwendungsfall sehr flach sind, besteht die Gefahr, dass bei Ungenauigkeiten die Greiferfinger oberhalb des Objektes schließen. Der Greifer muss daher mit der Anrückstrategie mit Bodenkontakt zunächst am Tisch ausgerichtet werden, s. Abb. 7.4(b). Im Gegensatz dazu sind im zweiten Anwendungsfall die Stecker sehr groß, sodass die Sensorlose Anrückstrategie ausreichend ist, s. Abb. 7.5(b).

Die sensorlose Greifstrategie, s. Abb. 7.4(c) bzw. 7.5(c), und die sensorlose Abrückstrategie, s. Abb. 7.4(d) bzw. 7.5(d), sind in beiden Fällen ausreichend, da Bewegungsfreiraum auf dem Tisch die passive Ausrichtung der Objekte im Greifer ermöglicht.

Beim Fügen müssen beide Objekte auf dem Tisch ausgerichtet werden, um Ungenauigkeiten auszugleichen und Kollisionen und Brüche der Objekte zu vermeiden. Dies wird in beiden Anwendungsfällen mit der Fügestrategie für Einzelteil erreicht, s. Abb. 7.4(f) bzw. 7.5(f).

Das Loslassen und das Abrücken, s. Abb. 7.4(g) und (h) bzw. 7.5(g) und (h), erfolgen dann jeweils mit den sensorlosen Strategien, da auf dem Tisch keine Kollisionsgefahr besteht.

Das Fügen von Objekten als Einzelteil wurde damit bei zwei unterschiedlichen Anwendungsfällen getestet. Sowohl die Leiterplatten als auch die Stecker konnten ohne zusätzliche Modifikation der Strategien erfolgreich auf dem Tisch abgelegt werden.

7.2.3. Ablegen als Teil an Teil

Die Universalität der Manipulationsstrategien bei der Objektanordnung Teil an Teil wird an zwei Anwendungsfällen überprüft, dem Greifen und Verpacken von Steckern, s. Tab. 7.4, und dem Greifen und Verpacken von Metallgehäusen, s. Tab. 7.5 in Pappkartons.

Objekt	Stecker		*Urpsrungsnest*	Tisch	
Form	Quader		*Anordnung*	Einzelteil	
Ausdehnung	kompakt		*Spiel*	>5mm	
Symmetrie	keine		*Zielnest*	Karton	
Max. Dim.	50-100mm		*Anordnung*	Teil an Teil	
Masse	10-100g		*Spiel*	1-2mm	

Tab. 7.4.: Anwendungsfall Greifen und Verpacken von Steckern

Objekt	Metallgeh.		*Urpsrungsnest*	Tisch	
Form	Hohlteil		*Anordnung*	Einzelteil	
Ausdehnung	kompakt		*Spiel*	>5mm	
Symmetrie	keine		*Zielnest*	Karton	
Max. Dim.	10-50mm		*Anordnung*	Teil an Teil	
Masse	10-100g		*Spiel*	1-2mm	

Tab. 7.5.: Anwendungsfall Greifen und Verpacken von Metallgehäusen

Beim Verpacken von Steckern werden diese vom Tisch abgegriffen und in einem Karton abgelegt. Beim Verpacken von Metallgehäusen werden diese ebenfalls vom Tisch abgegriffen und in demselben Karton wie die Stecker abgelegt. Die Besonderheit im letzten Anwendungsfall ist, dass die Metallgehäuse nur mit einem Innengriff in die Zielanordnung im Karton gebracht werden können, da die Greiferfinger bei einem Außengriff kollidieren würden. Während in beiden Anwendungsfällen beim Greifen ausreichend Spiel vorhanden ist, ist beim Fügen das Spiel auf 1-2mm begrenzt. Abb. 7.6 zeigt den gesamten Manipulationsablauf für die Leiterplatte und Abb. 7.7 für den Stecker.

Sowohl die Stecker als auch die Metallgehäuse sind ausreichend groß und werden mit ausreichend Bewegungsfreiheit auf dem Tisch bereitgestellt. Für das Anrücken ist daher die sensorlose Strategie ausreichend, s. Abb. 7.6(b) bzw. 7.7(b).

Auch das Greifen erfolgt sensorlos, da Bewegungsfreiheit gegeben ist, um sich im Greifer passiv auszurichten. Der Stecker wird dabei mit einem Außengriff gegriffen, da er an der Oberkante eine schmalere Kontur aufweist, sodass die Greiferfinger beim späteren Fügevorgang nicht mit den anderen Objekten kollidieren, s. Abb. 7.6(c). Das Metallgehäuse hingegen wird mit einem Innengriff gegriffen, um es später im Karton an den

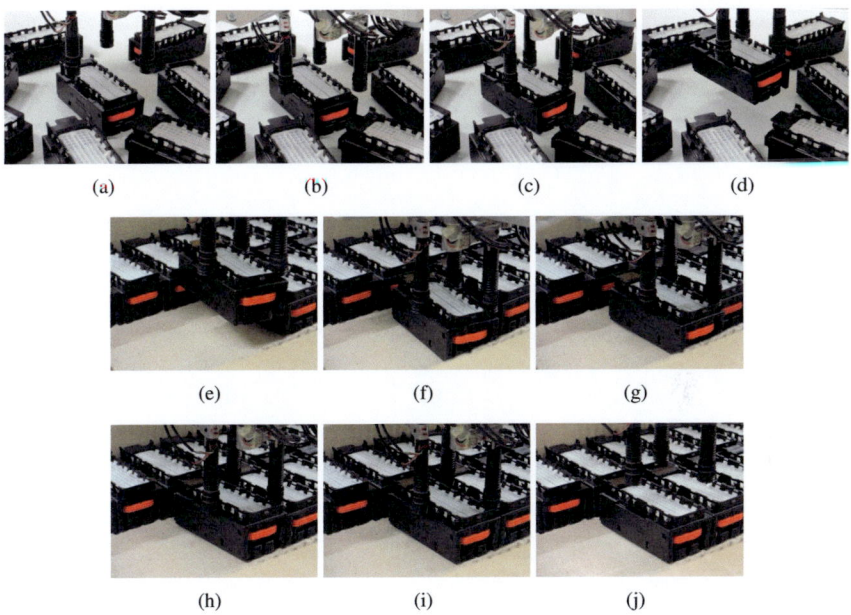

Abb. 7.6.: Greifen und Verpacken von Steckern als *Teil an Teil*: (a) Transfer zum Objekt, (b) Sensorloses Anrücken, (c) Sensorloses Greifen, (d) Sensorloses Abrücken, (e) Transfer zum Nest, (f)-(h) Fügen als Teil an Teil: (f) Oberflächenausrichtung – (g) Seitenausrichtung – (h) Seitenkontakt, (i) Kontaktloses Loslassen, (j) Sensorloses Abrücken

anderen Objekten ausrichten zu können, ohne die Greiferfinger zu beschädigen, s. Abb. 7.7(c). Für das Abrücken mit dem gegriffenen Objekt ist in beiden Anwendungsfällen die sensorlose Strategie ausreichend, s. Abb. 7.6(d) bzw. 7.7(d), da keine Kollisionsgefahr mit anderen Objekten besteht.

Für das Verpacken im Karton wird beim Stecker und beim Metallgehäuse die Fügestrategie für Teil an Teil ausgeführt. Damit werden die Objekte zunächst parallel zum Boden, s. Abb. 7.6(f) bzw. 7.7(f), und dann seitlich zu den anderen Objekten ausgerichtet, s. Abb. 7.6(g) bzw. 7.7(g), und anschließend in der Ecke abgelegt, s. Abb. 7.6(h) bzw. 7.7(h).

Das Loslassen erfordert beim Stecker die kontaktlose Strategie, da die anderen Stecker seitlich sehr nah sind und Kollisionen der Greiferfinger auftreten können, s. Abb. 7.6(i). Beim Metallgehäuse ist die sensorlose Loslassstrategie ausreichend, da es sich um einen Innengriff handelt und die anderen Metallgehäuse keinen Kontakt zu den Fin-

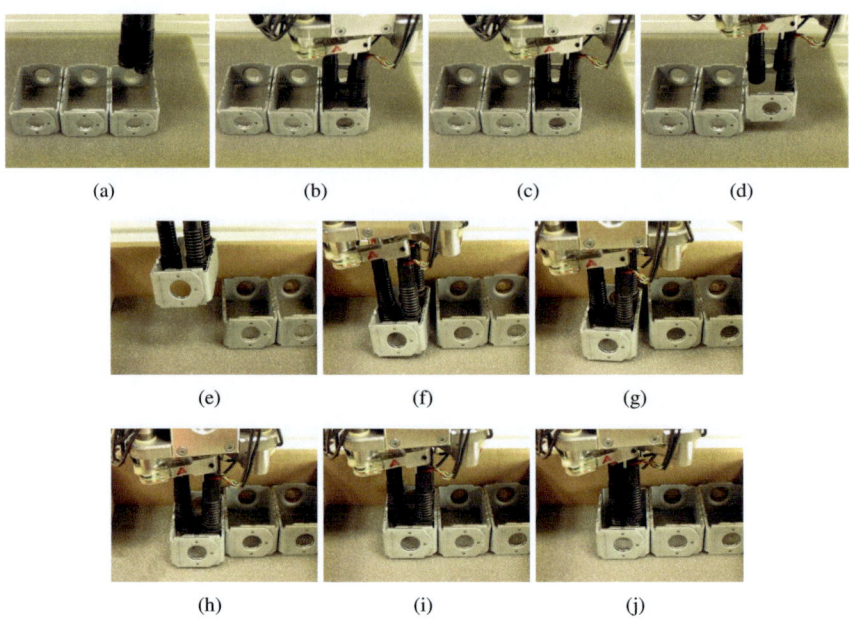

Abb. 7.7.: Greifen und Verpacken von Metallgehäusen als *Teil an Teil*: (a) Transfer zum Objekt, (b) Sensorloses Anrücken, (c) Sensorloses Greifen, (d) Sensorloses Abrücken, (e) Transfer zum Nest, (f)-(h) Fügen als Teil an Teil: (f) Oberflächenausrichtung – (g) Seitenausrichtung – (h) Seitenkontakt, (i) Sensorloses Loslassen, (j) Sensorloses Abrücken

gern haben, s. Abb. 7.7(i). Das Abrücken, s. Abb. 7.6(j) bzw. 7.7(j), erfolgt in beiden Fällen sensorlos.

Das Fügen als Teil an Teil wurde auf zwei unterschiedlichen Anwendungsfällen mit unterschiedlichen Objekten getestet. Sowohl die Stecker als auch die Metallgehäuse konnten dabei ohne zusätzliche Modifikation der Strategien erfolgreich im Karton abgelegt werden.

7.2.4. Ablegen in rechteckigen Fächern

Die Universalität der Manipulationsstrategien bei der Objektanordnung Rechteckige Fächer wird an zwei Anwendungsfällen überprüft, dem Greifen und Verpacken von Pumpengehäusen, s. Tab. 7.6, und dem Greifen und Verpacken von Gehäusedeckeln, s. Tab. 7.7, in Paletten mit rechteckigen Fächern bzw. Aussparungen. Beim Verpacken von

Objekt	Pumpengeh.		Urpsrungsnest	Tisch	
Form	Unregelm.		Anordnung	Einzelteil	
Ausdehnung	kompakt		Spiel	>5mm	
Symmetrie	keine		Zielnest	Fach	
Max. Dim.	>100mm		Anordnung	Fächer	
Masse	>500g		Spiel	2-5mm	

Tab. 7.6.: Anwendungsfall Greifen und Verpacken von Pumpengehäusen

Objekt	Gehäused.		Urpsrungsnest	Tisch	
Form	Unregelm.		Anordnung	Einzelteil	
Ausdehnung	kompakt		Spiel	>5mm	
Symmetrie	keine		Zielnest	Fach	
Max. Dim.	10-50mm		Anordnung	Fächer	
Masse	10-100g		Spiel	2-5mm	

Tab. 7.7.: Anwendungsfall Greifen und Verpacken von Gehäusedeckeln

Pumpengehäusen werden die vom Tisch gegriffenen Pumpengehäuse in eine Palette mit großen rechteckigen Fächern gelegt. Beim Verpacken von Gehäusedeckeln werden die vom Tisch gegriffenen Gehäusedeckel in eine Palette mit rechteckigen Aussparungen eingefügt. Während beim Abgreifen vom Tisch in beiden Anwendungsfällen ausreichend Spiel vorhanden ist, ist beim Fügen das Spiel bei den Gehäusedeckeln auf 2-5mm begrenzt, bei den Pumpengehäusen jedoch größer als 5mm. Abb. 7.8 zeigt den gesamten Manipulationsablauf für das Pumpengehäuse und Abb. 7.9 für den Gehäusedeckel.

Sowohl die Pumpengehäuse als auch die Gehäusedeckel sind ausreichend groß und werden mit ausreichend Bewegungsfreiheit auf dem Tisch bereitgestellt, sodass die Sensorlose Anrückstrategie angewendet wird, s. Abb. 7.8(b) bzw. 7.9(b).

Auch das Greifen, s. Abb 7.8(c) bzw. 7.9(c), und das Abrücken mit den gegriffenen Objekten, s. Abb. 7.8(d) bzw. 7.9(d), erfolgt bei beiden sensorlos, da Bewegungsfreiheit gegeben ist, um sich im Greifer passiv auszurichten, und keine Kollisionsgefahr mit anderen Objekten besteht.

Die beiden Objekte sind zwar unterschiedlich groß und haben in den Nestern unterschiedlich viel Spiel, jedoch wird in beiden Fällen dieselbe Fügestrategie für rechteckige

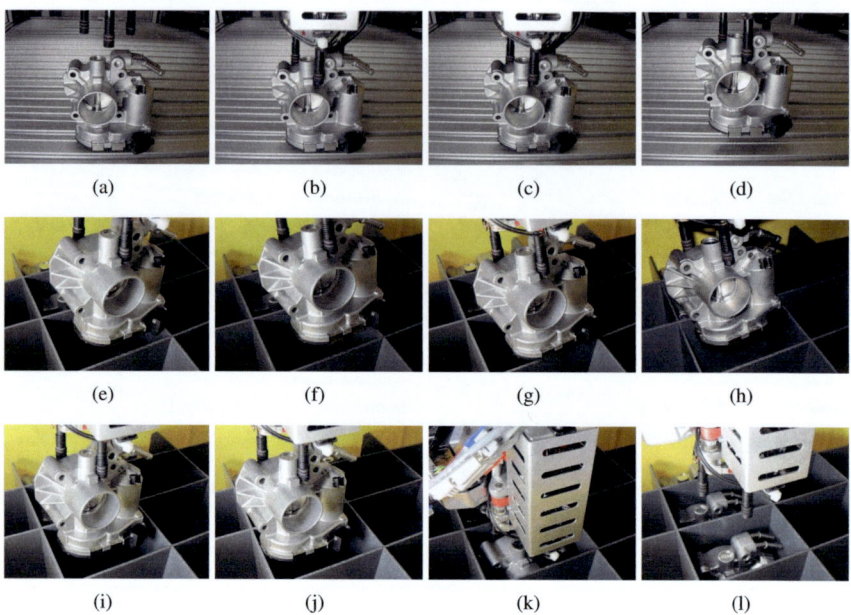

Abb. 7.8.: Greifen und Verpacken von Pumpengehäusen in *rechteckigen Fächern*: (a) Transfer zum Objekt, (b) Sensorloses Anrücken, (c) Sensorloses Greifen, (d) Sensorloses Abrücken, (e) Transfer zum Nest, (f)-(k) Fügen in rechteckigen Fächern: (f) Sensorlose Bewegung – (g) Oberflächenkontakt – (h) Konturausrichtung – (i) Sensorlose Bewegung – (j) Seitenausrichtung – (k) Zentrisches Einfügen, (l) Sensorloses Loslassen, Sensorloses Abrücken

Fächer angewendet. Da hier die Bewegungsfreiheit innerhalb des Nestes eingeschänkt ist, wird das Objekt zunächst angewinkelt, s. Abb. 7.8(f) bzw. 7.9(f), und mit dem Nest in Kontakt gebracht, s. Abb. 7.8(g) bzw. 7.9(g). Daraufhin wird die Kontur des Objekts mit der des Nestes angeglichen, s. Abb. 7.8(h) bzw. 7.9(h), und das Objekt wieder zurückgedreht, s. Abb. 7.8(i) bzw. 7.9(i). Das Objekt wird dann an einer Seite des Faches ausgerichtet und zentrisch eingefügt, s. Abb. 7.8(j) und (k) bzw. 7.9(j).

Im Nest wird das Objekt mit der sensorlosen Strategie losgelassen und der Greifer sensorlos abgerückt, s. Abb. 7.8(l) bzw. 7.9(k) und (l), da in beiden Anwendungsfällen die Fächer ausreichend groß sind, sodass für die Greiferfiinger keine Kollisionsgefahr besteht.

Das Ablegen in rechteckigen Fächern wurde an zwei Anwendungsfällen mit unterschiedlichen Objekten und Nestern getestet. Ohne Modifikation der Strategien konnten

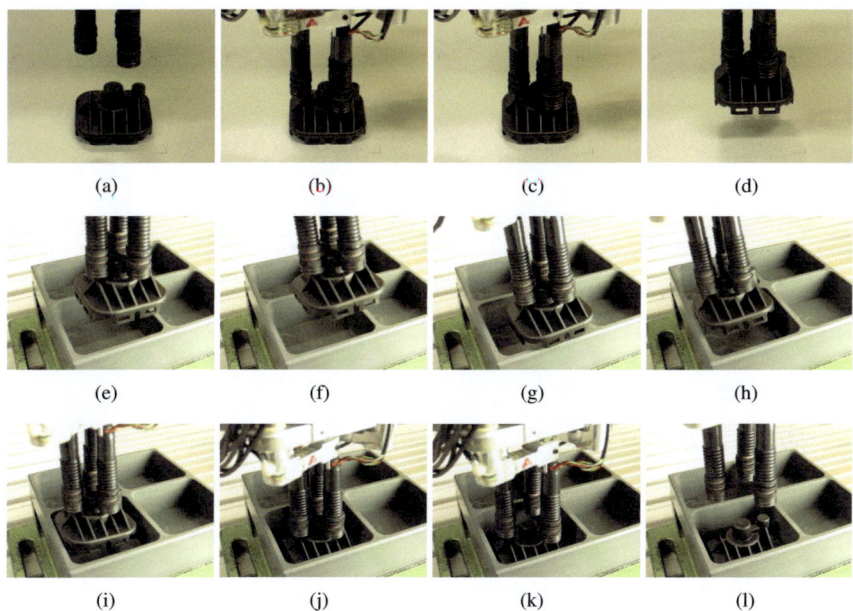

Abb. 7.9.: Greifen und Verpacken von Gehäusedeckeln in *rechteckigen Fächern*: (a) Transfer zum Objekt, (b) Sensorloses Anrücken, (c) Sensorloses Greifen, (d) Sensorloses Abrücken, (e) Transfer zum Nest, (f)-(j) Fügen in rechteckigen Fächern: (f) Sensorlose Bewegung – (g) Oberflächenkontakt – (h) Konturausrichtung – (i) Sensorlose Bewegung – Seitenausrichtung – (j) Zentrisches Einfügen, (k) Sensorloses Loslassen, (l) Sensorloses Abrücken

sowohl große Pumpengehäuse als auch kleine Gehäusedeckel in rechteckigen Fächern bzw. Aussparungen abgelegt werden.

7.2.5. Fügen als Peg in Hole

Die Universalität der Manipulationsstrategien bei der Objektanordnung Peg in Hole, die in der industriellen Montage die häufigste darstellt, wird an zwei für die Handmontage typischen Anwendungsfällen überprüft, dem Greifen und Palettieren von Zündkerzen, s. Tab. 7.8, und dem Greifen und Palettieren von Ventilankern, s. Tab. 7.9. Bei der Palettierung von Zündkerzen werden diese aus einem Magazin, beispielsweise nach einer maschinellen Bearbeitung, in eine Palette umgeräumt. Hier gibt es beim Greifen sehr wenig und beim Fügen in die Palette sehr viel Spiel. Die Palettierung von Ventilankern ist ein

Objekt	Zündkerze		Urpsrungsnest	Magazin	
Form	Zylinder		Anordnung	Peg in Hole	
Ausdehnung	stabförmig		Spiel	0.1-1mm	
Symmetrie	voll		Zielnest	Palette	
Max. Dim.	10-50mm		Anordnung	Peg in Hole	
Masse	10-100g		Spiel	2-5mm	

Tab. 7.8.: Anwendungsfall Greifen und Palettieren von Zündkerzen

Objekt	Ventilanker		Urpsrungsnest	Schiene	
Form	Pilzteil		Anordnung	Peg in Hole	
Ausdehnung	kompakt		Spiel	0.1-1mm	
Symmetrie	voll		Zielnest	Waschrahm.	
Max. Dim.	10-50mm		Anordnung	Peg in Hole	
Masse	<10g		Spiel	0.1-1mm	

Tab. 7.9.: Anwendungsfall Greifen und Palettieren von Ventilankern

ähnlicher Ablauf. Dabei werden die Anker aus einer Zuführschiene in einen Waschrahmen umgeräumt, wobei das Spiel sowohl beim Greifen als auch beim Fügen sehr gering ausfällt. Abb. 7.10 zeigt den gesamten Manipulationsablauf für die Zündkerze und Abb. 7.11 für den Ventilanker.

Sowohl die Zündkerze als auch der Anker werden in Zuführvorrichtungen bereitgestellt, wo sie nur wenig Spiel haben. Beim Anrücken ist daher die sensorlose Strategie ausreichend, s. Abb. 7.10(b) bzw. 7.11(b), da die Objekte groß genug sind und an ihnen nicht vorbeigegriffen werden kann.

Beim Greifen besteht allerdings die Gefahr des Objektverlustes, wenn kein Kräftegleichgewicht herrscht und dadurch Verklemmungen im Ursprungsnest entstehen. Daher wird in beiden Anwendungsfällen die Greifstrategie mit Kräftegleichgewicht angewendet, s. Abb. 7.10(c) bzw. 7.11(c). Beim Abrücken ist dann die sensorlose Strategie ausreichend, s. Abb. 7.10(d) bzw. 7.11(d).

Unabhängig vom großen Spiel bei der Zündkerze und dem sehr geringen Spiel bei dem Anker, erfolgt das Fügen in beiden Fällen mit der Strategie für Peg in Hole, da es sich um rotationssymmetrische Objekte in einem zylindrischen Nest handelt. Da die

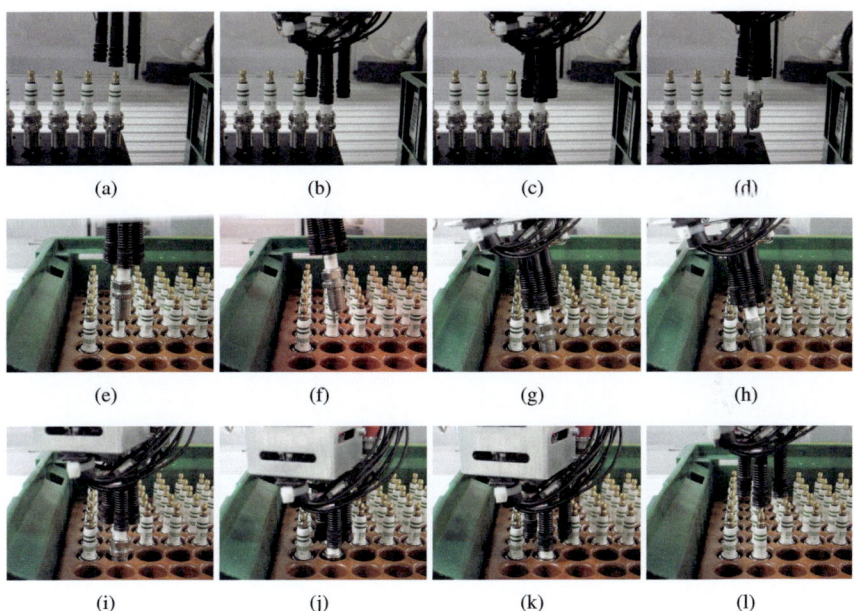

Abb. 7.10.: Greifen und Palettieren von Zündkerzen als *Peg in Hole*: (a) Transfer zum Objekt, (b) Sensorloses Anrücken, (c) Greifen mit Kräftegleichgewicht, (d) Sensorloses Abrücken, (e) Transfer zum Nest, (f)-(j) Fügen als Peg in Hole: (f) Sensorlose Bewegung – (g) Oberflächenkontakt – (h) Konturausrichtung – (i) Sensorlose Bewegung – (j) Zentrisches Einfügen, (k) Sensorloses Loslassen, (l) Sensorloses Abrücken

Bewegungsfreiheit im Nest eingeschränkt ist, wird das Objekt zunächst angewinkelt, s. Abb. 7.10(f) bzw. 7.11(f), und mit dem Nest in Kontakt gebracht, s. Abb. 7.10(g) bzw. 7.11(g). Nach der Ausrichtung der Kontur des Objektes am Nest, s. Abb. 7.10(h) bzw. 7.11(h), wird es wieder zurückgedreht, s. Abb. 7.10(i) bzw. 7.11(i), und zentrisch eingefügt, s. Abb. 7.10(j). Da bei dem Ventilanker jedoch die Fügetiefe sehr gering ist, ist die Zielbedingung des zentrischen Einfügens sofort erfüllt, sodass das Objekt bereits nach dem Zurückdrehen eingefügt ist.

Das Loslassen und das Abrücken, s. Abb. 7.10(k) und (l) bzw. 7.11(j) und (k), erfolgen anschließend mit den sensorlosen Strategien, da keine Kollisionsgefahr der Greiferfinger mit anderen Objekten oder dem Nest besteht.

Das Fügen als Peg in Hole wurde an zwei unterschiedlichen Anwendungsfällen mit unterschiedlichen Objekten und Nestern getestet. Sowohl die Zündkerze mit sehr viel

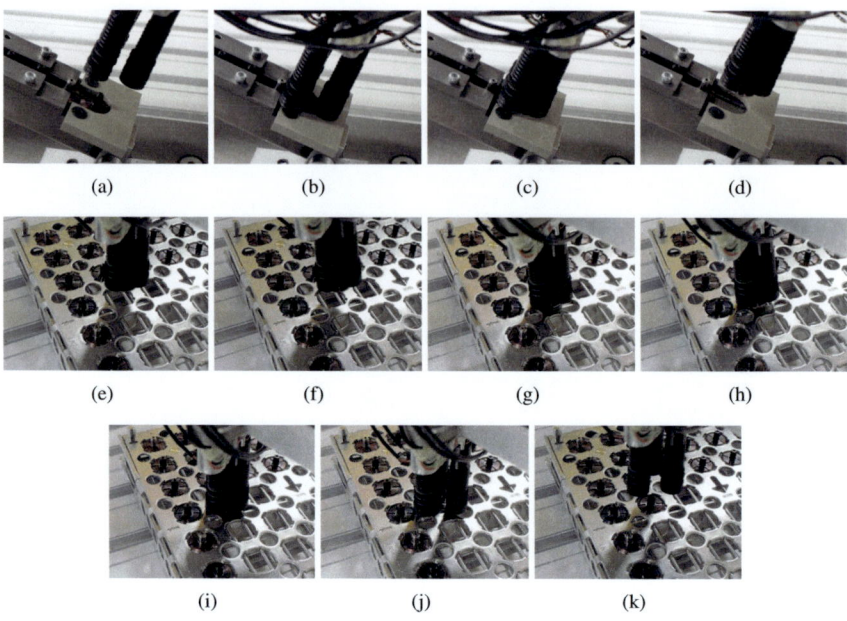

Abb. 7.11.: Greifen und Palettieren von Ventilankern als *Peg in Hole*: (a) Transfer zum Objekt, (b) Sensorloses Anrücken, (c) Greifen mit Kräftegleichgewicht, (d) Sensorloses Abrücken, (e) Transfer zum Nest, (f)-(i) Fügen als Peg in Hole: (f) Sensorlose Bewegung – (g) Oberflächenkontakt – (h) Konturausrichtung – (i) Sensorlose Bewegung – Zentrisches Einfügen, (j) Sensorloses Loslassen, (k) Sensorloses Abrücken

Spiel als auch der Ventilanker mit sehr wenig Spiel konnten ohne zusätzliche Modifikation der Strategien erfolgreich palettiert werden.

7.2.6. Fügen als Hole on Peg

Die Universalität der Manipulationsstrategien bei der Objektanordnung Hole on Peg wird an zwei Anwendungsfällen überprüft, dem Greifen und Montieren von O-Ringen auf einen Metallstift, s. Tab. 7.10, und dem Greifen und Montieren von Pumpendeckeln auf einen Sockel, s. Tab. 7.11. Die O-Ring-Montage ist zwar in der Regel ein automatisierter Prozess, kann im Einzelfall jedoch auch per Hand erfolgen. Dabei wird ein O-Ring vom Tisch abgegriffen und auf einen Metallstift aufgesetzt. Ist das Spiel beim Greifen durch die Beweglichkeit des O-Rings auf dem Tisch noch ausreichend groß, ist es beim Fügen kaum vorhanden. Da der Innendurchmesser des O-Rings genau dem Au-

Objekt	O-Ring		**Urpsrungsnest**	Tisch	
Form	Zylinder		*Anordnung*	Einzelteil	
Ausdehnung	kompakt		*Spiel*	>5mm	
Symmetrie	voll		**Zielnest**	Stift	
Max. Dim.	<10mm		*Anordnung*	Hole on Peg	
Masse	<10g		*Spiel*	<0.1mm	

Tab. 7.10.: Anwendungsfall Greifen und Montieren von O-Ringen

Objekt	Pumpend.		**Urpsrungsnest**	Tisch	
Form	Hohlteil		*Anordnung*	Einzelteil	
Ausdehnung	scheibenf.		*Spiel*	>5mm	
Symmetrie	teilw.		**Zielnest**	Sockel	
Max. Dim.	10-50mm		*Anordnung*	Hole on Peg	
Masse	10-100g		*Spiel*	0.1-1mm	

Tab. 7.11.: Anwendungsfall Greifen und Montieren von Pumpendeckeln

ßendurchmesser des Stiftes entspricht ist allein durch die Nachgiebigkeit des O-Rings ein geringes Spiel gegeben. Die Pumpendeckel-Montage ist ein ähnlicher Ablauf, bei dem ein Pumpendeckel vom Tisch abgegriffen und auf einen Sockel gefügt wird, wobei hier ca. 1mm Spiel gegeben ist. Abb. 7.12 zeigt den gesamten Manipulationsablauf für den O-Ring und Abb. 7.13 für den Pumpendeckel.

Der O-Ring und der Pumpendeckel sind sehr flache Objekte, sodass bei einer ungenauen Greiferplatzierung am Objekt vorbeigegriffen werden kann. In beiden Fällen wird daher die Anrückstrategie mit Bodenkontakt verwendet, s. Abb. 7.12(b) bzw. 7.13(b), um den Greifer am Boden auszurichten.

Der Greifvorgang, s. Abb. 7.12(c) bzw. 7.13(c), und das Abrücken, s. Abb. 7.12(d) bzw. 7.13(d), erfolgen dann mit sensorlosen Strategien, da auf dem Tisch ausreichend Bewegungsfreiheit besteht, um sich passiv im Greifer auszurichten, und keine Gefahr des Objektverlustes besteht.

Obwohl in den beiden Anwendungsfällen die Eigenschaften der Objekte und das Spiel im Zielnest unterschiedlich sind, erfolgt das Einfügen mit derselben Fügestrategie für Hole on Peg, da es sich hierbei um Objekte mit runden Aussparungen handelt, die auf ei-

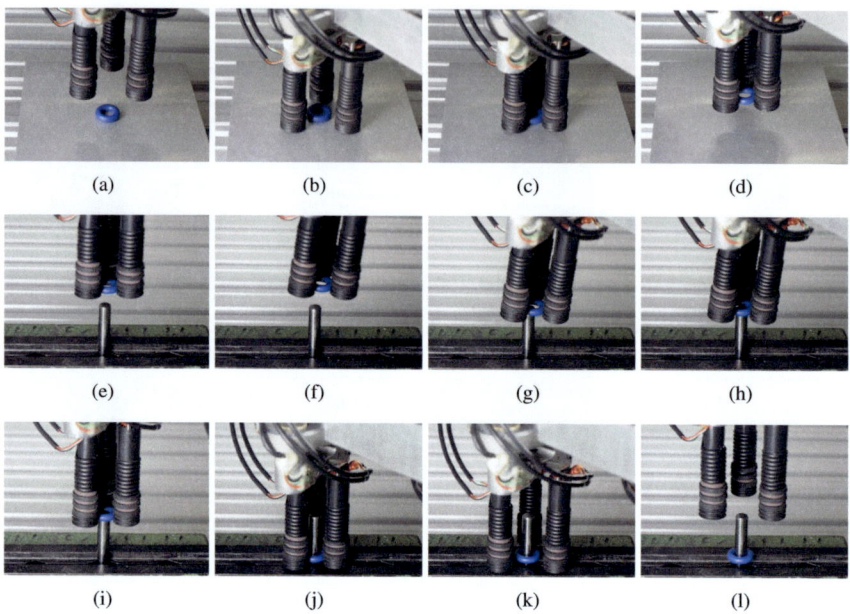

Abb. 7.12.: Greifen und Montieren von O-Ringen als *Hole on Peg*: (a) Transfer zum Objekt, (b) Anrücken mit Bodenkontakt, (c) Sensorloses Greifen, (d) Sensorloses Abrücken, (e) Transfer zum Nest, (f)-(j) Fügen als Hole on Peg: (f) Sensorlose Bewegung – (g) Oberflächenkontakt – (h) Konturausrichtung – (i) Sensorlose Bewegung – (j) Zentrisches Einfügen, (k) Sensorloses Loslassen, (l) Sensorloses Abrücken

nem zylindrischen Objekt montiert werden. Da die Objekte im Nest wenig Bewegungsfreiheit besitzen, werden sie zunächst angewinkelt, s. Abb. 7.12(f) bzw. 7.13(f), und mit dem Nest in Kontakt gebracht, s. Abb. 7.12(g) bzw. 7.13(g). Dann wird die Innenkontur des O-Rings bzw. des Pumpendeckels an der Außenkontur des Stiftes bzw. des Sockels ausgerichtet, s. Abb. 7.12(h) bzw. 7.13(h), die Objekte werden zurückgedreht, s. Abb. 7.12(i) bzw. 7.13(i), und zentrisch eingefügt, s. Abb. 7.12(j) bzw. 7.13(j).

Da keine Gefahr der Kollision der Greiferfinger mit dem Nest oder anderen Objekten besteht, erfolgen das Loslassen und das Abrücken sensorlos, s. Abb. 7.12(k) und (l) bzw. 7.13(k) und (l).

Das Fügen als Hole on Peg wurde an zwei Anwendungsfällen mit unterschiedlichen Objekten und Nestern getestet. Sowohl kleine O-Ringe ohne Spiel als auch große Pum-

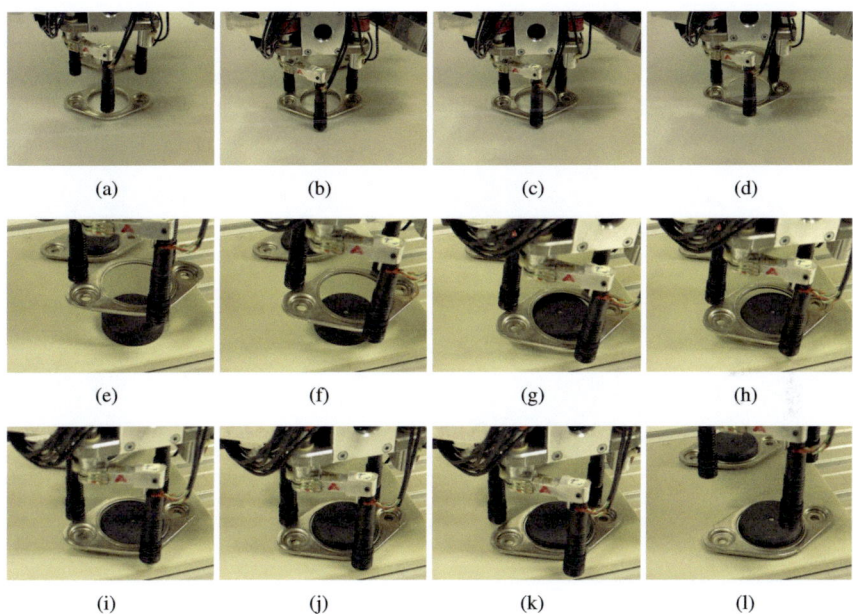

Abb. 7.13.: Greifen und Montieren von Pumpendeckeln als *Hole on Peg*: (a) Transfer zum Objekt, (b) Anrücken mit Bodenkontakt, (c) Sensorloses Greifen, (d) Sensorloses Abrücken, (e) Transfer zum Nest, (f)-(j) Fügen als Hole on Peg: (f) Sensorlose Bewegung – (g) Oberflächenkontakt – (h) Konturausrichtung – (i) Sensorlose Bewegung – (j) Zentrisches Einfügen, (k) Sensorloses Loslassen, (l) Sensorloses Abrücken

pendeckel mit deutlich mehr Spiel konnten ohne Modifikation der Strategien erfolgreich montiert werden.

7.3. Evaluation der System-Unabhängigkeit

Die formale Struktur der Manipulationsstrategien erlaubt eine einfache und schnelle Übertragung auf andere Systeme, da nur die Schnittstellen zum Roboter, Greifer und der Sensorik und einige wenige Komponenten der atomaren Teilstrategien angepasst werden müssen. Zur Evaluation dieser System-Unabhängigkeit wird der in Abschnitt 7.1.2 vorgestellte Serviceroboter Albert II eingesetzt, der einen anderen Roboterarm, einen anderen Greifer und andere Sensorik als der Stäubli-Industrieroboter besitzt.

Da bei Albert II keine Finger-Kraftsensoren vorhanden sind, sind die atomaren Teilstrategien Fingerkontakte und Keine Fingerkontakte nicht mehr realisierbar. Die kon-

Objekt	Weinflasche		Urpsrungsnest	Tisch	
Form	Zylinder		*Anordnung*	Einzelteil	
Ausdehnung	stabförmig		*Spiel*	>5mm	
Symmetrie	voll		*Zielnest*	Fl.kühler	
Max. Dim.	>100mm		*Anordnung*	Peg in Hole	
Masse	100-500g		*Spiel*	>5mm	

Tab. 7.12.: Anwendungsfall Greifen und Einsetzen einer Weinflasche in einen Flaschenkühler

Objekt	Deckel		Urpsrungsnest	Tisch	
Form	Zylinder		*Anordnung*	Einzelteil	
Ausdehnung	scheibenf.		*Spiel*	>5mm	
Symmetrie	voll		*Zielnest*	Dose	
Max. Dim.	50-100mm		*Anordnung*	Hole on Peg	
Masse	10-100g		*Spiel*	0.1-1mm	

Tab. 7.13.: Anwendungsfall Greifen und Aufsetzen eines Deckels auf eine Dose

taktbasierten Fügebewegungen basieren jedoch auf den insgesamt auf den Greifer wirkenden Kräften, sodass hier die Werte des Kraft-Momenten-Sensors ausreichend sind. Die einzige Veränderung in allen atomaren Teilstrategien beruht auf der fehlenden Umsetzung des Roboter-Stopp-Befehls, sodass alle Kontaktsuchbewegungen in Form von kleinen Schritten mit anschließender Kontaktüberprüfung realisiert werden.

Zwei Anwendungsfälle aus dem Bereich der Servicerobotik werden definiert, die zwei unterschiedliche Ziel-Objektanordnungen repräsentieren:

- Greifen und Einsetzen einer Weinflasche in einen Flaschenkühler als *Peg in Hole*,

- Greifen und Aufsetzen eines Deckels auf eine Dose als *Hole on Peg*.

Die Aufgaben werden im Folgenden genauer erläutert und ihre Ausführung mit dem Serviceroboter Albert II gezeigt.

7.3.1. Einsetzen einer Weinflasche in einen Flaschenkühler

Das Einsetzen einer Weinflasche in einen Flaschenkühler, s. Tab. 7.12, ist ein Anwendungsfall aus dem Bereich der Servicerobotik. Die Weinflasche befindet sich vor dem

Greifen auf einem Tisch und besitzt ausreichend Bewegungsfreiheit, um sich im Greifer passiv zu zentrieren. Das Einsetzen in den Flaschenkühler stellt die Objektanordnung Peg in Hole dar, wobei ein Spiel von mehr als 5mm vorhanden ist.

Das Einsetzen der Weinflasche in einen Flaschenkühler wurde mehrmals erfolgreich mit dem Serviceroboter Albert II ausgeführt. Ein Manipulationsablauf ist in Abb. 7.14 und ein anderer in Abb. 7.15 in der Nahaufnahme dargestellt. Eine Besonderheit stellt in diesem Anwendungsfall das seitliche Greifen der Flasche am Flaschenhals dar. Da die Barrett-Hand von Albert II sehr groß ist, bietet dieser Griff die beste Stabilität, da hierbei die Finger den Flaschenhals komplett umschließen und an die Handfläche pressen.

Nach der Transferbewegung, s. Abb. 7.14(a) bzw. 7.15(a), befindet sich die Hand seitlich der Flasche mit ausreichendem Abstand, um beim Vorformen der Finger die Flasche nicht zu berühren. Die Anrückbewegung wird sensorlos ausgeführt, da bei dem offenen Greifer keine Kollisionsgefahr mit dem Objekt oder dem Tisch besteht. Dabei wird der Greifer zunächst für einen zylindrischen Griff vorgeformt, bei dem zwei Finger dem dritten gegenüber stehen, um den Flaschenhals seitlich parallel greifen zu können. Als Nächstes wird der Greifer geöffnet und bis zum Flaschenhals vorgefahren, s. Abb. 7.14(b) bzw. 7.15(b). Der Griff wird ebenfalls sensorlos ausgeführt, s. Abb. 7.14(c) bzw. 7.15(c), da die Flasche auf dem Tisch ausreichend Bewegungsfreiheit besitzt, um sich im Greifer passiv auszurichten. Bei der Abrückstrategie wird dann die Flasche sensorlos hochgehoben, s. Abb. 7.14(d) bzw. 7.15(d), da hier keine Kollisionsgefahr mit anderen Objekten besteht.

Mit der folgenden Transferbewegung wird die Flasche oberhalb des Flaschenkühlers positioniert, s. Abb. 7.14(e) bzw. 7.15(e). Hierbei können sehr große Ungenauigkeiten auftreten, sodass die Flasche nicht mit der sensorlosen Fügestrategie eingesetzt werden kann. Da es sich um ein zylindrisches Objekt handelt, das in ein rundes Nest eingefügt wird, wird die Fügestrategie für Peg in Hole verwendet. Dabei wird die Flasche zunächst angeschrägt, s. Abb. 7.14(f) bzw. 7.15(f), und mit dem Flaschenkühler in Kontakt gebracht, s. Abb. 7.14(g) bzw. 7.15(g). Als Nächstes wird die Außenkontur der Flasche an die Innenkontur des Flaschenkühlers angepasst, s. Abb. 7.14(h) bzw. 7.15(h), und die Flasche zurückgedreht, s. Abb. 7.14(i) bzw. 7.15(i). Als Letztes wird die Flasche zentrisch im Flaschenkühler auf die angegebene Tiefe gefügt, s. Abb. 7.14(j) bzw. 7.15(j). Das Loslassen und das Abrücken, s. Abb. 7.14(k) und (l) bzw. 7.15(k) und (l), erfolgen nun sensorlos, da keine Kollisionsgefahr für die Greiferfinger besteht.

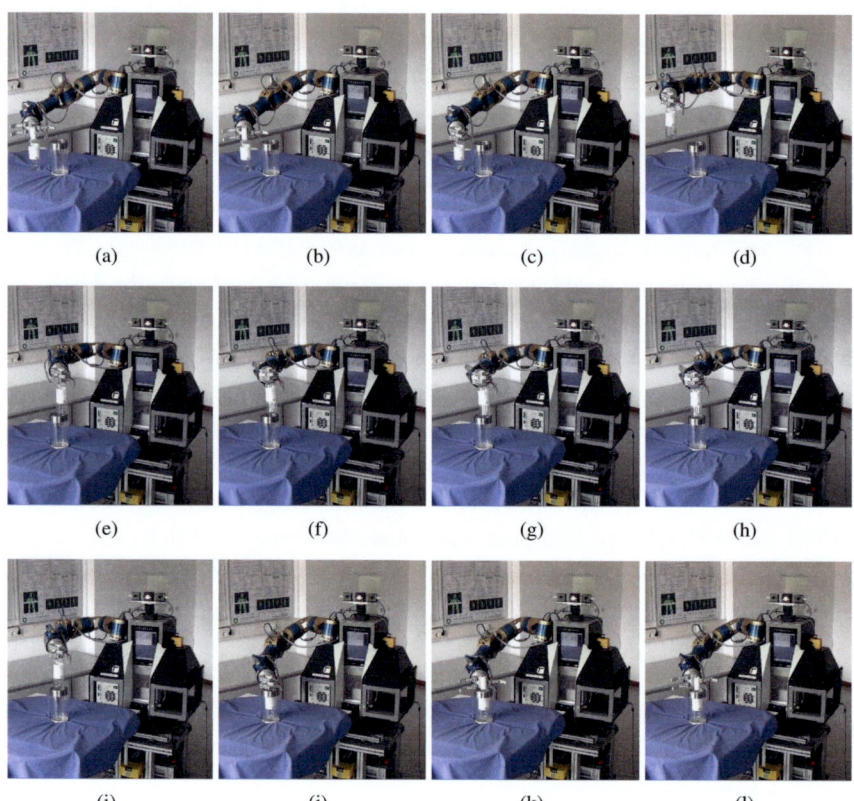

Abb. 7.14.: Einsetzen einer Weinflasche in einen Flaschenkühler als *Peg in Hole*: (a) Transfer zum Objekt, (b) Sensorloses Anrücken, (c) Sensorloses Greifen, (d) Sensorloses Abrücken, (e) Transfer zum Nest, (f)-(j) Fügen als Peg in Hole: (f) Sensorlose Bewegung – (g) Oberflächenkontakt – (h) Konturausrichtung – (i) Sensorlose Bewegung – (j) Zentrisches Einfügen, (k) Sensorloses Loslassen, (l) Sensorloses Abrücken

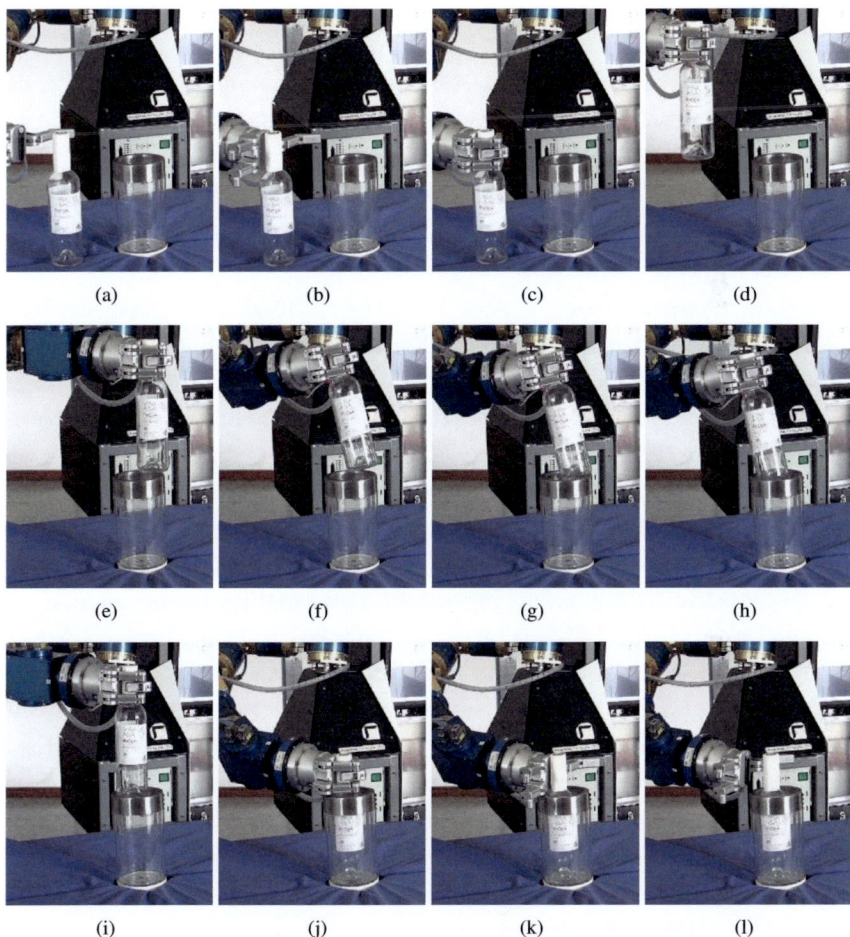

Abb. 7.15.: Einsetzen einer Weinflasche in einen Flaschenkühler als *Peg in Hole* (Nahaufnahme): (a) Transfer zum Objekt, (b) Sensorloses Anrücken, (c) Sensorloses Greifen, (d) Sensorloses Abrücken, (e) Transfer zum Nest, (f)-(j) Fügen als Peg in Hole: (f) Sensorlose Bewegung – (g) Oberflächenkontakt – (h) Konturausrichtung – (i) Sensorlose Bewegung – (j) Zentrisches Einfügen, (k) Sensorloses Loslassen, (l) Sensorloses Abrücken

7.3.2. Aufsetzen eines Deckels auf eine Dose

Das Aufsetzen eines Deckels auf eine Dose, s. Tab. 7.13, ist ein weiterer Anwendungsfall im Bereich der Servicerobotik. Der Deckel wird mit ausreichend Bewegungsfreiheit vom Tisch gegriffen. Das Aufsetzen auf die Dose stellt die Objektanordnung Hole on Peg dar und besitzt sehr wenig Spiel, da der Deckel auf der Innenseite eine Gummidichtung hat und die Dose luftdicht abschließt.

Das Aufsetzen des Deckels auf die Dose wurde mehrmals erfolgreich mit dem Serviceroboter Albert II ausgeführt. Ein Manipulationsablauf ist in Abb. 7.16 und ein anderer in Abb. 7.17 in der Nahaufnahme dargestellt.

Nach der Transferbewegung, s. Abb. 7.16(a) bzw. 7.17(a), befindet sich die Hand oberhalb des Deckels mit ausreichendem Abstand, um beim Vorformen der Finger den Deckel oder den Boden nicht zu berühren. Die Anrückbewegung wird sensorlos ausgeführt, trotz der geringen Höhe des Deckels und der Gefahr, dass die Finger zu weit oberhalb zugreifen und den Deckel verlieren. Die Gefahr bei der Anrückstrategie mit Bodenkontakt ist jedoch, dass aufgrund der Lage des Kraft-Momenten-Sensors am Handgelenk, der Kontakt zu spät erkannt wird und die Finger der Barrett-Hand kollidieren. Daher werden direkte Kontakte der Finger mit dem unnachgiebigen Tisch vermieden und die sensorlose Anrückstrategie angewendet. Dabei wird der Greifer zunächst entsprechend der runden Deckelkontur für einen sphärischen Griff vorgeformt, bei dem die drei Finger jeweils im 120°-Abstand zueinander stehen. Als Nächstes wird der Greifer geöffnet und bis zum Deckel vorgefahren, s. Abb. 7.16(b) bzw. 7.17(b). Der Griff wird ebenfalls sensorlos ausgeführt, s. Abb. 7.16(c) bzw. 7.17(c), da der Deckel auf dem Tisch ausreichend Bewegungsfreiheit besitzt, um sich im Greifer passiv auszurichten. Bei der Abrückstrategie wird dann der Deckel sensorlos hochgehoben, s. Abb. 7.16(d) bzw. 7.17(d), da hier keine Kollisionsgefahr mit anderen Objekten besteht.

Mit der folgenden Transferbewegung wird der Deckel oberhalb der Dose positioniert, s. Abb. 7.16(e) bzw. 7.17(e). Da bei der Positionierung große Ungenauigkeiten auftreten können, kann der Deckel nicht mit der sensorlosen Ablegestrategie auf die Dose aufgesetzt werden. Da es sich um ein rundes Objekt handelt, das auf ein zylindrisches Objekt aufgesetzt wird, wird die Fügestrategie für Hole on Peg verwendet. Aufgrund des beschränkten Arbeitsraumes von Albert II musste hierbei jedoch die Richtung des Anschrägens im Vergleich zu den Versuchen mit dem Stäubli-Roboter geändert werden, der gesamte Ablauf bleibt jedoch der gleiche. Der Deckel wird zunächst angeschrägt, s. Abb. 7.16(f) bzw. 7.17(f), und mit der Dose in Kontakt gebracht, s. Abb. 7.16(g) bzw.

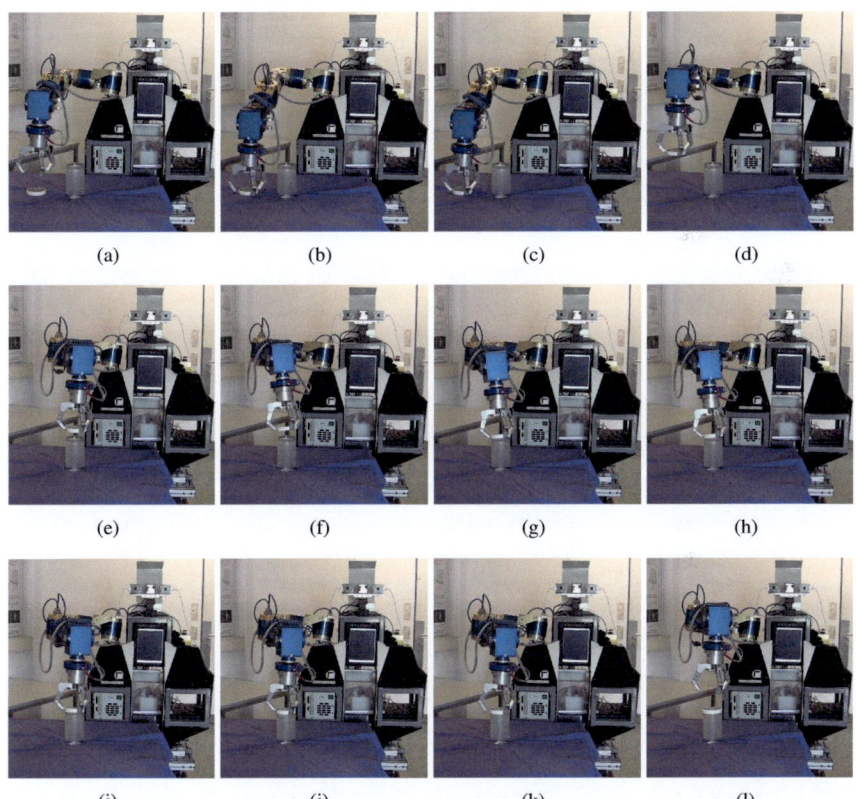

Abb. 7.16.: Aufsetzen eines Deckels auf eine Dose als *Hole on Peg*: (a) Transfer zum Objekt, (b) Sensorloses Anrücken, (c) Sensorloses Greifen, (d) Sensorloses Abrücken, (e) Transfer zum Nest, (f)-(j) Fügen als Hole on Peg: (f) Sensorlose Bewegung – (g) Oberflächenkontakt – (h) Konturausrichtung – (i) Sensorlose Bewegung – (j) Zentrisches Einfügen, (k) Sensorloses Loslassen, (l) Sensorloses Abrücken

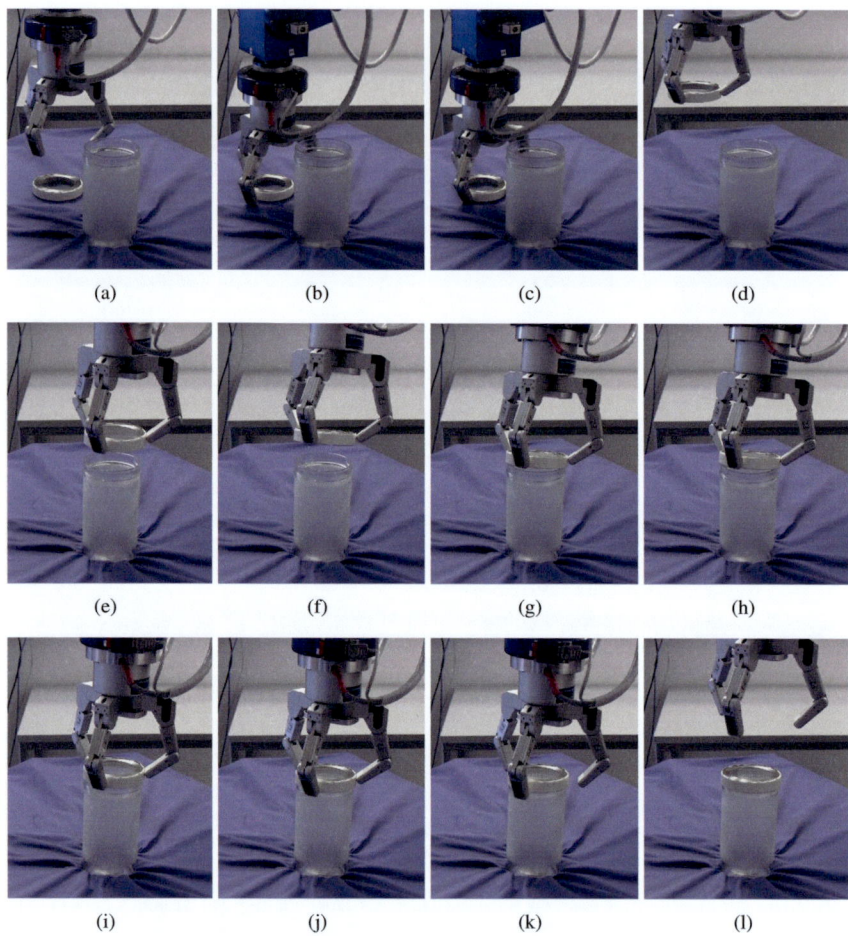

Abb. 7.17.: Aufsetzen eines Deckels auf eine Dose als *Hole on Peg* (Nahaufnahme): (a) Transfer zum Objekt, (b) Sensorloses Anrücken, (c) Sensorloses Greifen, (d) Sensorloses Abrücken, (e) Transfer zum Nest, (f)-(j) Fügen als Hole on Peg: (f) Sensorlose Bewegung – (g) Oberflächenkontakt – (h) Konturausrichtung – (i) Sensorlose Bewegung – (j) Zentrisches Einfügen, (k) Sensorloses Loslassen, (l) Sensorloses Abrücken

7.17(g). Als Nächstes wird die Innenkontur des Deckels an die Außenkontur der Dose angepasst, s. Abb. 7.16(h) bzw. 7.17(h), und der Deckel zurückgedreht, s. Abb. 7.16(i) bzw. 7.17(i). Als Letztes wird der Deckel zentrisch auf die Dose bis zur angegebenen Tiefe gefügt, s. Abb. 7.16(j) bzw. 7.17(j). Das Loslassen und das Abrücken, s. Abb. 7.16(k) und (l) bzw. 7.17(k) und (l), erfolgen nun sensorlos, da keine Kollisionsgefahr für die Greiferfinger besteht.

7.4. Evaluation der Taktzeitoptimierung

Der Einsatz des fallbasierten Schließens in der Ausführung atomarer Teilstrategien reduziert die Ausführungsdauer enorm und wird an zwei repräsentativen atomaren Teilstrategien dargestellt, Kräftegleichgewicht und Oberflächenausrichtung. Die atomare Teilstrategie Kräftegleichgewicht gleicht dabei stochastische Ungenauigkeiten aus, die atomare Teilstrategie Oberflächenausrichtung konstante Ungenauigkeiten. Das verwendete Experimentiersystem ist der in Abschnitt 7.1.1 vorgestellte Stäubli-Industrieroboter.

7.4.1. Stochastische Ungenauigkeiten

Als repräsentative atomare Teilstrategie, die stochastische Ungenauigkeiten ausgleicht, s. Definition in Abschnitt 4.2, wird die atomare Teilstrategie Kräftegleichgewicht gewählt. Die atomare Teilstrategie stellt bei einem Griff das Kräftegleichgewicht her und gleicht dabei stochastische Ungenauigkeiten in der X-Y-Ebene aus, s. Tab. 4.6 auf S. 63. Im Anwendungsfall Palettieren von Zündkerzen, s. Tab. 7.8 auf S. 150, wird sie während der Greifstrategie mit Kräftegleichgewicht angewendet.

In diesem Anwendungsfall ist die Platzierung des Robotergreifers zufällig, sodass die Ungenauigkeiten nicht vom Zeitpunkt der Ausführung abhängen und lediglich anhand der Messwerte bestimmt werden müssen. Der Gewichtsvektor im Distanzmaß für Problemsituationen aus Formel 5.6 auf S. 105 wird daher auf $\omega = (0, 1, ..., 1)$ gesetzt, sodass für die Berechnung der Ähnlichkeit von Fällen die interessanten Messwerte berücksichtigt werden und nicht der Zeitpunkt des letzten Auftretens dieser Fälle.

Um den Raum der Ungenauigkeiten möglichst gut abzudecken, wird dieser zunächst in die Ungenauigkeitsklassen 0mm, 0,1mm, 0,2mm, 0.5mm, 1mm, 2mm und 5mm zerlegt. Die Ungenauigkeit wird simuliert, indem zufällige Werte innerhalb der Ungenauigkeitsklasse für den X- und Y-Versatz generiert werden. Der Roboter wird dann ausgehend von der Zielstellung, in der Kräftegleichgewicht herrscht, um diese Werte in der X-Y-Ebene versetzt. Für jede Ungenauigkeitsklasse wird für die Zündkerze mehrfach die atomare Teilstrategie Kräftegleichgewicht ausgeführt. Je größer die Ungenauigkeiten, umso öfter muss die Strategie ausgeführt werden, um eine gute Abdeckung zu erreichen, nämlich 10 Mal für 0mm, 100 Mal für 0,1mm, 200 Mal für für 0,2mm, 500 Mal für 0,5mm, 1000 Mal für 1mm, 2000 Mal für 2mm und 5000 Mal für 5mm. Die Lösung, d. h. das Kräftegleichgewicht, wurde dabei gemäß einer der folgenden Arten erreicht:

- *Zielbedingung sofort erfüllt*: Die Zielbedingung war nach der ersten Bewegung zur Überprüfung sofort erfüllt, weil keine Ungenauigkeiten vorlagen.

- *Erfolgreiche Wiederverwendung*: Eine Lösung aus der Fallbasis wurde angewendet und führte zum Erfolg.

- *Nicht erfolgreiche Wiederverwendung und iterative Lösung*: Die Lösung aus der Fallbasis führte nicht zum Erfolg und eine Lösung wurde durch die Ausführung iterativer Schritte gefunden.

- *Rein iterative Lösung*: Kein ähnlicher Fall konnte gefunden werden und die Lösung wurde allein durch die Ausführung iterativer Schritte gefunden.

Das Diagramm in Abb. 7.18 zeigt die durchschnittliche Dauer der Ausführung der atomaren Teilstrategie Kräftegleichgewicht für die verschiedenen Ungenauigkeitsklassen. Wenn die Zielbedingung sofort erfüllt ist oder die Lösung eines ähnlichen Falls erfolgreich angewendet wurde, ist die Dauer unabhängig von der Ungenauigkeitsklasse konstant. Werden hingegen iterative Lösungsschritte angewendet, wenn die Lösung eines ähnlichen Falls nicht zum Erfolg geführt hat oder kein ähnlicher Fall gefunden wurde, steigt die Ausführungsdauer mit der Größe der Ungenauigkeiten. Bei kleinen Ungenauigkeiten übersteigt die Dauer bei der nicht erfolgreichen Lösungsanwendung die Dauer der iterativen Lösungsschritte wenn kein ähnlicher Fall gefunden werden konnte. Dies liegt daran, dass bei kleinen Ungenauigkeiten die Lösung mit iterativen Schritten in der Regel in weniger als zwei Schritten gefunden werden konnte. Die nicht erfolgreiche Lösungsanwendung benötigt jedoch mindestens zwei Schritte, die Anwendung der Lösung und mindestens einen anschließenden iterativen Lösungsschritt. In der Ungenauigkeitsklasse von bis zu 5mm ist jedoch die nicht erfolgreiche Lösungsanwendung mit anschließenden iterativen Schritten deutlich schneller als die rein iterative Lösung, da die Lösung des ähnlichen Falls in der Regel einen Schritt näher zum Ziel bringt und die Problemsituation zumindest nicht verschlechtert, sodass anschließend weniger

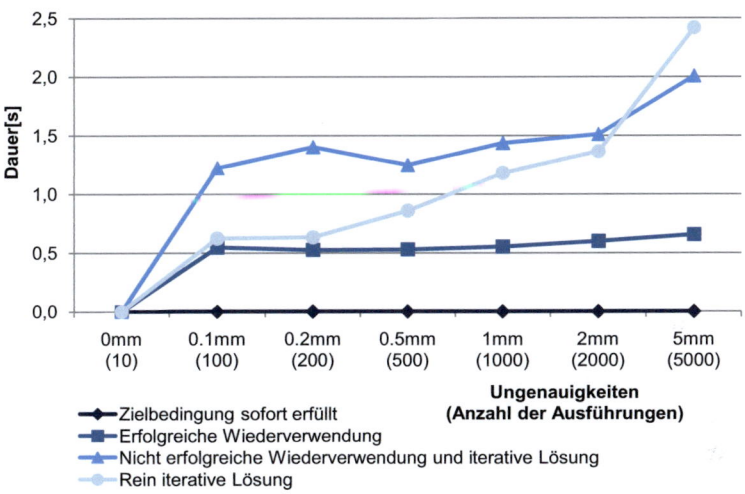

Abb. 7.18.: Kräftegleichgewicht: Ausführungsdauer bei verschiedenen Ungenauigkeitsklassen

Iterationen notwendig sind. Im Vergleich zur rein iterativen Lösung konnte durch die erfolgreiche Anwendung der Lösung ähnlicher Fälle die Ausführungsdauer der atomaren Teilstrategie Kräftegleichgewicht um 70% von 2,4s auf 0,7s reduziert werden.

Das Diagramm in Abb. 7.19 zeigt repräsentativ an der Ungenauigkeitsklasse von 1mm die Entwicklung der Fallbasis im Verlauf der Experimente. Die Wahrscheinlichkeit des Erfolgs einer Lösung aus der Fallbasis steigt mit der Anzahl der Ausführungen. Nach 1000 Ausführungen enthielt die Fallbasis 101 Fälle. Der Anteil der erfolgreich angewendeten Lösungen von ähnlichen Fällen aus der Fallbasis stieg dabei mit der Anzahl der Ausführungen und der Größe der Fallbasis auf 84%. In 11% war die Zielbedingung sofort erfüllt. Die Anzahl der nicht erfolgreichen Anwendungen fiel auf 2%. In 3% der Anwendungen enthielt die Fallbasis keinen ähnlichen Fall, sodass die Lösung rein iterativ gefunden werden musste. Die Ausführungszeit konnte von 1,4s durchschnittlich in den ersten 20 Anwendungen auf 1,1s durchschnittlich in den letzten 600 Anwendungen reduziert werden.

Das Diagramm in Abb. 7.20 zeigt die Vorzüge in der Fusion der Lösungen mehrerer ähnlichen Fälle repräsentativ an der Ungenauigkeitsklasse von 1mm. Je mehr ähnliche Fälle an der Lösungsfusion beteiligt waren, umso höher war der Anteil an erfolgreichen Anwendungen. Bei nur einem ähnlichen Fall führte die Lösung in 89% zum Erfolg, bei

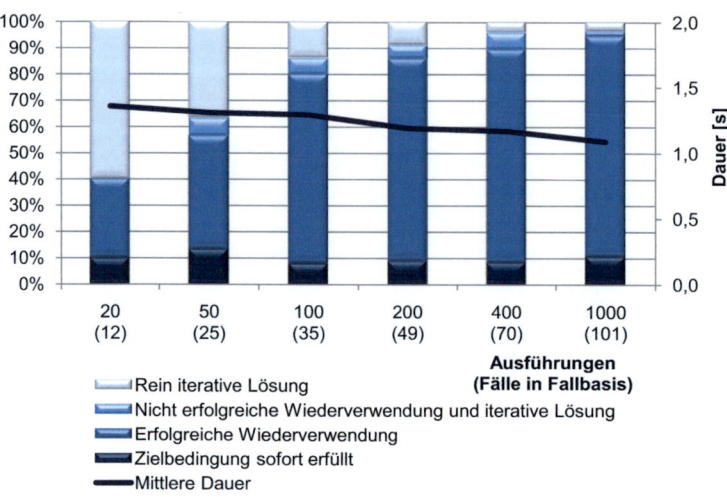

Abb. 7.19.: Kräftegleichgewicht: Entwicklung der Fallbasis bei der Ungenauigkeitsklasse 1mm

zwei ähnlichen Fällen in 98%, bei drei Fällen in 99% und bei vier und mehr Fällen in 100%. Insgesamt konnten bei den 1000 Experimenten 96% der fusionierten Lösungen erfolgreich angewendet werden, während in 1000 analogen Experimenten, bei denen nur die eine Lösung des ähnlichsten Falls angewendet wurde, lediglich 91% der Lösungen zum Erfolg führten. Weiterhin konnte durch die Lösungsfusion die Größe der Fallbasis verringert werden. Während sie bei der Anwendung der Lösung des ähnlichsten Falls nach 1000 Experimenten 151 Fälle beinhaltete, wurden bei der Fusion der Lösungen aller ähnlichen Fälle lediglich 101 Fälle generiert.

7.4.2. Konstante Ungenauigkeiten

Als repräsentative atomare Teilstrategie, die konstante Ungenauigkeiten ausgleicht, s. Definition in Abschnitt 4.2, wird die atomare Teilstrategie Oberflächenausrichtung gewählt. Die atomare Teilstrategie platziert den Greifer, eventuell mit gegriffenem Objekt, parallel zur Ablageoberfläche und gleicht dabei konstante Ungenauigkeiten bis 5° in RX, RY und 5mm in Z aus, s. Tab. 4.12 auf S. 69. Im Anwendungsfall Ablegen von Leiterplatten, s. Tab. 7.2 auf S. 141, wird sie während der Anrückstrategie mit Bodenkontakt angewendet.

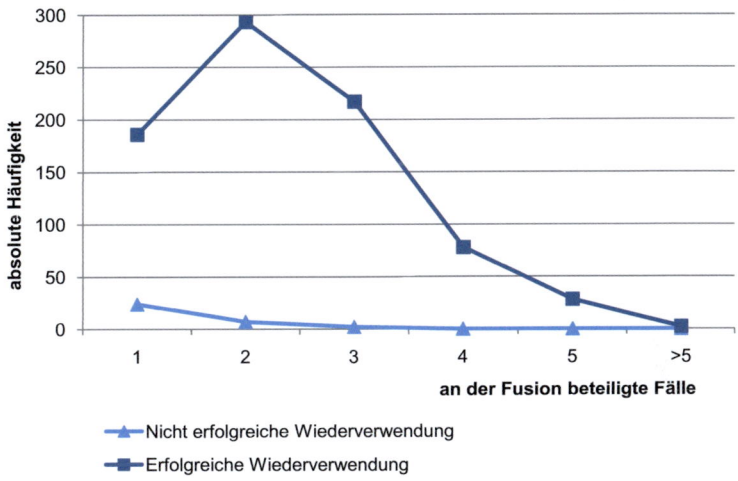

Abb. 7.20.: Kräftegleichgewicht: Anzahl der fusionierten Lösungen bei der Ungenauigkeitsklasse 1mm

Bei der ersten Anrückbewegung werden für die definierten Ungenauigkeitsklassen 0mm, 0,1mm, 0,2mm, 0,5mm, 1mm, 2mm und 5mm die Ungenauigkeiten durch eine zufällig generierte Roboterbewegung in RX, RY und Z simuliert. In den folgenden Anrückbewegungen wird jedoch stets die gleiche Roboterbewegung ausgeführt, die die konstanten Ungenauigkeiten ausgleicht, die sich seit der letzten Ausführung nicht verändert haben. Die Ungenauigkeiten hängen damit allein vom Zeitpunkt der Ausführung ab, sodass der Gewichtsvektor im Distanzmaß für Problemsituationen aus Formel 5.6 auf S. 105 auf $\omega = (1, 0, ..., 0)$ gesetzt wird, um nur den Zeitpunkt und nicht die interessanten Messwerte zu berücksichtigen. Zusätzlich wird Taktzeit eingespart, indem bei der Ausführung der atomaren Teilstrategie sofort die Lösung eines ähnlichen Falls aus der Fallbasis angewendet wird, ohne der in Abb. 5.6 auf S. 102 dargestellten vorherigen Bewegung zur Überprüfung der Zielbedingung, Aufnahme der interessanten Messwerte und Überprüfung der Zielbedingung. Erst wenn die Ungenauigkeiten sich geändert haben, was gemäß Definition nur selten vorkommt, wird die Lösung mit iterativen Lösungsschritten bestimmt.

Um den Einfluss der Verwendung der Fallbasis auf die Ausführungsdauer zu untersuchen, wird die Anrückbewegung zweimal für jede Ungenauigkeitsklasse ausgeführt. Bei

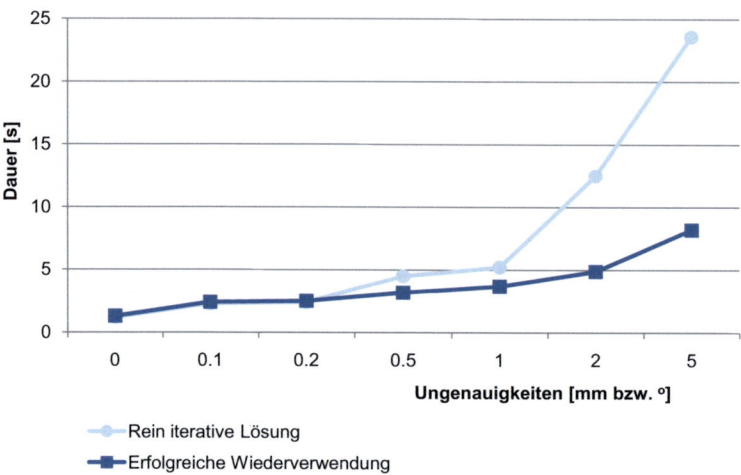

Abb. 7.21.: Oberflächenausrichtung: Ausführungsdauer bei verschiedenen Ungenauigkeitsklassen

der ersten Ausführung ist die Fallbasis leer und die Lösung wird durch die Ausführung iterativer Schritte bestimmt und in der Fallbasis gespeichert. Bei der zweiten Ausführung wird die Lösung des ähnlichen, bei der ersten Ausführung generierten Falls angewendet, die aufgrund der unveränderten Ungenauigkeiten zum Erfolg führt. Die Lösung wurde daher gemäß einer der folgenden Arten generiert:

- *Rein iterative Lösung*: Kein ähnlicher Fall konnte gefunden werden und das Ziel wurde allein durch die Ausführung iterativer Lösungsschritte erreicht.

- *Erfolgreiche Wiederverwendung*: Eine Lösung aus der Fallbasis wurde angewendet und führte zum Erfolg.

Trotz der Annahme, dass sich die Ungenauigkeiten selten ändern, muss die atomare Teilstrategie potentielle Änderungen berücksichtigen. Daher wird nach der Anwendung der Lösung eines ähnlichen Falls die Bewegung zur Überprüfung der Zielbedingung langsam gemäß der Ungenauigkeitsklasse ausgeführt. Die Dauer steigt daher selbst bei einer erfolgreichen Lösungsanwendung mit der Größe der Ungenauigkeiten. Das Diagramm in Abb. 7.21 zeigt, dass dennoch durch die Verwendung der Fallbasis die Ausführungsdauer erheblich gesenkt werden konnte, insbesondere für große Ungenauigkeiten,

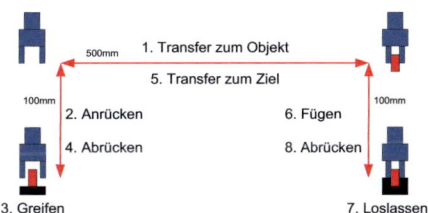

Abb. 7.22.: Zyklus einer Manipulationsaufgabe

die beim Ausgleich sehr viele iterative Lösungsschritte benötigen. Bei Ungenauigkeiten bis zu 5mm konnte die Dauer mithilfe der Fallbasis um 65% von 23,6s auf 8,2s gesenkt werden.

7.5. Taktzeitübersicht

Dieser Abschnitt vergleicht einerseits die Ausführungsdauern der sensorlosen mit den kontaktbasierten Manipulationsstrategien und andererseits den rein iterativen Ungenauigkeitenausgleich mit dem erfahrungsbasierten Ausgleich mithilfe der Fallbasis. Dazu werden mit dem in Abschnitt 7.1.1 vorgestellten Stäubli-Industrieroboter alle Strategien für die acht Manipulationsteilaufgaben für jede Ungenauigkeitsklasse jeweils zehn Mal mit und ohne erfahrungsbasierte Optimierung ausgeführt. Um vergleichbare Ergebnisse zu erzielen, wurden im Vorfeld alle atomaren Teilstrategien so oft ausgeführt, dass die Fälle in der Fallbasis jeweils den gesamten Raum der Ungenauigkeiten abdeckten.

Die kürzeste Ausführungsdauer weisen zwar in jeder Teilaufgabe die sensorlosen Strategien auf, da der Roboter hierbei mit hoher Geschwindigkeit und ohne Beachtung externer Kontakte verfahren wurde. Bei auftretenden Ungenauigkeiten führen sie jedoch zu undefinierten Zuständen und behindern anschließende Prozesse. In solchen Fällen werden kontaktbasierte Manipulationsstrategien ausgeführt, deren Ausführungsdauer mit der Größe der Ungenauigkeiten zunimmt.

Für die Untersuchungen wird der in Abb. 7.22 dargestellte Manipulationszyklus verwendet. Beim Transfer zum Objekt müssen dabei 500mm zurückgelegt werden, beim An- und Abrücken 100mm. Beim Transfer zum Nest beträgt die Strecke ebenfalls 500mm, beim Fügen und Abrücken 100mm. Diese Strecke wird mit den entsprechenden Manipulationsstrategien zurückgelegt und eventuelle Ungenauigkeiten ausgeglichen.

Die Transferstrategien werden nicht weiter untersucht, da ihre Ausführungsdauer nur von der Streckenlänge, der Geschwindigkeit und der Beschleunigung des Roboters ab-

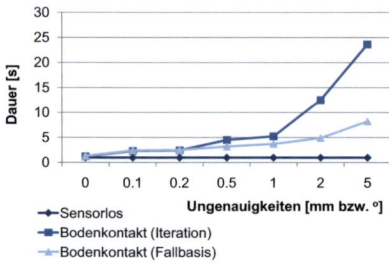

Abb. 7.23.: Ausführungsdauer der Anrückstrategie mit Bodenkontakt im Vergleich zur sensorlosen Anrückstrategie

hängt. Wird die Strecke von 500mm verfahren, beträgt die Dauer mit einer Robotergeschwindigkeit von 4,2m/s (40%) und maximaler Beschleunigung 0,8s. Eine weitere Erhöhung der Geschwindigkeit hat bei dieser Strecke keine Auswirkungen, da dies die maximale bei dieser Strecke erreichbare Geschwindigkeit ist. Alle weiteren *sensorlosen* Roboterbewegungen beim Anrücken, Abrücken, Greifen, Loslassen und Fügen, werden mit 2,5% der Robotergeschwindigkeit bzw. 0,26m/s, die *kontaktbasierten* Roboterbewegungen mit maximal 1% bzw. 0,1m/s ausgeführt, um eine rechtzeitige Reaktion auf Kontakte und Kollisionen zu ermöglichen. Im Folgenden werden die Ausführungsdauern der sensorlosen und der kontaktbasierten Manipulationsstrategien für das Anrücken, Abrücken, Greifen, Loslassen und Fügen mit und ohne Verwendung der Fallbasis untersucht. Anschließend wird an drei beispielhaften Anwendungsfällen die Ausführungsdauern für komplette Manipulationsaufgaben aufgezeigt, jeweils für den günstigsten und den ungünstigsten Fall und mit und ohne Verwendung der Fallbasis.

Anrückstrategien

Für das Anrücken zum Objekt werden die sensorlose Anrückstrategie und die Anrückstrategie mit Bodenkontakt verglichen. Da die sensorlose Anrückstrategie keine Ungenauigkeiten berücksichtigt, ist auch die Ausführungsdauer von diesen unabhängig und liegt bei 0,9s, s. Abb. 7.23. Im Gegensatz dazu gleicht die Anrückstrategie mit Bodenkontakt Ungenauigkeiten aus und hat bei größeren Ungenauigkeiten auch eine entsprechend längere Ausführungsdauer. Bei der iterativen Lösungsfindung ohne Verwendung der Fallbasis steigt die Dauer sehr stark an und beträgt bei großen Ungenauigkeiten von 5mm bzw. 5° 23,6s. Auch bei der Verwendung der Fallbasis steigt die Ausführungsdauer an, da hier auch bei bekannter Lösung weitere Ungenauigkeiten berücksichtigt und

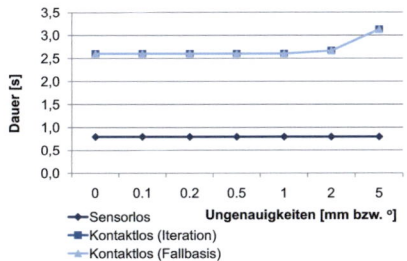

Abb. 7.24.: Ausführungsdauer der kontaktlosen Abrückstrategie im Vergleich zur sensorlosen Abrückstrategie

die Bewegungen langsam ausgeführt werden müssen. Allerdings ist der Anstieg deutlich geringer als bei der iterativen Lösung und beträgt bei großen Ungenauigkeiten nur 8,2s. Durch die Verwendung der Fallbasis können damit bei großen Ungenauigkeiten bis zu 65% der Ausführungsdauer eingespart werden.

Abrückstrategien

Für das Abrücken mit gegriffenem Objekt bzw. das Abrücken vom Nest werden die sensorlose und die kontaktlose Abrückstrategie verglichen. Die sensorlose Abrückstrategie berücksichtigt keine Ungenauigkeiten, wodurch auch die Ausführungsdauer von 0,8s konstant und von der Größe der Ungenauigkeiten unabhängig ist, s. Abb. 7.24. Die kontaktlose Abrückstrategie hat aufgrund der langsameren Verfahrbewegung, um auf Kontakte reagieren zu können, bereits bei kleinen Ungenauigkeiten die Ausführungsdauer von 2,6s bzw. bei großen Ungenauigkeiten von 5mm bzw. 5° von 3,1s. Allerdings ist selbst bei großen Ungenauigkeiten maximal ein Ausgleichsschritt notwendig, sodass die Verwendung einer Fallbasis keinen Vorteil aufweist, da die Anwendung einer Lösung aus der Fallbasis der Dauer eines Iterationsschrittes entspricht.

Greifstrategien

Für das Greifen eines Objektes werden die sensorlose Greifstrategie, die Greifstrategie mit Fingerkontakten und die Greifstrategie mit Kräftegleichgewicht verglichen. Die sensorlose Greifstrategie berücksichtigt keine Ungenauigkeiten und die Ausführungsdauer ist konstant bei 0,2s, s. Abb. 7.25. Dabei sind die Finger so vorgeformt, dass sie beim Greifen nur noch einen Weg von maximal 5mm zurücklegen müssen. Bei der Greifstrategie mit Fingerkontakten machen sich die Ungenauigkeiten erst ab 2mm bzw. 2° bemerkbar, sodass die Ausführungsdauer ansteigt und bei großen Ungenauigkeiten von

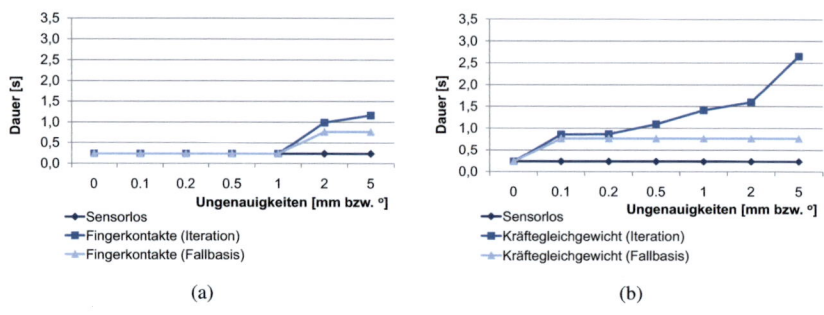

(a)   (b)

Abb. 7.25.: Ausführungsdauer der Greifstrategien (a) mit Fingerkontakten und (b) mit Kräfte-gleichgewicht im Vergleich zur sensorlosen Greifstrategie

5mm bzw. 5° und iterativem Ausgleich 1,2s beträgt, s. Abb. 7.25(a). Bei der Greifstra-tegie mit Kräftegleichgewicht machen sich Ungenauigkeiten hingegen schon bei 0,1mm bzw. 0,1° bemerkbar und die Ausführungsdauer steigt an und beträgt bei großen Unge-nauigkeiten von 5mm bzw. 5° und iterativem Ausgleich 2,7s, s. Abb. 7.25(b). Durch die Verwendung der Fallbasis kann die Dauer bei der Greistrategie mit Fingerkontakten um 35% auf 0,8s gesenkt werden, bei der Greifstrategie mit Kräftegleichgewicht sogar um 72% auf 0,8s.

Loslassstrategien

Für das Loslassen eines abgelegten oder eingefügten Objektes werden die sensorlose und die kontaktlose Loslassstrategien verglichen. Die sensorlose Loslassstrategie be-rücksichtigt keine Ungenauigkeiten und benötigt daher konstant 0,3s, unabhängig von der Größe der Ungenauigkeiten.Die kontaktlose Loslassstrategie wurde bei dem verwen-deten 3-Finger-Stern-Greifer so umgesetzt, dass eine Rotation des Greifers entgegen der Fingeröffnung die Fingerkontakte unabhängig der Kräfte löst. Die Ausführungsdauer ist daher auch bei dieser Strategie von der Größe der Ungenauigkeiten unabhängig und beträgt konstant 0,8s. Die Fallbasis kommt hierbei nicht zum Einsatz, da die Ungenau-igkeiten nicht explizit ausgeglichen werden.

Fügestrategien

Für das Fügen eines gegriffenen Objektes wird die sensorlosen Fügestrategie mit den kontaktbasierten Fügestrategien für Einzelteil, Teil an Teil, rechteckige Fächer, Peg in Hole und Hole on Peg verglichen. Die sensorlose Fügestrategie ist mit 0,6s zwar sehr schnell, gleicht jedoch keinerlei Ungenauigkeiten aus und ist daher nur bei ausreichend

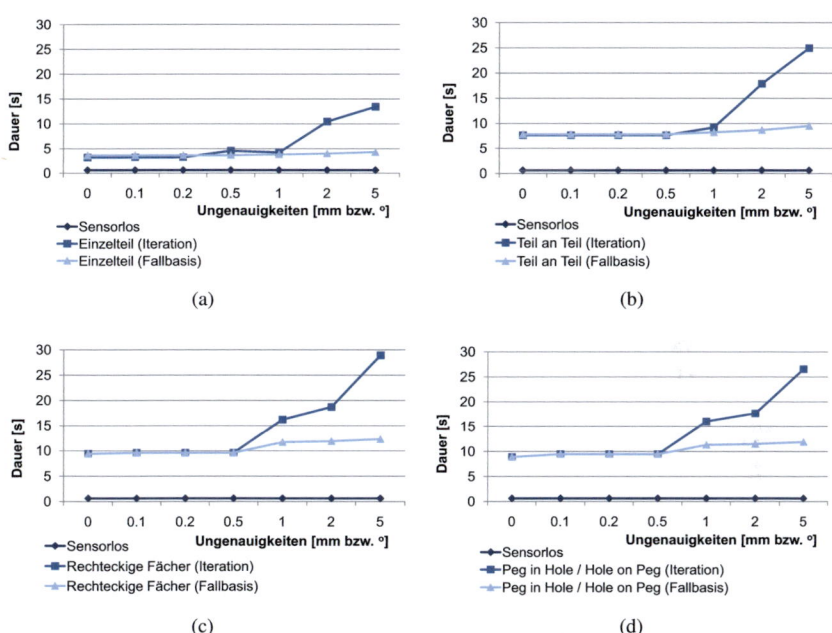

Abb. 7.26.: Ausführungsdauer der Fügestrategien für (a) Einzelteil, (b) Teil an Teil, (c) rechteckige Fächer und (d) Peg in Hole bzw. Hole on Peg im Vergleich zur sensorlosen Fügestrategie

großem Spiel anwendbar, s. Abb. 7.26. Wenn die Ungenauigkeiten das Spiel jedoch überragen, muss eine der kontaktbasierten Fügestrategien angewendet werden, die das Objekt in die Zielanordnung bringen. Da diese Strategien Ungenauigkeiten ausgleichen, steigt ihre Ausführungsdauer mit der Größe der Ungenauigkeiten an. Die Fügestrategie für Einzelteil benötigt bei großen Ungenauigkeiten 13,4s bei iterativem Ausgleich, s. Abb. 7.26(a). Durch die Verwendung der Fallbasis kann die Dauer um 68% auf 4,3s reduziert werden. Die Fügestrategie für Teil an Teil dauert wesentlich länger, da sie zusätzliche Ungenauigkeiten in weiteren Dimensionen ausgleicht. Der iterative Ausgleich dauert hier 25s, wird jedoch durch die Verwendung der Fallbasis um 62% auf 9,5s gesenkt, s. Abb. 7.26(b). Die Fügestrategie für rechteckige Fächer benötigt bei iterativem Ausgleich 28,9s, bei der Verwendung der Fallbasis nur noch 12,3s und damit 57% weniger, s. Abb. 7.26(c). Da die Fügestrategien für Hole on Peg und Peg in Hole aus den gleichen atomaren Teilstrategien zusammengesetzt sind, wird die Ausführung nur an Peg in

Hole durchgeführt und gilt auch für Hole on Peg. Dabei benötigt der iterative Ausgleich 26,6s, was durch die Verwendung der Fallbasis um 55% auf 11,9s reduziert wird, s. Abb. 7.26(d). Damit weisen zwar alle kontaktbasierten Fügestrategien eine deutlich längere Ausführungsdauer auf als die sensorlose Fügestrategie, die Dauer lässt sich jedoch, je nach Objektanordnung und Ungenauigkeiten, durch die Verwendung der Fallbasis um bis zu 68% reduzieren. Im Gegensatz zur sensorlosen Fügestrategie jedoch gleichen die kontaktbasierten Fügestrategien alle vorliegenden Ungenauigkeiten aus, während sie das vorliegende Objekt in die vorgegebene Anordnung bringen.

Gesamte Manipulationsaufgaben

Die Taktzeit einer kompletten Manipulationsaufgabe ist größtenteils abhängig von den ausgewählten Strategien und den vorliegenden Ungenauigkeiten. Eine beispielhafte Berechnung der Taktzeit wird für drei bereits vorgestellte Anwendungsfälle gezeigt:

- Greifen und Ablegen von Rohrwinkeln als *Schüttgut*, s. Tab. 7.1 auf S. 140,

- Greifen und Ablegen von Leiterplatten als *Einzelteil*, s. Tab. 7.2 auf S. 141,

- Greifen und Palettieren von Ventilankern als *Peg in Hole*, s. Tab. 7.8 auf S. 150.

Es werden jeweils die in Abschnitt 7.2 beschriebenen Manipulationsstrategien zur Konfiguration der Aufgaben verwendet. Die zurückzulegenden Distanzen entsprechen denen in Abb. 7.22 auf S. 169. Eine Übersicht der Taktzeiten dieser drei Anwendungsfälle ist in Tab. 7.14 dargestellt. Dabei wird die Taktzeit für den günstigsten und den ungünstigsten Fall verglichen, die folgendermaßen definiert sind:

- *Günstigster Fall*: keinerlei Ungenauigkeiten in den relevanten Dimensionen,

- *Ungünstigster Fall*: Ungenauigkeiten von 5mm bzw. 5° in den relevanten Dimensionen, wobei hierbei zusätzlich unterschieden wird, ob die Lösung rein iterativ oder mithilfe der Fallbasis bestimmt wurde.

Beim Ablegen von Rohrwinkeln als Schüttgut werden in allen Teilschritten sensorlose Strategien verwendet. Die Teilschritte Fügen und Abrücken können zusätzlich eingespart werden, da die Transferstrategie das gegriffene Objekt direkt oberhalb des Behälters platziert. Die Unterscheidung zwischen dem günstigsten und dem ungünstigsten Fall entfällt hier, da keine Ungenauigkeiten ausgeglichen werden und somit stets der günstigste Fall vorliegt. Daher wird auch die Fallbasis nicht verwendet. Die komplette Manipulationsaufgabe hat damit die Ausführungsdauer von 3,96s.

Teilschritt	Rohr-winkel	Leiterplatte günstig	Leiterplatte ungünstig Fallbasis	Leiterplatte ungünstig Iteration	Ventilanker günstig	Ventilanker ungünstig Fallbasis	Ventilanker ungünstig Iteration
1. Transfer	0,812	0,812	0,812	0,812	0,812	0,812	0,812
2. Anrücken	0,968	1,203	8,203	23,593	0,968	0,968	0,968
3. Greifen	0,234	0,234	0,234	0,234	0,234	0,766	2,650
4. Abrücken	0,797	0,797	0,797	0,797	0,797	0,797	0,797
5. Transfer	0,812	0,812	0,812	0,812	0,812	0,812	0,812
6. Fügen	–	3,250	4,250	13,440	8,890	11,900	26,550
7. Loslassen	0,340	0,340	0,340	0,340	0,340	0,340	0,340
8. Abrücken	–	0,797	0,797	0,797	0,797	0,797	0,797
Gesamtdauer	3,963	8,245	16,245	40,825	13,650	17,192	33,726

Tab. 7.14.: Ausführungsdauer von Manipulationsaufgaben (alle Angaben in Sekunden)

Beim Ablegen von Leiterplatten können Ungenauigkeiten in der Anrückbewegung zu einem fehlerhaften Griff führen, sodass die Anrückstrategie mit Bodenkontakt gewählt wird. Das Greifen und Abrücken erfolgen weiterhin sensorlos. Beim Ablegen wird die Fügestrategie für Einzelteil verwendet, um die Leiterplatte präzise auf der Tischoberfläche auszurichten. Das Loslassen und Abrücken erfolgen dann wiederum sensorlos. Im günstigsten Fall, wenn keine Ungenauigkeiten vorliegen, dauert die komplette Manipulationsaufgabe 8,2s. Im ungünstigsten Fall, wenn Ungenauigkeiten von 5mm bzw. 5° vorliegen, dauert die iterative Ausführung 40,8s, kann jedoch durch die Verwendung der Fallbasis auf 16,2s und damit um 60% reduziert werden.

Beim Palettieren von Ventilankern müssen diese kontaktlos aus der Zuführung herausgelöst und zentrisch in den Waschrahmen eingefügt werden. Nach einem sensorlosen Anrücken wird daher die Greifstrategie mit Kräftegleichgewicht angewendet, gefolgt vom sensorlosen Abrücken. Das Fügen erfolgt mit der Fügestrategie für Peg in Hole, das Loslassen und Abrücken anschließend wiederum sensorlos. Im günstigsten Fall, wenn keine Ungenauigkeiten vorliegen, dauert die komplette Manipulationsstrategie 13,7s. Im ungünstigsten Fall, wenn Ungenauigkeiten von 5mm bzw. 5° vorliegen, dauert die iterative Ausführung 33,7s, kann jedoch durch die Verwendung der Fallbasis auf 17,2s und damit um 50% reduziert werden.

7.6. Zusammenfassung

Die entwickelten Manipulationsstrategien wurden in diesem Kapitel in realer Umgebung ausgeführt und bezüglich ihrer universellen Anwendbarkeit, der Systemunabhängigkeit und der Taktzeit getestet.

Die geforderte Universalität im Sinne von Aufgabenunabhängigkeit und Robustheit gegenüber Ungenauigkeiten wurde mit der Ausführung der Manipulationsstrategien mit dem Stäubli-Industrieroboter bei verschiedenen Anwendungsszenarien gezeigt. Dabei wurden mehrere Aufgaben mit unterschiedlichen Objekten, Nestern, Ursprungs- und Zielanordnungen definiert. Mit zu den jeweiligen Problemklassen passenden Manipulationsstrategien konnten alle acht Schritte der Manipulationsaufgabe erfolgreich ausgeführt werden.

Die geforderte Unabhängigkeit von Roboter, Greifer und Sensorik wurde mit der Übertragung der Manipulationsstrategien auf den Serviceroboter Albert II gezeigt. Dazu wurden zwei Manipulationsaufgaben aus dem Bereich der Servicerobotik ausgesucht, das Einsetzen einer Weinflasche in einen Flaschenkühler und das Aufsetzen eines Deckels auf eine Dose. Beide Aufgaben konnten auf Albert II mehrfach erfolgreich ausgeführt werden.

Der Nutzen der Taktzeitoptimierung wurde an zwei repräsentativen atomaren Teilstrategien aufgezeigt. Bei großen Ungenauigkeiten bis zu 5mm bzw. $5°$ konnte dabei durch die Verwendung der Fallbasis bei der atomaren Teilstrategie Kräftegleichgewicht, die stochastische Ungenauigkeiten ausgleicht, die Ausführungsdauer um bis zu 70% reduziert werden. Bei der atomaren Teilstrategie Oberflächenausrichtung, die konstante Ungenauigkeiten ausgleicht, konnten bei großen Ungenauigkeiten 65% der Ausführungsdauer eingespart werden.

Die Untersuchung der Ausführungsdauern aller Strategien der verschiedenen Teilschritte von Manipulationsaufgaben hat die Vorteile der erfahrungsbasierten Optimierung aufgezeigt. Bei großen Ungenauigkeiten konnte die Ausführungsdauer der untersuchten Beispielaufgaben durch die Verwendung der Fallbasis um bis zu 60% reduziert werden.

8. Schlussbetrachtungen

Der aktuelle Trend zu kleineren Losgrößen und kürzeren Produktlebenszyklen erfordert flexible Automatisierungslösungen. Während heutige automatische Montagesysteme bei großen Stückzahlen wirtschaftlich sind, bieten sie für häufig wechselnde Aufgaben und Umgebungen nicht die notwendige Flexibilität. Bereits kleinste Ungenauigkeiten, die durch Lage- und Formabweichungen von Objekten und Nestern entstehen, führen zu hohen Ausfallzeiten, sodass ein hoher technischer Aufwand für die definierte Bereitstellung notwendig ist. Manuelle Handmontage bietet zwar ausreichende Flexibilität, ist jedoch bei größeren Stückzahlen unwirtschaftlich.

Das Ziel dieser Arbeit war die Entwicklung eines flexiblen Greifsystems, das mit minimalem Aufwand an wechselnde Handhabungsaufgaben in der industriellen Montage anpassbar ist und die typischen Greif- und Fügeaufgaben bei der Verpackung, Palettierung und Maschinenbestückung robust ausführt. Abschnitt 8.1 fasst den Lösungsansatz dieser Arbeit zusammen und Abschnitt 8.2 gibt einen Ausblick auf mögliche Erweiterungen.

8.1. Zusammenfassung

Im Vorfeld der Arbeit fand eine detaillierte Analyse des zu handhabenden Teilespektrums und der Ursprungs- und Zielanordnung der Objekte statt. Aus den untersuchten Objekten wurden 34 Referenzobjekte ausgewählt, die für das gesamte Teilespektrum repräsentativ sind und unterschiedliche Merkmalsklassen abdecken. Weiterhin wurden sieben Klassen von Objektanordnungen definiert, aus denen Objekte herausgegriffen und in die sie gefügt werden können. Am häufigsten sind die beiden Anordnungen Peg in Hole und Schüttgut. Weitere Anordnungen sind Einzelteil, Teil an Teil, Hole on Peg, rechteckige Fächer und komplexe Negativform. Der entwickelte 3-Finger-Stern-Greifer kann die 34 Objekte des Referenzteilespektrums sicher greifen und anhand von an jedem Greiferfinger applizierten Dehnungsmessstreifen Kräfte beim Greifen und Fügen wahrnehmen.

Der Beitrag dieser Arbeit liegt in der Formalisierung universeller Manipulationsstrategien und deren Taktzeitoptimierung mit erfahrungsbasiertem Lernen. Eine Manipulationsaufgabe wird dabei in acht Schritte unterteilt. Die ersten vier Schritte dienen dem Greifen eines Objektes und bestehen aus dem Transfer zum Objekt, dem Anrücken an die Greifposition, dem Greifen und dem Abrücken mit dem gegriffenen Objekt. Die letzten vier Schritte dienen dem Fügen des Objektes und setzen sich zusammen aus dem Transfer zum Nest, dem Fügen, dem Loslassen des Objektes und dem Abrücken vom Nest. Abhängig von den vorliegenden Ungenauigkeiten sowie der Ursprungs- und der Ziel-Objektanordnung behandelt jede Teilaufgabe unterschiedliche Problemklassen, zu deren Lösung unterschiedliche Manipulationsstrategien definiert wurden.

Manipulationsstrategien werden aus atomaren Teilstrategien zusammengesetzt, um Modularität und Wiederverwendbarkeit zu gewährleisten. Atomare Teilstrategien gleichen Ungenauigkeiten in bestimmten Dimensionen aus und erlauben mit ihrer formalen Struktur eine einfache Erstellung und Modifikation. Das Ziel jeder atomaren Teilstrategie ist unabhängig vom Roboter, Greifer und der Sensorik, wodurch die einfache Übertragung auf verschiedene Systeme gewährleistet wird. Die benötigten Roboterbewegungen, Greiferfunktionen und kontaktbasierten Fügebewegungen wurden als atomare Teilstrategien umgesetzt. Aus ihnen wurden für die acht Teilschritte der Manipulationsaufgabe und die jeweiligen Problemklassen Manipulationsstrategien zusammengesetzt. Die Zusammensetzung der Manipulationsstrategien aus atomaren Teilstrategien bleibt dem Benutzer verborgen. Dialogbasiert wird er lediglich dazu aufgefordert, die Problemklasse bei jeder Teilaufgabe zu bestimmen und einige wenige aufgabenspezifische Parameter, wie z. B. Positionen und Greifkräfte, einzugeben.

Die geforderte Universalität im Sinne von Aufgabenunabhängigkeit und Robustheit gegenüber Ungenauigkeiten wurde mit der Ausführung der Manipulationsstrategien mit dem Stäubli-Industrieroboter bei verschiedenen Anwendungsszenarien gezeigt. Dabei wurden mehrere Aufgaben mit unterschiedlichen Objekten, Nestern, Ursprungs- und Zielanordnungen definiert. Mit zu den jeweiligen Problemklassen passenden Manipulationsstrategien konnten alle acht Schritte der Manipulationsaufgabe erfolgreich ausgeführt werden.

Die geforderte Unabhängigkeit von Roboter, Greifer und Sensorik wurde mit der Übertragung der Manipulationsstrategien auf den Serviceroboter Albert II gezeigt. Zwei Manipulationsaufgaben aus dem Bereich der Servicerobotik, das Einsetzen einer Weinflasche in einen Flaschenkühler und das Aufsetzen eines Deckels auf eine Dose, konnten auf Albert II mehrmals erfolgreich ausgeführt werden.

Bei bestimmten Objekt- und Nesteigenschaften benötigten die entwickelten Manipulationsstrategien viele Iterationsschritte, um vorhandene Ungenauigkeiten auszugleichen. Dies wurde innerhalb der atomaren Teilstrategien mittels fallbasiertem Schließen optimiert, indem bei jeder Anwendung aufgabenspezifische Erfahrungen gesammelt und in späteren Ausführungen wiederverwendet wurde. Erfahrungen werden in Form von Fällen, die das Problemwissen und das zugehörige Lösungswissen beschreiben, in einer Fallbasis abgelegt. Der fallbasierte Schließzyklus wird direkt in die Ausführung einer atomaren Teilstrategie integriert. Ist die Zielbedingung einer atomaren Teilstrategie nicht erfüllt, werden ähnliche Fälle aus der Fallbasis herausgesucht. Die Lösungen dieser Fälle werden anhand ihrer Ähnlichkeit gewichtet und zu einer Gesamtlösung fusioniert, die dann auf das vorliegende Problem angewendet wird. Führt diese Lösung nicht zum Erfolg, wird das Problem durch die Ausführung der iterativen Lösungsschritte der atomaren Teilstrategie gelöst. Die daraus resultierende Erfahrung wird für die spätere Wiederverwendung in der Fallbasis gespeichert.

Der Nutzen der Taktzeitoptimierung wurde an zwei repräsentativen atomaren Teilstrategien aufgezeigt. Bei großen Ungenauigkeiten bis zu 5mm bzw. 5° konnte dabei durch die Verwendung der Fallbasis die Ausführungsdauer der atomaren Teilstrategie Kräftegleichgewicht, die stochastische Ungenauigkeiten ausgleicht, um bis zu 70% reduziert werden. Bei der atomaren Teilstrategie Oberflächenausrichtung, die konstante Ungenauigkeiten ausgleicht, konnten bei großen Ungenauigkeiten 65% der Ausführungsdauer eingespart werden. Die Vorteile der erfahrungsbasierten Optimierung wurden bei den Ausführungsdauern aller Strategien der verschiedenen Teilschritte von Manipulationsaufgaben aufgezeigt. Bei großen Ungenauigkeiten konnte die Ausführungsdauer der untersuchten Beispielaufgaben durch die Verwendung der Fallbasis um bis zu 60% reduziert werden.

8.2. Ausblick

Die in dieser Arbeit vorgestellten Manipulationsstrategien haben ihre Universalität bezüglich unterschiedlichen Robotersystemen und Aufgaben, d. h. insbesondere unterschiedlichen Objekten und Nestern, gezeigt. Die Universalität entlastet zwar den Benutzer bei der Konfiguration der Manipulationsaufgabe, weil keine zusätzlichen Informationen benötigt werden, jedoch müssen die fehlenden Informationen vollautomatisch während der Ausführung erworben werden. Dies erfolgt durch die Ausführung von Aktionen und die Beobachtung der Veränderungen mit Sensoren und nimmt in der Regel einen

Großteil der Ausführungsdauer in Anspruch. Durch die Definition interessanter Messwerte wurde der Raum der gesamten Informationen bereits stark eingeschränkt. Zusätzlich wurde durch den erfahrungsbasierten Lernansatz die Möglichkeit gegeben, Erfahrungen sammeln und wiederverwenden zu können, was die Ausführungsdauer deutlich reduziert.

Allerdings werden die für die industrielle Montage üblichen Taktzeiten von wenigen Sekunden pro Pick&Place-Zyklus nicht erreicht. Diese sind nur bei speziell auf eine Aufgabe angepassten Systemen und ohne den Ausgleich von Ungenauigkeiten erreichbar. Solche Systeme benötigen im Vorfeld einen hohen technischen Aufwand zur definierten Bereitstellung von Objekten und Nestern und zur Programmmierung der Positionen und Bewegungen, der sich in der Regel nur bei Großserien lohnt. Weiterhin ist durch die Spezialisierung dieser Systeme auf eine Aufgabe die geforderte Objekt- und Nestunabhängigkeit nicht gegeben. Weitere Möglichkeiten zur Verringerung der Ausführungsdauer bedeuten die Vernachlässigung anderer Anforderungen, die an die Manipulationsstrategien gestellt wurden, wie Modellfreiheit oder Systemunabhängigkeit:

Hinzunahme zusätzlichen Modellwissens

Aufgrund der universell gewählten Größe des Ausgleichsschrittes waren sehr viele Iterationen zum Ausgleich der Ungenauigkeiten notwendig. Die Hinzunahme zusätzlichen Modellwissens von Objekten und Ablagenestern erlaubt die Anpassung der Schrittgröße und beschleunigt den Ausgleich der Ungenauigkeiten.

Ausgleich der Ungenauigkeiten in der Roboterregelung

Aufgrund der geforderten Systemunabhängigkeit wurde der Ausgleich der Ungenauigkeiten in der systemunabhängigen Software anstatt direkt in der Roboterregelung implementiert, was jedoch längere Signallaufzeiten und schlechtere Reaktionszeiten mit sich bringt. Die Robotergeschwindigkeit wurde daher auf ein Minimum reduziert, um auf externe Kontakte rechtzeitig reagieren zu können. Beim Verzicht auf die Systemunabhängigkeit kann der Ausgleich direkt in der Roboterregelung implementiert werden, um schnellere Bewegungen ausführen zu können.

Diese Arbeit hat das Potenzial universeller Manipulationsstrategien und deren formalisierter Struktur aufgezeigt. Der Ausgleich von Ungenauigkeiten erzeugt eine höhere Robustheit und Anlagenverfügbarkeit. Mit deutlich geringerem Aufwand als bei den heute üblichen Robotersystemen lassen sich damit Montageaufgaben automatisieren, für die bisher die manuelle Lösung bevorzugt wurde.

A. Parametrierung der atomaren Teilstrategien

Zur Gewährleistung der Modularität und der Wiederverwendbarkeit werden Manipulationsstrategien aus atomaren Teilstrategien zusammengesetzt, die Ungenauigkeiten in bestimmten Dimensionen ausgleichen. Die formale Struktur der atomaren Teilstrategien erlaubt eine einfache Erstellung und Modifikation. Die Zusammensetzung der Manipulationsstrategien aus atomaren Teilstrategien bleibt dem Benutzer verborgen. Er muss lediglich die Problemklasse bei jeder Teilaufgabe bestimmen und einige wenige aufgabenspezifische Parameter eingeben.

In diesem Kapitel ist die Zusammensetzung der entwickelten Manipulationsstrategien aus atomaren Teilstrategien und deren Parametrierung dargestellt. Vom Benutzer für die Manipulationsstrategie einzugebende Werte, die an die atomaren Teilstrategien unverändert weitergegeben werden, sind dabei *kursiv* dargestellt. Die anderen Werte in Grundschrift sind Konstanten, die dem Benutzer verborgen bleiben.

Transferstrategien erhalten vom Benutzer den folgenden Parameter:

- *Anrückposition*: vom Roboter anzufahrende Position, in der Regel vor oder über dem zu greifenden Objekt bzw. Ablagenest.

Die Zusammensetzung der entwickelten Transferstrategien aus atomaren Teilstrategien und deren Parametrierung sind in Tab. A.1 dargestellt.

Anrückstrategien erhalten vom Benutzer die folgenden Parameter:

- *Vorformung*: Stellung der Greiferfinger, um einen passenden Griff zu ermöglichen.

- *Öffnungsweite*: Öffnung der Greiferfinger, um Kontakte des Greifers mit dem Objekt beim Anrücken zu vermeiden.

- *Greifposition*: Vom Roboter anzufahrende Position, an der das Objekt gegriffen wird.

Die Zusammensetzung der entwickelten Anrückstrategien aus atomaren Teilstrategien und deren Parametrierung sind in Tab. A.2 dargestellt.

Transferstrategie	Atom. Teilstrategien	Parameter	Wert
Sensorlos	Sensorlose Bewegung	Position	*Anrückposition*
Sichtbasiert	Sensorlose Bewegung	Position	Ext. Berechnung

Tab. A.1.: Parametrierung der Transferstrategien

Anrückstrategie	Atom. Teilstrategien	Parameter	Wert
Sensorlos	Greifervorformung	Vorformung	*Vorformung*
		Öffnungsweite	*Öffnungsweite*
	Sensorlose Bewegung	Position	*Greifposition*
Bodenkontakt	Greifervorformung	Vorformung	*Vorformung*
		Öffnungsweite	*Öffnungsweite*
	Oberflächenausrichtung	—	—

Tab. A.2.: Parametrierung der Anrückstrategien

Abrückstrategie	Atom. Teilstrategien	Parameter	Wert
Sensorlos	Sensorlose Bewegung	Position	*Abrückposition*
Kontaktlos	Sensorlose Bewegung	Position	*Abrückposition*

Tab. A.3.: Parametrierung der Abrückstrategien

Abrückstrategien erhalten vom Benutzer den folgenden Parameter:

- *Abrückposition*: Vom Roboter mit dem gegriffenen Objekt bzw. nach dem Fügen mit leerem Greifer anzufahrende sichere Position.

Die Zusammensetzung der entwickelten Abrückstrategien aus atomaren Teilstrategien und deren Parametrierung sind in Tab. A.3 dargestellt.

Greifstrategien erhalten vom Benutzer die folgenden Parameter:

- *Greifkraft*: Kraft, mit der die Greiferfinger das Objekt halten sollen.

- *Greifrichtung*: Bewegungsrichtung der Greiferfinger, schließend für einen Außengriff bzw. öffnend für einen Innengriff.

Greifstrategie	Atom. Teilstrategien	Parameter	Wert
Sensorlos	Sensorloses Greifen	Greifkraft	*Greifkraft*
		Greifrichtung	*Greifrichtung*
Fingerkontakte	Sensorloses Greifen	Greifkraft	*Greifkraft*
		Greifrichtung	*Greifrichtung*
	Fingerkontakte	—	—
Kräftegleichgewicht	Sensorloses Greifen	Greifkraft	*Greifkraft*
		Greifrichtung	*Greifrichtung*
	Fingerkontakte	—	—
	Kräftegleichgewicht	—	—

Tab. A.4.: Parametrierung der Greifstrategien

Loslassstrategie	Atom. Teilstrategien	Parameter	Wert
Sensorlos	Sensorloses Loslassen	Greifrichtung	*Greifrichtung*
Kontaktlos	Sensorloses Loslassen	Greifrichtung	*Greifrichtung*
	Keine Fingerkontakte	—	—

Tab. A.5.: Parametrierung der Loslassstrategien

Die Zusammensetzung der entwickelten Greifstrategien aus atomaren Teilstrategien und deren Parametrierung sind in Tab. A.4 dargestellt.

Loslassstrategien erhalten vom Benutzer den folgenden Parameter:

- *Greifrichtung*: Bewegungsrichtung der Greiferfinger beim Greifen, zum Loslassen in die Gegenrichtung.

Die Zusammensetzung der entwickelten Loslassstrategien aus atomaren Teilstrategien und deren Parametrierung sind in Tab. A.5 dargestellt.

Fügestrategien erhalten vom Benutzer die folgenden Parameter:

- *Nestposition*: Öffnung oder obere Kante des Nestes oder der Ablagefläche, an der der erste Kontakt des Objektes mit dem Nest erfolgt.

- *Fügetiefe*: Minimale Tiefe, bei der das Objekt nach dem Fügen losgelassen werden kann.

Die Zusammensetzung der entwickelten Fügestrategien aus atomaren Teilstrategien und deren Parametrierung sind in Tab. A.6 dargestellt.

Fügestrategie	Atom. Teilstrategien	Parameter	Wert
Sensorlos	Sensorlose Bewegung	Position	*Nestposition*
Einzelteil	Oberflächenausrichtung	—	—
Teil an Teil	Oberflächenausrichtung	—	—
	Seitenausrichtung	Achse	Y
		Richtung	+1
	Seitenkontakt	Achse	X
		Richtung	−1
Rechteckige Fächer	Sensorlose Bewegung	Position	RX=+10°, RY=−10°
	Oberflächenkontakt	—	—
	Konturausrichtung	RichtungX	−1
		RichtungY	−1
	Sensorlose Bewegung	Position	RX=−10°, RY=+10°
	Seitenausrichtung	Achse	Y
		Richtung	−1
	Zentrisches Einfügen	Fügetiefe	*Fügetiefe*
Peg in Hole	Sensorlose Bewegung	Position	RX=+10°, RY=−10°
	Oberflächenkontakt	—	—
	Konturausrichtung	RichtungX	−1
		RichtungY	−1
	Sensorlose Bewegung	Position	RX=−10°, RY=+10°
	Zentrisches Einfügen	Fügetiefe	*Fügetiefe*
Hole on Peg	Sensorlose Bewegung	Position	RX=−10°, RY=+10°
	Oberflächenkontakt	—	—
	Konturausrichtung	RichtungX	−1
		RichtungY	−1
	Sensorlose Bewegung	Position	RX=+10°, RY=−10°
	Zentrisches Einfügen	Fügetiefe	*Fügetiefe*

Tab. A.6.: Parametrierung der Fügestrategien

B. Abbildungsverzeichnis

C. Tabellenverzeichnis

D. Literaturverzeichnis

[Aamodt und Plaza 1994]   AAMODT, A. ; PLAZA, E.: Case-based reasoning: Foundational issues, mothodological variations, and system approaches. In: *AI communications* 7 (1994), Nr. 1, S. 39–59

[Barrett Technology Inc. 2001]   BARRETT TECHNOLOGY INC.:   *Barrett hand - BH8-Series user manual.*   URL: http://www.barrett.com/robot/products-hand.htm. 2001. – Letzter Zugriff 10/2010

[Bauer 2002]   BAUER, F.: *Maßnahmen und Methoden zur Flexibilisierung pneumatischer Greifsysteme*, RWTH Aachen, Shaker Verlag, Dissertation, 2002

[Borst u. a. 1999]   BORST, Ch. ; FISCHER, M. ; HIRZINGER, G.: A fast and robust grasp planner for arbitrary 3D objects. In: *IEEE International Conference on Robotics and Automation* 3 (1999), S. 1890–1896

[Boudaba und Casals 2006]   BOUDABA, M. ; CASALS, A.: Grasping of planar objects using visual perception. In: *6th IEEE-RAS International Conference on Humanoid Robots* (2006), S. 605–611

[Caine u. a. 1989]   CAINE, M. E. ; LOZANO-PEREZ, T. ; SEERING, W. P.: Assembly strategies for chamferless parts. In: *IEEE International Conference on Robotics and Automation* 1 (1989), S. 472–477

[Chang u. a. 2007]   CHANG, L. Y. ; POLLARD, N. ; MITCHELL, T. ; XING, E. P.: Feature selection for grasp recognition from optical markers. In: *IEEE/RSJ International Conference on Intelligent Robots and Systems* (2007), S. 2944–2950

[Corona-Castuera und Lopez-Juarez 2006]   CORONA-CASTUERA, J. ; LOPEZ-JUAREZ, I.: Behaviour-based approach for skill acquisition during assembly operations, starting from scratch. In: *Robotica 24* 6 (2006), S. 657–671

[Deutsches Zentrum für Luft- und Raumfahrt 2010]   DEUTSCHES ZENTRUM FÜR
LUFT- UND RAUMFAHRT: *Multisensorielle 5-Finger-Hand mit fünfzehn Frei-
heitsgraden.*   URL: `http://www.dlr.de/rm/desktopdefault.aspx/
tabid-4789/7945_read-12721/`. 2010. – Letzter Zugriff 10/2010

[Dollar und Howe 2008]   DOLLAR, A. M. ; HOWE, R. D.: Simple, reliable robotic
grasping for human environments. In: *IEEE International Conference on Technologies
for Practical Robot Applications* (2008), S. 156–161

[Domschke und Drexl 2005]   DOMSCHKE, W. ; DREXL, A.: *Netzplantechnik.* Kap. 5.
In: *Einführung in Operations Research*, Springer, 2005

[Felip und Morales 2009]   FELIP, J. ; MORALES, A.: Robust sensor-based grasp primitive for a three-finger robot hand. In: *IEEE/RSJ International Conference on Intelligent Robots and Systems* (2009), S. 1811–1816

[Ferch und Zhang 2002]   FERCH, M. ; ZHANG, J.: Learning cooperative grasping with
the graph representation of a state-action space. In: *Robotics and Autonomous Systems*
38 (2002), Nr. 3-4, S. 183–195

[FMS-Technik AG 2010]   FMS-TECHNIK AG: *Manuelle Produktionssysteme.* URL:
`http://www.fms-technik.ch/prodsys.html`. 2010. – Letzter Zugriff
10/2010

[Gomez u. a. 2006]   GOMEZ, G. ; HERNANDEZ, A. ; HOTZ, P. E.: An adaptive neural
controller for a tendon driven robotic hand. In: *9th International Conference on Intelligent Autonomous Systems (IAS-9)* (2006), S. 298–307

[Gopalakrishnan und Goldberg 2002]   GOPALAKRISHNAN, K. ; GOLDBERG, K.:
Gripping parts at concave vertices. In: *IEEE International Conference on Robotics
and Automation* 2 (2002), S. 1590–1596

[Harmonic Drive AG 2010]   HARMONIC DRIVE AG: *Getriebebox Baurei-
he PMG.*   URL: `http://www.harmonicdrive.de/german/produkte/
getriebeboxen/pmg/`. 2010. – Letzter Zugriff 10/2010

[Hesse 1991]   HESSE, S.: *Greiferauswahl und Planung.* Kap. 7. In: *Greifer-Praxis -
Greifer in der Handhabungstechnik*, Vogel Buchverlag Würzburg, 1991

[Hesse 2010]   HESSE, S.: *Funktionsträger und Zuführeinrichtungen.* Kap. 4. In: *Grundlagen der Handhabungstechnik*, Hanser Fachbuch, 2010

[Hirose Fukushima Robotics Lab 1976]   HIROSE FUKUSHIMA ROBOTICS LAB: *Soft Gripper I, II, III.* URL: http://www-robot.mes.titech.ac.jp/robot/ snake/sg/sg_e.html. 1976. – Letzter Zugriff 10/2010

[Hovland und McCarragher 1998]   HOVLAND, G. E. ; MCCARRAGHER, B. J.: Hidden markov models as a process monitor in robotic assembly. In: *The International Journal of Robotics Research* 17 (1998), Nr. 2, S. 153–168

[Hsiao u. a. 2009a]   HSIAO, K. ; LOZANO-PEREZ, T. ; KAELBLING, L. P.: Relatively robust grasping. In: *International Conference on Automated Planning and Scheduling, Workshop on Bridging the Gap Between Task and Motion Planning* (2009)

[Hsiao u. a. 2009b]   HSIAO, K. ; NANGERONI, P. ; HUBER, M. ; SAXENA, A. ; NG, A. Y.: Reactive grasping using optical proximity sensors. In: *IEEE International Conference on Robotics and Automation* (2009), S. 4230–4237

[IPR Worldwide 2010]   IPR WORLDWIDE: *Fügemechanismus: Ausgleichende Gelenkigkeit.* URL: http://www.ipr-worldwide.de/produkte/idfuemec. htm. 2010. – Letzter Zugriff 10/2010

[Jäkel u. a. 2010]   JÄKEL, R. ; SCHMIDT-ROHR, S. R. ; XUE, Z. ; LÖSCH, M. ; DILLMANN, R.: Learning of probabilistic grasping strategies using Programming by Demonstration. In: *IEEE International Conference on Robotics and Automation* (2010), S. 873–880

[Kamon u. a. 1996]   KAMON, I. ; FLASH, T. ; EDELMAN, S.: Learning to grasp using visual information. In: *IEEE International Conference on Robotics and Automation* 3 (1996), S. 2470–2476

[Kang u. a. 1997]   KANG, S. C. ; HWANG, Y. K. ; KIM, M. S. ; LEE, C. W. ; LEE, K.-I.: A compliant motion control for insertion of complex shaped objects using contact. In: *IEEE International Conference on Robotics and Automation* 1 (1997), S. 841–846

[Kavraki u. a. 1996]   KAVRAKI, L. E. ; SVESTKA, P. ; LATOMBE, J.-C. ; OVERMARS, M. H.: Probabilistic roadmaps for path planning in high-dimensional configuration spaces. In: *IEEE Transactions on Robotics and Automation* 12 (1996), Nr. 4, S. 566–580

[Kim u. a. 1999]   KIM, I.-W. ; LIM, D.-J. ; KIM, K.-I.: Active peg-in-hole of chamferless parts using force/moment sensor. In: *IEEE/RSJ International Conference on Intelligent Robots and Systems* 2 (1999), S. 948–953

[Kolodner 1993]   KOLODNER, J.: *Case-based reasoning*. Morgan Kaufmann Publishers, 1993

[Kry und Pai 2006]   KRY, P. ; PAI, D.: Grasp recognition and manipulation with the Tango. In: *International Symposium on Experimental Robotics* (2006)

[Lavalle 1998]   LAVALLE, S.M.: *Rapidly-exploring random trees: A new tool for path planning*. Technical report 98–11, Computer Science Dept, Iowa State University. 1998

[Lovchik und Diftler 1999]   LOVCHIK, C. S. ; DIFTLER, M. A.: The Robonaut hand: a dexterous robot hand for space. In: *IEEE International Conference on Robotics and Automation* 2 (1999), S. 907–912

[Maeda u. a. 2002]   MAEDA, Y. ; ISHIDO, N. ; KIKUCHI, H. ; ARAI, T.: Teaching of grasp/graspless manipulation for industrial robots by human demonstration. In: *IEEE/RSJ International Conference on Intelligent Robots and Systems* 2 (2002), S. 1523–1528

[Mantracourt Electronics Ltd 2010]   MANTRACOURT ELECTRONICS LTD: *Embedded Digital Load Cell Converter / Strain Gauge Digitizer Module (DCell)*.   URL: `http://www.mantracourt.co.uk/products/data-output-signal-conditioners/embedded-load-cell-digitiser-module`. 2010. – Letzter Zugriff 10/2010

[Marvel u. a. 2009]   MARVEL, J. A. ; NEWMAN, W. S. ; GRAVEL, D. P. ; ZHANG, G. ; JIANJUN, W. ; FUHLBRIGGE, T.: Automated learning for parameter optimization of robotic assembly tasks utilizing genetic algorithms. In: *IEEE International Conference on Robotics and Biomimetics* (2009), S. 179–184

[Maxon Motor GmbH 2010] MAXON MOTOR GMBH: *Produktübersicht.* URL: `http://www.maxonmotor.de/produkt_uebersicht_ch_deu.html`. 2010. – Letzter Zugriff 10/2010

[Meuser und Murrenhoff 2003] MEUSER, M. ; MURRENHOFF, H.: Eine Hand voll Technik mit Fingerspitzengefühl. In: *Forschung* 28 (2003), Nr. 4, S. 7–9

[Miller u. a. 2003] MILLER, A. T. ; KNOOP, S. ; CHRISTENSEN, H. I. ; ALLEN, P.K.: Automatic grasp planning using shape primitives. In: *IEEE International Conference on Robotics and Automation* 2 (2003), S. 1824–1829

[Morrow 1997] MORROW, J. D.: *Sensorimotor primitives for programming robotic assembly skills*, Carnegie Mellon University, Pittsburgh, PA, USA, Dissertation, 1997

[Rademacher 1993] RADEMACHER, L.: Fügestrategien. In: *Forschung im Ingenieurwesen - Engineering Research* 59 (1993), Nr. 11/12, S. 253–260

[Rapela u. a. 2002] RAPELA, D. R. ; REMBOLD, U. ; KUCHEN, B.: Planning of regrasping operations for a dextrous hand in assembly tasks. In: *Journal of Intelligent and Robotic Systems* 33 (2002), Nr. 3, S. 231–266

[Röhrdanz 1998] RÖHRDANZ, F.: *Modellbasierte automatisierte Greifplanung*, TU Braunschweig, Dissertation, 1998

[Russell und Norvig 2010] RUSSELL, S. ; NORVIG, P.: *Solving Problems by Searching.* Kap. 3. In: *Artificial Intelligence: A Modern Approach*, Prentice Hall, 2010

[Saxena u. a. 2008] SAXENA, A. ; DRIEMEYER, J. ; NG, A. Y.: Robotic grasping of novel objects using vision. In: *The International Journal of Robotics Research* 27 (2008), Nr. 2, S. 157–173

[Schulz u. a. 2001] SCHULZ, S. ; PYLATIUK, C. ; BRETTHAUER, G.: A new ultralight anthropomorphic hand. In: *IEEE International Conference on Robotics and Automation* (2001)

[Schunk GmbH & Co. KG 2010a] SCHUNK GMBH & CO. KG: *GWS Gesamtübersicht.* URL: `http://www.schunk.com/schunk_files/attachments/GWS_gesamtuebersicht_DE.pdf`. 2010. – Letzter Zugriff 10/2010

[Schunk GmbH & Co. KG 2010b] SCHUNK GMBH & CO. KG: *Manipulatoren Gesamtübersicht.* URL: `http://www.schunk-modular-robotics.com/left-navigation/service-robotics/components/manipulators.html`. 2010. – Letzter Zugriff 10/2010

[Schunk GmbH & Co. KG 2010c] SCHUNK GMBH & CO. KG: *SKE Gesamtübersicht.* URL: `http://www.schunk.com/schunk_files/attachments/SKE_18_DE.pdf`. 2010. – Letzter Zugriff 10/2010

[Schweigert 1991] SCHWEIGERT, U.: Taktile Präzisionsmontage mit Industrierobotern in der Feinwerktechnik. In: *Feingerätetechnik* 40 (1991), Nr. 4, S. 165–169

[Scott 1985] SCOTT, P. D.: The Omnigripper: a form of robot universal gripper. In: *Robotica* 3 (1985), S. 153–158

[Shadow Robot Company 2010] SHADOW ROBOT COMPANY: *The Hand Overview.* URL: `http://www.shadowrobot.com/hand/overview.shtml`. 2010. – Letzter Zugriff 10/2010

[Sigpack Systems 2010] SIGPACK SYSTEMS: *Riegelverpackungslinie.* URL: `http://www.boschpackaging.com/sigpacksystems/deu/index.asp`. 2010. – Letzter Zugriff 10/2010

[Stanley u. a. 1999] STANLEY, K. ; WU, Q. M. J. ; JERBI, A. ; GRUVER, W. A.: A fast two dimensional image based grasp planner. In: *IEEE/RSJ International Conference on Intelligent Robots and Systems* (1999), S. 266–271

[Stemmer u. a. 2006] STEMMER, A. ; SCHREIBER, G. ; ARBTER, K. ; ALBU-SCHAFFER, A.: Robust assembly of complex shaped planar parts using vision and force. In: *IEEE International Conference on Multisensor Fusion and Integration for Intelligent Systems* (2006), S. 493–500

[Stäubli Tec-Systems GmbH 2010] STÄUBLI TEC-SYSTEMS GMBH: *TX90-Sechsachsroboter.* URL: `http://www.staubli.com/de/robotik/produkte/roboterarme/mittlere-traglasten-roboter/tx90/`. 2010. – Letzter Zugriff 10/2010

[Technosoft 2010] TECHNOSOFT: *Closed-Frame Servo Drives.* URL: http://www.technosoftmotion.com/products/OEM_CATEGORY_ servo-drives-closed-frame.htm. 2010. – Letzter Zugriff 10/2010

[Thomas u. a. 2003] THOMAS, U. ; FINKEMEYER, B. ; KRÖGER, T. ; WAHL, F. M.: Error-tolerant execution of complex robot tasks based on skill primitives. In: *IEEE International Conference on Robotics and Automation* 3 (2003), S. 3069–3075

[Vahrenkamp u. a. 2009] VAHRENKAMP, N. ; BARSKI, A. ; ASFOUR, T. ; DILLMANN, R.: Planning and execution of grasping motions on a humanoid robot. In: *9th IEEE-RAS International Conference on Humanoid Robots* (2009), S. 639–645

[VDI-Gesellschaft für Produkt- und Prozessgestaltung 1995] VDI-GESELLSCHAFT FÜR PRODUKT- UND PROZESSGESTALTUNG: *VDI-Richtlinie: VDI 2740 Blatt 1 - Mechanische Einrichtungen in der Automatisierungstechnik - Greifer für Handhabungsgeräte und Industrieroboter.* URL: http://www.vdi.de/401.0.html? &tx_vdirili_pi2[showUID]=90389. 1995. – Letzter Zugriff 10/2010

[Wegener 2007] WEGENER, K.: *Ein flexibles Greifsystem für Roboterassistenten im Haushalt,* Universität Stuttgart, Jost-Jetter Verlag, Dissertation, 2007

[Wolf und Steinmann 2004] WOLF, A. ; STEINMANN, R.: *Das Werkstück ist Ausgangspunkt.* Kap. 3.1. In: *Greifer in Bewegung - Faszination der Automatisierung von Handhabungsaufgaben,* Carl Hanser Verlag München Wien, 2004

[Zhang u. a. 2008] ZHANG, G. ; BELL, A. ; ZHANG, H. ; HE, J. ; WANG, J. ; MARTINEZ, C.: On-pendant robotic assembly parameter optimization. In: *7th World Congress on Intelligent Control and Automation* (2008), S. 547–552